ETHA
Die Stim

Weitere Titel des Autors:

Shepherd-Reihe
Ich bin die Nacht
Ich bin die Angst
Ich bin der Schmerz
Ich bin der Zorn
Ich bin der Hass
Ich bin die Rache

Titel auch als Hörbuch erhältlich

Über den Autor:

Ethan Cross ist das Pseudonym eines amerikanischen Thriller-Autors. Er hat die Welt fiktiver Serienkiller um ein besonderes Exemplar bereichert: Francis Ackerman junior. Der gnadenlose Serienkiller erfreut sich seitdem großer Beliebtheit: Jeder Band der sechsbändigen »Shepherd«-Reihe stand wochenlang auf der SPIEGEL-Bestsellerliste. Der Autor lebt mit seiner Frau und drei Kindern in Illinois.

ETHAN CROSS

DIE STIMME DES ZORNS

THRILLER

Aus dem amerikanischen Englisch von
Dietmar Schmidt

lübbe

MIX
Papier aus verantwor-
tungsvollen Quellen
FSC® C014496
FSC
www.fsc.org

Dieser Titel ist auch als E-Book erschienen

Vollständige Taschenbuchausgabe

Deutsche Erstausgabe

Für die Originalausgabe:
Copyright © 2019 by Aaron Brown
Titel der amerikanischen Originalausgabe: »The Man Without Fear«
Published in agreement with the author, c/o BAROR INTERNATIONAL, INC.,
Armonk, New York, U.S.A.

Für die deutschsprachige Ausgabe:
Copyright © 2019 by Bastei Lübbe AG, Köln
Textredaktion: Wolfgang Neuhaus
Titelillustration: © Hein Nouwens / shutterstock
Umschlaggestaltung: Massimo Peter-Bille
Satz: hanseatenSatz-bremen, Bremen
Gesetzt aus der Adobe Caslon
Druck und Verarbeitung: GGP Media GmbH, Pößneck
Printed in Germany
ISBN 978-3-404-17909-1

2   4   5   3   1

Sie finden uns im Internet unter
www.luebbe.de
Bitte beachten Sie auch: www.lesejury.de

ERSTER
TEIL

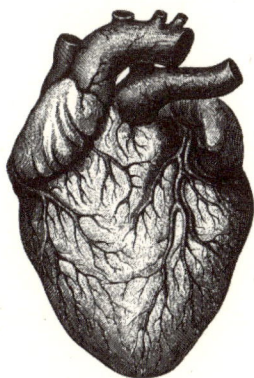

Psychiatrische Analyse betr. Francis Ackerman jr. (eidesstattliche Aussage von Dr. Stuart Kendrick)

Die nachfolgende eidesstattliche Aussage wurde aufgenommen am 23. Juli 2018 von Maria Nelson, United States Deputy Attorney General, Justizministerium der Vereinigten Staaten. Gegenstand sind die Befunde des Dr. Stuart Kendrick bezüglich Francis Ackerman jr., um dem FBI eine Entscheidungshilfe betr. der Übernahme Ackermans in die Behavioral Analysis Unit des FBI in Quantico, Virginia, zu geben.

Maria Nelson, US Deputy Attorney General: Welchen Eindruck erhielten Sie bei Ihren Untersuchungen von Mr. Ackerman?

Dr. Stuart Kendrick: Ich erhielt den Eindruck, dass Mr. Ackerman hochintelligent und auf einer Vielzahl von Gebieten sehr belesen ist. Auf der anderen Seite entziehen sich grundlegende Regeln und Prinzipien des menschlichen Zusammenlebens völlig seinem Verständnis. Für Ackerman ist alles nur ein Spiel.

Nelson: Sie haben Mr. Ackerman als hochintelligent bezeichnet. Könnten Sie das näher erläutern?

Kendrick: Ja, sicher. Es sind etliche Versuche unternommen worden, Ackermans IQ zu bestimmen. Jeder dieser Versuche blieb ohne eindeutiges Ergebnis.

Nelson: Ohne eindeutiges Ergebnis? Wie ist das zu verstehen?

Kendrick: Es bedeutet, dass Ackerman jeden Test auf irgendeine Weise sabotiert. Allerdings ergibt sich aus einem Abgleich verschiedener Datenquellen ein Schätzwert, was Ackermans IQ betrifft.

Nelson: Und wie hoch liegt dieser Wert?

Kendrick: Bei 165.

Nelson: Können Sie zu Vergleichszwecken bekannte historische Persönlichkeiten nennen, die einen ähnlich hohen IQ hatten?

Kendrick: Nun ja, die Quellen sind unterschiedlich, aber Isaac Newton beispielsweise, Charles Darwin und Wolfgang Amadeus Mozart werden auf einen IQ von etwa 165 geschätzt.

Nelson: Und wo liegt, sagen wir, Albert Einstein?

Kendrick: Bei Einstein vermutet man einen IQ von 160.

Nelson: Würden Sie sagen, dass Mr. Ackerman die Intelligenz eines Genies besitzt?

Kendrick (trinkt einen Schluck Wasser): Ja, das würde ich sagen.

Nelson: Würden Sie ihn außerdem als Gefahr für sich und andere beschreiben?

Kendrick: Definitiv.

Nelson: Könnten Sie das näher ausführen?

Kendrick: Ackerman hat nur wenig Kontrolle über seine Impulse. In Verbindung mit seiner Intelligenz ist das eine höllische Mischung. Und er zeigt niemals auch nur einen Hauch von Furcht, nicht einmal vor dem eigenen Tod.

Nelson: Sie schreiben auf Seite 5 der Anlage 15: »Während einige Scans von Ackermans Hirn kein eindeutiges Ergebnis liefern, ist auf anderen Aufnahmen eine Schädigung der Amygdala zu erkennen. In diesem auch Mandelkern genannten Teil des Gehirns werden Empfindungen wie Furcht oder auch der Fluchtreflex erzeugt. Ist bei einem Primaten die Amygdala geschädigt, attackiert er Menschen, sogar Raubtiere. Diese Beobachtung ist ein wesentlicher Schritt zum Verständnis, weshalb

Ackerman so ist, wie er ist.« Zitat Ende. Können Sie uns mehr über die Schädigungen von Ackermans Gehirn erzählen und wie sie sein Verhalten beeinflussen oder beeinträchtigen?

Kendrick: Ich will es versuchen. Wie bereits erwähnt, ist die Amygdala jener Teil des Gehirns, der die Angst steuert. Außerdem ist sie der Sitz einer Vielzahl weiterer primitiver Instinkte, die wir noch nicht vollständig verstehen. In einer Studie, die Forscher der University of Iowa in Current Biology veröffentlicht haben, ging es um eine Frau mit geschädigter Amygdala, die nicht die geringste Furcht empfand, sondern im Gegenteil von Aktivitäten und Situationen angezogen wurde, die äußerst gefährlich waren. Genauso ist es bei Ackerman. Sein Vater hat komplexe Eingriffe an der Amygdala seines Sohnes vorgenommen und chirurgisch jene Bereiche des Gehirns verstümmelt, in denen die Angst und die primitive Kampf-oder-Flucht-Reaktion entstehen.

Nelson: Dann ist Mr. Ackerman ein Mann ohne Furcht?

Kendrick: Meiner professionellen Einschätzung nach kann Ackerman das, was wir alle als Furcht bezeichnen, zwar nachempfinden, aber nicht auf gleiche Weise erfahren wie ein durchschnittlicher Mensch. Ganz im Gegenteil veranlasst die Schädigung seines Gehirns ihn immer wieder dazu, sich in Situationen zu begeben, die extreme Gefahren für ihn und andere heraufbeschwören. Oft führt er solche Situationen sogar ganz bewusst herbei.

Nelson: Trifft es zu, dass Mr. Ackerman unter »Schmerzsucht« leidet, wie Sie es auf Seite 3 der Anlage 15 bezeichnen?

Kendrick: Francis Ackermans steckbrieflich gesuchter Vater, von dem man allerdings annimmt, dass Ackerman selbst ihn getötet hat, muss ein wahres Ungeheuer gewesen sein. Er hat seinen Sohn jahrelang psychischer und physischer Folter schlimmster Sorte unterzogen. Er zwang ihn, die gleichen Situationen zu durchleben und die gleichen extremen Belastungen zu ertragen wie die schlimmsten bekannten Serienmörder der Geschichte. Er hat Francis als Versuchskaninchen benutzt, um seine eigene perverse Neugierde zu befriedigen. In der psychiatrischen Fachwelt ist es eine unbewiesene Annahme, dass Ackermans Vater als Teil seiner Experimente das Gehirn seines Sohnes mit voller Absicht und gezielt geschädigt hat. Aufgrund der unfassbaren Torturen, die Francis durchleiden musste, halte ich es für wahrscheinlich, dass sich bei ihm eine extreme Abweichung herausgebildet hat.

Nelson: Wie meinen Sie das?

Kendrick: Man könnte sagen, dass Ackerman sich nur dann lebendig fühlt, wenn er Schmerzen erlebt oder verursacht.

Nelson: Lassen Sie mich kurz rekapitulieren. Sie beschreiben Ackerman als einen Menschen ohne Furcht, als eine Person, die eine extreme Gefahr für sich und andere darstellt, schon aufgrund seiner Schmerzsucht, wie Sie es nennen. Obendrein liegt sein Intelligenzquotient fünf Punkte höher als der eines Genies wie Albert Einstein.

Kendrick: Das trifft zu.

Nelson: Aber Sie beschreiben ihn als vollkommen furchtloses, schmerzsüchtiges Genie, das eine extreme Gefahr für sich und andere darstellt. Weshalb sollte das Justizministerium angesichts dieser Tatsachen erlauben, dass Ackerman dem FBI überstellt wird?

Kendrick: Gewiss, Ackerman ist gefährlich, aber auch eine Waffe von einer Wirksamkeit, wie das FBI sie niemals angeboten bekam. Außerdem wurden Vorkehrungen getroffen, dass Mr. Ackerman im Fall eines völligen Kontrollverlusts eliminiert wird. Ich glaube aber aufrichtig, dass er ein Gewinn für das Bureau im Allgemeinen und Quantico im Besonderen sein wird. Das FBI sollte sich eine solche Chance nicht entgehen lassen.

ERSUCHEN UM ÜBERSTELLUNG DES FRANCIS ACKERMAN
JR. ZUR VERHALTENSANALYSEEINHEIT DES FBI IN QUAN-
TICO, VIRGINIA

    Unter der Maßgabe strengster Geheimhaltung
    Stattgegeben
    Maria Nelson, Justizministerium der Verei-
nigten Staaten

PROLOG

Francis Ackerman jr. schlenderte durch das gut besuchte Restaurant wie ein Mann, der keine Sorgen kennt – trotz der Splitterhandgranate in seiner Jackentasche, die bei jedem Schritt mit leisem Klicken gegen das Springmesser schlug.

Er war froh, dass seine Zielperson des heutigen Abends zu der geschlossenen Gesellschaft im hinteren Teil des Restaurants gehörte, statt vorn im großen Speisesaal zu sitzen. Im Gianni's Pizza & Italian Ristorante wimmelte es vor Kellnern, die Fettuccine und Spaghetti servierten, Steaks und einen undefinierbaren Weißfisch, bei dem Ackerman den Verdacht hatte, er stamme aus einem Pappkarton. In der Luft hing der Geruch nach Knoblauch, Parmesan und frischem Brot. Ackerman fragte sich, ob sich bald der metallische Geruch von Blut in diese Melange mischen würde.

Er trat auf einen der Ober zu, ein junger Mann mit langen braunen Haaren, die zu einem Dutt hochgesteckt waren, legte ihm eine Visitenkarte aufs Tablett und raunte ihm zu: »Sie oder Ihr Manager müssen den Detective anrufen, dessen Nummer auf der Karte hier steht.«

Der junge Mann machte ein verdutztes Gesicht. »Und was sollen wir ihm sagen?«

»Dass sich der gesuchte Killer im Gesellschaftsraum Ihres Restaurants aufhält.«

Der junge Ober musterte Ackerman verwirrt. »Weiß dieser Detective denn, von wem Sie reden?«

Ackerman zuckte mit den Schultern. »Sagen Sie ihm, es

geht um den Kerl, der seinen Opfern bei lebendigem Leib die Augen herausschneidet und als Trophäen aufbewahrt.«

Der junge Ober wechselte die Farbe. »Mein Gott.«

»Oh nein, mein Freund.« Ackerman schüttelte den Kopf. »Gott hat nichts damit zu tun, eher schon die Gegenseite.«

»Also … also gut.« Der Ober schluckte schwer. »Was soll ich tun?«

»Nachdem Sie oder Ihr Chef mit dem Detective gesprochen haben, sollten Sie Ihre Gäste aus dem Lokal schaffen – so schnell wie möglich. Und bringen Sie auch die Belegschaft in Sicherheit.«

Der Kellner schürzte die Lippen. Seine Gesichtsmuskeln zuckten. Er kniff die Augen zusammen und musterte Ackerman, als wollte er ergründen, wie ernst es dem hart aussehenden Fremden war.

Ackerman wies mit einer Kopfbewegung auf die Tür zur Küche. »Da lang. Ich würde mich beeilen.«

Der Ober riss sich aus seiner Erstarrung und rannte in die Restaurantküche, wo er direkt auf den Manager zuhielt.

»Na also«, murmelte Ackerman und ging langsam weiter in einen anderen Teil des Restaurants, an einem Billardtisch und einer Reihe einarmiger Banditen vorbei. Dabei zog er mit links sein Bowiemesser mit dem Knochengriff aus der Scheide, die er im Kreuz trug, verbarg die Klinge hinter seinem Unterarm und schob das schwere Messer in die tiefe Tasche der schwarzen Lederjacke, die ihm sein Bruder Marcus vermacht hatte. Die andere Hand steckte er in die rechte Tasche der Jacke und schloss die Finger um die Splitterhandgranate.

Irgendwo im Hintergrund, vermischt mit den Geräuschen aus der Küche, dem Lärm der Kellner und dem Stimmengewirr der Gäste, hörte Ackerman die Stimme Patsy Clines:

I'm crazy for feeling so lonely
I'm crazy
Crazy for feeling so blue

Verrückt? Ackerman schmunzelte. Er war nie verrückt gewesen. Einsam? Vielleicht. Deprimiert? Ja, schon. Aber verrückt? Nein. Verrücktheit war eine Illusion. Im Grunde ging es nur um den Unterschied zwischen jenen Menschen, die sich an soziale Regeln hielten, und denen, die es nicht taten – so wie er, Francis Ackerman junior. Und so wie er wurden Menschen, die sich nicht regelkonform verhielten, von der Gesellschaft zu einer oft gnadenlosen Neuausrichtung gezwungen. Ackerman hatte diese Art der Umerziehung aus erster Hand erlebt, sowohl von der Geber- als auch der Nehmerseite. Er bevorzugte es, auf der Geberseite zu stehen.

Speziell bei einer Bestie wie Joseph Lowery, seiner Zielperson an diesem Abend.

Ackerman musste sich eingestehen, dass er die bevorstehende Begegnung in vollen Zügen genießen würde, obwohl er wusste, dass es in zivilisierter Umgebung als unschicklich galt, wenn man es genoss, anderen Schmerz zuzufügen. Einen Mann wie ihn, der süchtig danach war, physische und psychische Qual in all ihren Ausprägungen nicht nur zu erdulden, sondern auch auszuüben, brachten solche Konventionen immer wieder in die Zwickmühle.

Im Gesellschaftsraum des Restaurants herrschte Feierstimmung. Als Ackerman eintrat, bemerkte er einen Tisch voller Geschenkpakete, daneben einen zweiten mit einem Blechkuchen, auf dem erloschene Kerzen die Zahl 50 bildeten. Wachstränen waren an ihnen heruntergelaufen; vermutlich hatte das Geburtstagskind sie ausgepustet. Der Kuchen wartete noch darauf, zerschnitten und an die Gäste verteilt zu werden.

Aus einem anderen Lautsprecher in der Ecke des Gesellschaftszimmers erklang wieder Patsy Clines Stimme: *Why do I let myself worry?* Sorgen? Francis Ackerman jr. schüttelte den Kopf. Sorge war die Bettgenossin der Furcht. Er aber kannte keine Furcht – das Ergebnis der Manipulationen an seinem Gehirn, die sein Vater vorgenommen hatte.

Danke, Dad, ging es ihm durch den Kopf. *Du verfluchtes Monster.*

Nein, Ackerman kannte keine Sorgen. Wenn sich an diesem Abend jemand Sorgen machen musste, dann Joseph Lowery, dem es so unendlich viel Spaß machte, seinen Opfern mit einem scharfen Messer die Augäpfel herauszuschneiden.

Die Geburtstagsgäste im Gesellschaftsraum des Restaurants setzten sich vor allem aus älteren Semestern zusammen; es waren aber auch ein paar junge Männer dabei, darunter ein tätowierter Hüne, ein Ungetüm von einem Mann, der wie ein Profiwrestler aussah, sowie die beiden Söhne Lowerys.

In diesem Moment hob Lowery den Kopf und entdeckte Ackerman. Er riss die Augen auf, ehe ein Ausdruck greller Wut auf seinem Gesicht erschien.

Ackerman grinste und winkte ihm.

Lowery, der am heutigen Tag fünfzig wurde, hatte struppiges schwarzes Haar, in dem sich die ersten grauen Strähnen zeigten. Sein schmales Menjou-Bärtchen war sorgfältig gepflegt. Er war ein unscheinbarer Mann, klein und schmächtig. Vermutlich war das der Grund dafür, dass er seine Opfer zuerst mit einem Schrotgeschoss aus einer nichttödlichen Beanbag-Pistole kampfunfähig machte, um sie dann mit einer hohen Dosis Rohypnol zu betäuben, bevor er sich an seine blutige Arbeit machte.

Ackerman, die Hände noch immer in den Taschen der Lederjacke, die Finger um seine Waffen geschlossen, trat an den Kopf des Tisches, wo Lowery sein halb blutiges Steak zur Hälfte gegessen hatte. Der ältere Sohn des Geburtstagskindes, ein kräftiger Bursche Mitte zwanzig, beäugte Ackerman angriffslustig.

Ackerman hielt den Blick auf Lowery gerichtet und musterte das Gesicht des Mannes. »Schickes Bärtchen«, sagte er. »Sie sehen aus wie ein Eintänzer.«

Lowery schnappte nach Luft.

»Ihr Sprössling sitzt auf meinem Platz«, fuhr Ackerman fort und wies auf den jüngeren Sohn. »Er soll ihn räumen.«

»Was soll das?«, fuhr Lowery auf. »Haben Sie den Verstand verloren?«

»Wer ist der Typ, Dad?«, fragte sein jüngerer Sohn.

Lowery beachtete ihn gar nicht. »Ich hatte Ihnen und Ihrem blonden Kollegen doch schon gesagt, dass ich Ihnen bei den Ermittlungen nicht helfen kann. Und jetzt verschwinden Sie!«

Ackerman verdrehte die Augen und richtete seinen grauen Laserstrahlblick auf den Sohn. »Du sitzt auf meinem Platz, Junior. Du kannst vom Stuhl aufstehen, oder du kannst vom Stuhl fliegen. Also?«

Der Sohn grinste überheblich, legte die Hände auf das weiße Tischtuch und wollte sich hochstemmen – mit der offenkundigen Absicht, Ackerman aus dem Saal zu prügeln.

Noch ehe der Junge auf den Beinen war, bog Ackerman ihm den linken Arm auf den Rücken; dann drückte er den Oberkörper des Jungen nach hinten und schlug ihm die Handkante genau auf den Punkt zwischen Oberlippe und Nase. Lowery junior erschlaffte.

Ackerman zog ihn rückwärts vom Stuhl, wobei das Sitzmöbel polternd umfiel, drehte den Kopf des Jungen so, dass dieser auf den umgekippten Stuhl starrte, und holte ihn mit ein paar behutsamen Schlägen auf die Wangen aus der Bewusstlosigkeit. »Wer sitzt hier?«, fragte er.

Lowery junior erwies sich als gelehrig. »Sie …«, keuchte er.

»Na geht doch«, sagte Ackerman.

Alles war so schnell gegangen, dass Joseph Lowery und die Mitglieder seines Familienclans die Szene fassungslos verfolgt hatten.

»He, du Penner!« Der ältere Sohn des Geburtstagskindes, einen Kopf größer als sein jüngerer Bruder, riss sich als Erster aus der Erstarrung und trat vor.

»Lass es lieber.« Ackerman verstärkte wieder den Druck auf den Arm des Jungen. »Wenn du nicht artig bist, breche ich deinem Bruderherz den Arm. Anschließend bist du an der Reihe.« Seine Drohung erstickte weitere Interventionsversuche im Keim. Schließlich ließ er Lowery junior frei und trat einen Schritt zurück.

»Heb meinen Stuhl auf«, verlangte er von dem Jungen.

Lowery junior, zerknirscht und gedemütigt, wusste genau, dass er alles nur noch schlimmer machen würde, wenn er nicht gehorchte, also befolgte er Ackermans Befehl.

Nachdem der Stuhl wieder stand und an seinen Platz am Tisch zurückgeschoben worden war, wandte Ackerman sich wieder Lowery zu, der mit hochrotem Gesicht am Kopf der Tafel stand und Messer und Gabel mit den Fäusten umklammerte, als würde er Ackerman am liebsten zerteilen wie ein Steak.

Ackerman breitete die Arme aus und zeigte auf die Gäste. »Sind Sie sicher, dass Sie diese Geisterbahn dabeihaben wollen, Joe? Sie wollen doch nicht, dass die ganze Bande mit Ihnen zusammen zur Hölle fährt?«

Lowerys Gesicht lief noch röter an.

Ackerman ließ sich auf den Stuhl neben dem Geburtstagskind sinken und ergriff Messer und Gabel, die Lowery junior zurückgelassen hatte. Er schnitt ein Stück vom Steak ab und schob es sich in den Mund. Beim Kauen schloss er die Augen, genoss die Zartheit des Fleisches. »Ein bisschen zu sehr durch.« Er grinste Lowery an und raunte ihm zu: »Ich mag es gern blutig. Apropos blutig – wieso schneiden Sie Ihren Opfern die Augen raus? Ist es eine Botschaft an die Welt, dass man Sie niemals als den sehen wird, der Sie wirklich sind?«

Lowery erkannte, dass eine Konfrontation unausweichlich war. Er starrte seinen gedemütigten Sprössling an und presste hervor: »Schaff die Familie hier raus. Mach schon!«

Die Gäste rückten polternd die Stühle vom Tisch. Der ältere Lowery-Sprössling rief Ackerman zu. »Wir sehen uns noch, Dreckskerl!«

»Ich kann es kaum erwarten«, erwiderte Ackerman und aß seelenruhig ein weiteres Stück vom Rib-Eye-Steak, wobei er beobachtete, wie die Lowery-Sippe widerwillig abrückte. »Eine hübsch-hässliche Clique haben Sie«, sagt er kauend zu Lowery. »Da vergeht einem glatt der Appetit. Apropos – soll ich Ihnen mal was verraten? Ich hatte daran gedacht, auf Vegetarier umzusatteln, aber Steaks wie das hier rufen mir die Freuden der karnivoren Lebensweise in Erinnerung.«

Lowery funkelte Ackerman hasserfüllt an. »Das kostet Sie Ihre Dienstmarke!«

Ackerman lachte auf. »Dienstmarke? Für wen halten Sie mich? Ich bin kein Detective, kein Cop, kein Bundesagent – ich bin nicht mal Staatsbediensteter. Ich bin Freiberufler. Ein Spezialist aus der Welt der Schmerzen und Albträume, in die Sie gleich geraten werden. Sie können Ihre Haut nur dadurch retten, indem Sie mir sagen, wo sich Agent Westlake befindet.«

Der Anflug eines Lächelns erschien auf Lowerys Gesicht. Ackerman sah die Augen des Mannes boshaft funkeln, als Westlakes Name fiel. »Sie meinen den blonden jungen Kerl, der Sie begleitet hat, als Sie mich in meinem Büro aufgesucht haben? Ich habe keine Ahnung, was aus ihm geworden ist. Es ist mir auch egal, für wen Sie sich halten oder was Sie mir unterstellen. Ich bin Anwalt. Ich werde Sie vor Gericht zerren, Mister!«

Ackerman schnitt ein weiteres Stück vom Steak ab. »Ich habe Ihre Sammlung gefunden.«

Lowery spielte den Verwirrten. »Welche Sammlung?«

»Die Augen. Ihre Trophäen. In dem versteckten Minikühlschrank mit dem Vorhängeschloss, in dem Sie Ihre Kostbarkeiten aufbewahren. Nun ja, jeder braucht ein Hobby. Manche Leute singen im Kirchenchor.«

»Ich weiß nicht, was Sie da reden! Selbst wenn ich so etwas Ekelhaftes hätte – Ihnen fehlt eine gerichtliche Vollmacht, mein Eigentum zu …«

Er verstummte, als Ackerman Messer und Gabel laut klirrend auf den Teller fallen ließ. »Bei dem Gefasel vergeht mir der Appetit. Sie führen sich auf, als wäre ich irgendein Officer, der Sie verhaften will, oder ein drittklassiger Staatsanwalt, den Sie aufs Kreuz legen können. Aber ich bin nichts dergleichen.«

»Sondern?«, fragte Lowery höhnisch.

»Nennen Sie es eine höhere Gewalt. Ein Erdbeben, gegen das kein Kraut gewachsen ist, erst recht kein Worteverdrehen, wie ihr Anwälte es so gut draufhabt. Tja, mein Freund, Sie bekommen gleich den Arschtritt des Jahrhunderts – noch ehe Sie mit Ihrer kleinen Geburtstagsüberraschung für Bombenstimmung sorgen können.«

Ackerman sah, wie der Killer erbleichte, als ihm klar wurde, dass der hart aussehende, narbige Mann sein Ass im Ärmel kannte.

»Ah!« Ackerman lächelte. »Wie ich sehe, haben sogar Sie es begriffen. Ja, Kumpel, ich habe Ihr Bombenbaumaterial entdeckt. Wenn ich es richtig sehe, haben Sie sich aus Apex und Lagerkugeln eine Art Selbstmordattentäterweste gebastelt. Wie nett. War die Weste eine letzte Rettung für den Fall, dass Sie in die Ecke gedrängt werden? Oder hatten Sie von vornherein die Absicht, diese Party mit einem Big Bang abzuschließen und Ihren Kadaver hier im Saal zu verteilen?«

»Was faseln Sie da?«

Ackerman streckte die Hand nach Lowery aus. »Schauen wir doch einfach mal unter Ihr Jackett.«

Lowery wich zurück, riss die linke Hand hoch und ließ den Zünder seiner Sprengstoffweste sichtbar werden. Es war ein Druckschalter für den Daumen mit einem Kabel, das den Ärmel hinauf zur Sprengladung führte. Eine primitive, aber effektive Konstruktion, direkt aus dem Handbuch eines Terroristen oder Anarchisten.

Ackerman kicherte. »Todschick. Trägt man das jetzt in Anwaltskreisen?«

Lowery versuchte gar nicht mehr, das Raubtier in seinem Inneren zurückzuhalten. Er leckte sich die Lippen, lächelte verzerrt. »Tja, Mister, wie es aussieht, sind Sie mein letztes Opfer.«

Er schloss die Augen, breitete die Arme aus und drückte triumphierend auf den Knopf, der seine Selbstmordweste zündete.

Ackerman schaute seelenruhig zu. Seine Aufmerksamkeit galt allerdings eher der Frage, ob Lowerys Rib-Eye blutiger war als das seines Sohnes. Schließlich gab er der Versuchung nach, ergriff Messer und Gabel und machte sich über das Stück Fleisch her. Ackerman hörte, wie Lowery fassungslos nach Luft schnappte.

»Klappt was nicht?«, fragte er zwischen zwei Bissen.

Ein paar Sekunden verstrichen, ehe Lowery die Augen aufriss und Ackerman mit einem beinahe lächerlichen Ausdruck der Verwirrung anstarrte.

Ackerman, einen Bissen Fleisch zwischen den Zähnen, fragte kauend: »Kann ich vielleicht helfen?«

Lowerys Blick zuckte zwischen Weste und Zünder hin und her. »Ich … ich verstehe das nicht!«

»Glaubst du ernsthaft, Kumpel, ich hätte dir gestattet, mit einem solchen Ding um den Bauch ein voll besetztes Restaurant zu betreten? Man stelle sich vor, deine flambierten Überreste wären auf den Tellern der Gäste gelandet. *Bon appetit.*«

»Aber wie …« Lowery starrte ihn fassungslos an.

»Ich habe heute Morgen deine Witterung aufgenommen. Seitdem folge ich dir. Als du unter der Dusche gestanden hast, habe ich deine hübsche Sammlung und deine Werkstatt entdeckt. Von da an war es ein Leichtes, deine Sprengstoffweste unbrauchbar zu machen und deinen Plan den Bach runtergehen zu lassen. Du hast ins Klo gegriffen, Kumpel.«

Lowerys Hand verschwand in einer Tasche seines Jacketts und kam mit einem schwarzen Colt 1911 wieder zum Vorschein. Triumphierend richtete er die Waffe auf Ackerman. Er sagte nichts, drohte nicht, verzog keine Miene. Er drückte nur mehrmals rasch hintereinander den Abzug.

Klick. Klick. Klick.

Nichts geschah.

»Netter Versuch.« Ackerman schob sich einen weiteren Bissen in den Mund. »Aber ohne Schlagbolzen wird das nichts. Hör zu, Mann, es wird leichter für dich, wenn du meine Überlegenheit anerkennst. Ich bin dir zehn Schritte voraus. Ich weiß, dass du dich als erfinderisches Individuum betrachtest, nachdem du deine dunklen Sehnsüchte so viele Jahre lang unbemerkt befriedigen und dich unter den Normalos verbergen konntest. Du bist zweifellos schlau genug, um ein paar Detectives zu überlisten, aber du musst endlich einsehen, dass ich auf einem Niveau arbeite, das du nicht mal ansatzweise erfassen kannst. Also sei so nett und sag mir, wo Agent Westlake steckt, dann kommst du vielleicht mit heiler Haut davon.«

Lowery starrte ihn hämisch an. »Sie kommen zu spät!«

Ackerman schüttelte den Kopf. »Dass die Leute mir immer sagen, ich käme zu spät! Okay, was Westlake angeht – welches Schicksal ihn auch ereilt hat, er verdankt es dem Umstand, dass er kein Vertrauen in meinen Rat und meine Fähigkeiten hatte und stattdessen auf eigene Faust losgezogen ist. Auf der anderen Seite bin ich entschlossen, die Unantastbarkeit des Lebens zu schützen, selbst wenn es um das Leben arroganter junger FBI-Schnösel geht. Also, wo steckt der Junge?«

Auf Lowerys Gesicht erschien ein süffisantes Lächeln. Er lehnte sich zurück, verschränkte die Arme vor der Brust. Der Ausdruck arroganter Selbstsicherheit auf dem Gesicht des Killers sprach Bände.

In diesem Moment erkannte Ackerman die bittere Wahrheit. Westlake war tot und hatte vermutlich auch seine Augen schon eingebüßt.

Verdammt, Westlake, du dummer Junge. Warum hast du auf eigene Faust gehandelt, statt auf mich zu hören?

»Sie haben begriffen, wie ich sehe«, höhnte Lowery.

Ackerman zuckte kaum merklich die Achseln, obwohl er den Wunsch verspürte, den Killer für alle diese Unannehmlichkeiten zur Rechenschaft zu ziehen. Doch er hatte nicht die Absicht, gegen Sitte und Anstand zu verstoßen, indem er Lowery hier im Restaurant in Stücke schnitt.

In diesem Moment flog die Tür auf der gegenüberliegenden Seite des Saales krachend auf. Der ältere Sohn Lowerys und der hünenhafte, tätowierte Mann, der wie ein Wrestler aussah, kamen zum Tisch gestürmt, die Waffen im Anschlag.

»Leg ihn um!«, brüllte der ältere Lowery-Sohn.

Einem normalen Mann wäre in diesen Augenblicken Adrenalin in die Adern geschossen. Atmung und Pulsfrequenz hätten sich beschleunigt. Nicht so bei Ackerman. Was das anging, war er kein normaler Mann.

Ohne Vorwarnung rissen Lowery junior und der Wrestler ihre Waffen hoch und feuerten, bis die Magazine leer waren. Die Schüsse wetterten überlaut durch den leeren Saal.

Aber ihr Gegner war längst nicht mehr dort, wo er Sekundenbruchteile zuvor noch gestanden hatte.

Lowery junior schrie gellend, als Ackerman so schnell und lautlos wie ein Schatten heranglitt und ihm zwischen die Beine trat. Juniors Waffe flog durch die Luft. Er ging in die Knie, die rechte Hand auf seine Weichteile gepresst, und wälzte sich wimmernd am Boden.

»Jetzt bist du dran, Hurensohn!« Der Wrestler duckte sich und breitete die Arme aus wie ein Sumoringer.

Okay, dachte Ackerman. *Dann zeig mal, was du draufhast, Godzilla.*

Wie ein Stier stürmte der tätowierte Riese heran, die muskulösen Arme weit ausgebreitet, doch Ackerman wich ihm geschmeidig aus und schlug aus der Drehung heraus zu. Die Faust traf den Hünen mitten ins Gesicht, ein präziser Schlag genau auf die Nase. Aber der Koloss war hart im Nehmen. Er schüttelte seinen massigen Schädel, um die Benommenheit loszuwerden, und ging sofort wieder brüllend auf Ackerman los. Diesmal gelang es ihm, die muskelbepackten Arme um die Hüften des Gegners zu schlingen. Offenbar hatte er die Absicht, seinen Widersacher zu erdrücken. Ackerman drosch ihm kurzerhand die flachen Hände auf die Ohren. Der Riese schrie auf, löste seine Umklammerung und ging taumelnd zu Boden. Ackerman drückte den Kopf des Wrestlers herunter, schmetterte ihm die Handkante in den Stiernacken, riss das rechte Knie hoch und rammte es dem Gegner ans Kinn, was diesen mehrere Zähne kostete, ehe die Wucht des Kniestoßes ihn auf den Rücken schleuderte. Ackerman beugte sich über ihn und versetzte ihm einen präzisen Schlag an die Schläfe. Der Wrestler zuckte und lag dann still.

Ackerman drehte sich um.

Sein Atem ging kein bisschen schneller. Es schien ihn nicht die geringste Anstrengung gekostet zu haben, die beiden Gegner auszuschalten.

»Ach ja.« Er grinste. »Du bist ja auch noch da!«

Vor ihm stand Lowery.

Hass loderte in den Augen des Mannes. Seine Hände zitterten, als er versuchte, die Waffe seines Sohnes, die er vom Boden aufgeklaubt hatte, mit Patronen nachzuladen, die er aus den Tiefen seines Jacketts zum Vorschein brachte.

Er war nicht schnell genug – bei Weitem nicht. Ackerman war mit zwei gleitenden Schritten bei ihm und schmetterte ihm den Ellbogen in den Rücken. Lowery brüllte vor Wut und Schmerz, wankte zurück und versuchte, in seinem wilden Hass mit einer Faust nach dem Gegner zu schlagen. Ackerman fing die vorschnellende Faust lässig ab. Mit einem kräftigen Ruck verdrehte er Lowerys Gelenk und drückte die Finger des Killers nach hinten. Der Knochen barst krachend und drang durch Fleisch und Haut. Sofort riss Ackerman den Arm des Gegners herum und stieß ihm den bleichen Knochen, der aus der Wunde ragte, in den Unterleib.

Lowery kreischte schrill.

Ackerman sagte kalt: »Deine Opfer haben auch so geschrien, jede Wette. Auge um Auge, Kumpel.«

Ein wuchtiger Schlag auf Lowerys Waffe, und sie flog davon und landete klirrend in den Weiten des Saales. Ackerman packte den Unterarm des Gegners und stieß das Knie gegen Lowerys Ellbogen. Wieder krachte es laut, als der

Knochen brach. Wimmernd vor Schmerz sank der Killer auf die Knie. Blut lief ihm übers Gesicht.

Ackerman krallte die Faust in das struppige schwarze Haar des Mannes und zog ihn hoch. »Gehen wir. Die Party ist zu Ende.«

»Ich kann nicht gehen!«

»Ist mir scheißegal.«

»Aber …«

»Komm, beweg deinen Hintern.« Ackerman zerrte den besiegten Gegner aus dem Saal und zückte mit der freien Hand sein Mobiltelefon.

»Ja?«, meldete sich eine harte Männerstimme.

»Ich bin's«, sagte Ackerman. »Schickt ein Aufräumkommando zu Gianni's Pizza.«

»Was ist mit Lowery?«

»Mr. Lowery hat soeben seine Anwaltskarriere an den Nagel gehängt.« Ackerman lachte auf. »Er war sowieso ein drittklassiger Winkeladvokat.«

1

Calvin Twitty war auf einer Farm knapp außerhalb von Roswell in New Mexico geboren und aufgewachsen.

Seit drei Generationen baute seine Familie Chilischoten und Luzernen an. Wer die Gegend besuchte, bemerkte beim Anflug auf das Roswell International Air Center, dem wichtigsten Verkehrsflughafen in New Mexico, oft eigenartige Gebilde in den Feldern, die als »Kornkreise« bezeichnet wurden. Jedes Mal, wenn Calvin von Touristen oder von Leuten, die auf Google Earth »Skysurfing« betrieben, einen Kommentar über diese merkwürdigen Gebilde hörte, musste er lachen. Schließlich hatte Calvin fast sein ganzes Leben neben einem dieser Kornkreise verbracht, und niemals war dem Gebilde etwas Geheimnisvolles oder auch nur Interessantes entstiegen.

Die Neuankömmlinge kannten Roswell eben nicht und auch nicht Wind und Wetter im Südwesten der USA. Die kreisrunden Muster in den Kornfeldern waren im Wüstenklima vollkommen normal, also auch hier. Statt die Äcker quadratisch anzulegen und das Muster der Feldwege wiederzugeben, wie überall sonst, wurde hier die Kreisform verwendet, und zwar aus Gründen der Bewässerung: Die Wasserversorgung erfolgte von einer zentralen Nabe entlang der Speichen eines Rades, und genau darum waren die Äcker kreisförmig. Folglich wuchsen auch die Feldpflanzen – in der Gegend um Roswell meist Chilischoten und Luzernen – im Kreis, weil die Ecken eines Quadrats nicht mit Wasser versorgt worden wären. Calvin konnte sich gut vorstellen, wie fremdartig es Leuten erscheinen musste, die sich Roswell aus der Luft näherten, einer Stadt, die für das Geheimnisvolle berühmt war.

Auf längere Sicht aber würde es ohnehin keine Rolle mehr spielen, welche Form die Felder hatten. Den großen Konzernen war es gleichgültig – und es würde nicht mehr lange dauern, bis ihnen jede Farm in Roswell, in New Mexico, ja im ganzen verdammten Land gehörte. Alte Familienbetriebe gingen den Bach runter. Farmer in zweiter Generation, sogar noch länger ansässige Farmer wie die Twittys, würden bald der Vergangenheit angehören. Jeder, der nicht verkaufen oder sich einer Genossenschaft anschließen wollte, musste früher oder später aufgeben. Viele Läden und Handwerksbetriebe in der Gegend saßen im selben Boot wie die Farmer. Die einzige Möglichkeit, zu überleben und Geld zu verdienen, bestand darin, sich zusammenzuschließen.

Doch Calvin Twitty gehörte nicht zu denen, die sich mit jemandem zusammenschließen und Teil eines Konzernschwarmbewusstseins mit Besprechungssälen und Verhaltensregeln wurden. Das war nie seine Welt gewesen. Calvin zog es vor, auf seinem Motorrad mit hundertsechzig Sachen über einsame Highways zu brettern, ohne ein Auto weit und breit, und den Wind im Gesicht zu spüren. Früher hatte ihm ein kleiner Motorradladen in Roswell gehört, und er hatte in der Stadt gewohnt – damals, nach dem Tod seiner Eltern. Zu der Zeit war Calvin noch verheiratet gewesen und hatte geglaubt, in näherer Zukunft eine Familie zu haben. Doch das Schicksal hatte andere Pläne mit ihm gehabt.

Als Kind war ihm das Leben auf der Farm verhasst gewesen; es war ihm wie ein Triumph erschienen, als er sein eigenes Geschäft gegründet hatte und in die Stadt gezogen war. Umso schlimmer hatte es ihn getroffen, als seine Träume sich wie Rauch im Wind verflüchtigten. Anfangs lief es mit dem Motorradgeschäft ganz gut; dann aber sprachen ihn die Bosse eines in der Gegend ansässigen Motorradclubs an – eine Clique, die in Calvins Augen kaum besser war als eine Verbrechergang. Aber es hatte nicht an den skrupellosen Mitgliedern des Motorradclubs gelegen, dass Calvin die Biker abgewiesen hatte, sondern daran, dass die großen Motorradclubs im Grunde nichts anderes waren als Unternehmen – Firmen, die außerhalb des Gesetzes standen. Aber auch sie hatten Besprechungsräume, Hierarchien und Geschäftsordnungen wie beim organisierten Verbrechen.

Das Verbrechen selbst allerdings störte Calvin nicht. Er stieß sich an der Organisation und der damit verbundenen Notwendigkeit, sich in eine festgefügte, hierarchische Struktur einfügen zu müssen. Das war nicht sein Ding.

Leider hatte es Calvins Träumen den Todesstoß versetzt, als er den Rockern eine Abfuhr erteilte. Er musste Konkurs anmelden und den Motorradladen schließen, als die Biker ihn mieden und seine Geschäfte den Bach runtergingen. Obendrein stellte sich nun heraus, dass seine Frau mehr wegen des Geldes als der Liebe wegen bei ihm gewesen war. Zusammen mit seiner letzten Barschaft verschwand sie aus seinem Haus und seinem Leben.

Und als wäre das alles noch nicht genug, hatte Calvin sich eine Herde von einem Dutzend Ziegen gekauft. Jemand hatte ihm gesagt, die Milch dieser Tiere sei so gut wie Kuhmilch, und in Anbetracht der begrenzten Mittel Calvins hatte das gar nicht so schlecht geklungen. Außerdem, so der Verkäufer, eigneten Ziegen sich gut dafür, das Unkraut und die hartnäckigen Steppensträucher auf natürlichem Weg zu beseitigen und obendrein als Futter zu verwerten. Calvin brachte seine Ziegen, die er laut, hässlich und nervtötend fand, neben der Scheune unter, die nur einen Steinwurf weit vom Haus entfernt war. Sie bot Platz für seinen Traktor, ein paar andere Maschinen und eine

Werkbank. Ein kleiner Anbau beherbergte die Ziegen, ein paar Kaninchen und ein Gänsepaar.

An diesem Abend stellte er überrascht fest, wie früh es jetzt schon wieder dunkel wurde. Er hörte die Ziegen in ihrem Pferch rumoren und verzog das Gesicht. Die Viecher kosteten ihn nur Zeit, Geld und Nerven.

Neben Calvin trottete Silas über den hartgebackenen Boden, der Golden Retriever. Verwundert sah Calvin, wie der Hund plötzlich die Zähne bleckte und das Fell sträubte.

»Was ist, Alter?«, fragte Calvin, der noch nie erlebt hatte, dass Silas sich so verhielt, nicht einmal, wenn ein Kojote oder ein anderes Raubtier in der Nähe war. Fürchtete der Hund sich vor irgendetwas?

In diesem Augenblick hörte Calvin das Geräusch. Aus dem Luzernenfeld drang ein leises Surren. Wegen der zunehmenden Dunkelheit, die nur vom Licht des Mondes aufgehellt wurde, konnte Calvin kaum etwas sehen, aber die seltsamen Geräusche waren nicht zu überhören.

Silas knurrte bedrohlich.

»Ruhig, Alter«, sagte Calvin, näherte sich dem Kornfeld mit langsamen Schritten und versuchte angestrengt, im silbrigen Mondlicht, das auf den wogenden Luzernen schimmerte, etwas zu erkennen. Nachdem seine Augen sich besser an die Dunkelheit gewöhnt hatten, sah er verdutzt, wie über einem Teil des Feldes Nebelschwaden aufstiegen. Oder war es Rauch?

Ein Schwelbrand?

Calvin unterdrückte einen Fluch, biss die Zähne zusammen und ballte die Fäuste. Das Bewässerungssystem musste eine Störung haben. Noch eine Panne, die er sofort beheben musste, damit sie ihn nicht einen Haufen Geld kostete, das er nicht besaß. Ein weiterer Tritt in den Hintern, den das Leben ihm versetzte.

Leise fluchend stapfte Calvin zu dem kleinen Ranchhaus zurück, in dem er aufgewachsen war, und riss die Tür des Abstellraums auf. Wütend schnappte er sich eine Taschenlampe und die alte doppelläufige 12er-Flinte seines Vaters. Silas hielt sich die ganze Zeit dicht an Calvins Seite, winselte leise und schaute immer wieder zu ihm hoch, als wollte er ihn vor irgendetwas warnen.

Doch Calvin hatte nicht die Absicht, aufgrund eines Lecks der Bewässerungsanlage das bisschen Geld zu verlieren, das ihm geblieben war. Er ging in die Hocke, tätschelte dem Hund den Kopf und kraulte ihn hinter den Ohren. »Ich weiß, Silas«, sagte er leise. »Wir wohnen hier am Arsch der Welt und sind auf uns allein gestellt.«

Calvin hatte es immer gehasst, auf dem Land aufzuwachsen. Die Abgeschiedenheit, die Isolation und der Gedanke, dass der nächste Nachbar meilenweit entfernt war, trugen nicht gerade zur Beruhigung bei. Sicher, man konnte die Polizei rufen, aber wer konnte schon sagen, wann sie kam? Als Junge hatte sich Calvin oft in den bedrückend stillen, stockdunklen Nächten gefürchtet; immer wenn er Geräusche hörte oder irgendwelche Lichterscheinungen zu sehen glaubte, hatte er an die Gruselgeschichten über die Aliens von Roswell gedacht, die man sich erzählte.

Andererseits hatte er nie ein Ufo zu Gesicht bekommen.

Die Spukgeschichte jedoch, die Calvin als Jungen am meisten geängstigt hatte, kannte er von einem Onkel – einem unglückseligen Mann, der später dem Alkohol verfallen war und von dem Calvin jahrelang nichts mehr gehört hatte. Doch ehe der Mann zum Säufer geworden war, hatte er seinem Neffen jene Geschichte erzählt, die für den jungen Calvin die Welt auf den Kopf gestellt hatte.

Eines Nachts war Calvins Onkel mit Freunden unterwegs gewesen, um Kojoten zu schießen, als über der Jagdgesellschaft plötzlich ein grelles Licht erstrahlte. Die anderen Männer flohen zurück zum Pick-up, mit dem sie hierher in die Einsamkeit gekommen waren. Calvins Onkel jedoch lief nicht davon. Er versteckte sich in einem Dornbusch, um zu beobachten, was vor sich ging. Eine Sekunde später hatte ihn der Lichtstrahl gepackt und vom Boden hochgerissen.

Und dann …

Calvin schauderte und versuchte, nicht an die grässlichen Details zu denken. Es waren Abscheulichkeiten, die er auch aus anderen Geschichten kannte, Geschichten von grauhäutigen Außerirdischen mit toten schwarzen Augen, von Telepathie, von schmerzhaften Experimenten, von blutigen Sektionen und Sondierungen am lebenden Körper. Seltsamerweise berichteten andere angeblich Entführte aus allen Teilen der Welt das Gleiche wie das, was Calvin damals von seinem Onkel erfuhr.

Nachdem er die Geschichte als Junge zum ersten Mal gehört hatte, konnte er monatelang nicht schlafen. Aber jetzt war er ein Mann. Er hatte keine Zeit, sich unter dem Bett zu verstecken. Er musste sein Eigentum verteidigen und seinen Lebensunterhalt verdienen.

Calvin prüfte die beiden Patronen in der Flinte, tätschelte Silas ein letztes Mal und stapfte zu dem Feld zurück, in der einen Hand die Taschenlampe, in der anderen die Waffe.

Silas hielt sich an der Seite, immer noch ängstlich winselnd.

Als Calvin den Rand des Feldes erreichte, sah er hoch und stutzte. Der Himmel wirkte auf seltsame Weise heller, und die Umgebung leuchtete geisterhaft, als hätte sich eine Wolkenlücke gebildet, die das gesamte Licht des Mondes durchließ.

In diesem Moment machte Calvin eine Entdeckung. Er war sich nicht ganz sicher, was es war, aber es sah aus wie ein dunkler Fleck vor dem Hintergrund des seltsam leuchtenden Himmels. Als schwebte dort ein Schwarzes Loch aus den Tiefen des Universums über dem Acker.

Calvin kniff die Augen zusammen.

Ja, da war etwas. Irgendetwas, das sich ruckartig am Himmel zu bewegen schien.

Eine Sekunde später sah er es ganz deutlich.

Bewegungslos schwebte ein untertassenförmiges Objekt hoch über seinem Acker in der Luft.

In diesem Augenblick waren Calvins Kindheitsängste wahr geworden.

Mit einem Mal zitterten ihm die Knie. Am ganzen Körper brach ihm kalter Schweiß aus. *Weg hier!*, schrie es in ihm, doch er konnte sich vor Entsetzen nicht vom Fleck rühren.

Im nächsten Moment übernahm der kühle, von der Vernunft geprägte Teil seines Verstandes das Kommando.

Du Schwachkopf, rief ihm eine innere Stimme zu. *Nur weil du glaubst, am Himmel einen Schatten gesehen zu haben, bedeutete das noch lange nicht, dass sich ein Sternenschiff voller kleiner grauer Aliens plötzlich für deine Luzernen interessiert.*

Dennoch beschloss Calvin, nachdem er sich aus seiner Starre gelöst hatte, auf dem Weg zum Bewässerungssystem einen Bogen zu schlagen, der sich nicht mit dem merkwürdigen Schatten am Himmel kreuzte. Nur zur Sicherheit.

Calvin wusste nicht, dass der wahre Schrecken ihm erst noch bevorstand.

Er blickte zur Nabe des Bewässerungssystems und setzte sich langsam in Bewegung. Dank des Mondlichts und des aufgehellten Himmels konnte er auf die Taschenlampe weitgehend verzichten.

Er war vielleicht zwanzig Meter weit gekommen, als er einen merkwürdigen Laut hörte, der Silas ein tiefes, leises Grollen entlockte. Das Geräusch erinnerte Calvin an dass

Brutzeln von bratendem Speck oder an das Prasseln, wenn im Nebenzimmer jemand unter der Dusche stand.

Er schloss die Augen, lauschte und versuchte, sich darüber klar zu werden, was er wegen des Geräuschs unternehmen sollte, als ihm der Geruch in die Nase stieg. Es war ein Gestank wie der, wenn jemand Popcorn zu heiß werden ließ und die Maiskörner verbrannten.

War es wieder diese Ufo-Erscheinung?

Die Flinte fest im Griff, nahm Calvin allen Mut zusammen und schaute zum Himmel in der Erwartung, dort wieder den untertassenförmigen Schatten zu sehen.

Zu Calvins unendlicher Erleichterung war der Schatten verschwunden. Die Anomalie am Nachthimmel hatte entweder nie existiert oder sich wie eine Rauchwolke verzogen.

Siehst du?, sagte sich Calvin. *Alles nur Einbildung.*

Erleichtert atmete er auf.

In diesem Moment geschah es. Silas bellte wie verrückt und rannte los, flitzte in das Luzernenfeld und hielt schnurstracks auf die Stelle zu, über der die untertassenförmige Silhouette geschwebt hatte.

Calvin rief den Hund zurück, doch Silas hörte nicht auf ihn.

Die Flinte in der linken Armbeuge, den rechten Zeigefinger über dem Abzug, folgte Calvin dem Hund durch die fast hüfthoch stehenden Luzernen. Wäre es ein Maisfeld gewesen, hätte er den Hund nicht sehen können und wäre praktisch blind gewesen. Im Luzernenfeld hingegen konnte er im Mondlicht mehr als fünfzig Meter einsehen. Er beobachtete, wie Silas abrupt innehielt, als er eine Lücke zwischen den dicht stehenden Luzernen erreichte.

Was ist das?

Calvin schlug das Herz bis zum Hals, als er beim Näherkommen einen kreisrunden Abdruck inmitten der Pflanzen entdeckte. Dann wurde ihm klar, dass es sich um ein kompliziertes Muster handelte, das sich nur aus der Luft erkennen ließ. Calvin kannte solche Kornkreise; es gab sie überall auf der Welt, besonders in Großbritannien. Sie waren auch hier, im Südwesten der USA, nicht unbekannt, aber sehr viel seltener, was mit der Art der Feldfrüchte zu tun hatte.

Dennoch konnte Calvin Twitty jetzt nicht mehr behaupten, es gäbe keine Außerirdischen.

Nicht, nachdem eine Gruppe von Aliens ihm gerade ihre Unterschrift mitten aufs Luzernenfeld gesetzt hatte.

Als er sich der Stelle näherte, an der die Pflanzen umgeknickt waren, bemerkte er noch etwas und schauderte vor Entsetzen: Mitten im Kornkreis hatten die Besucher die verkohlten Überreste eines Menschen zurückgelassen. Der Leichnam rauchte noch. Calvin musste an das Geräusch von bratendem Speck denken, das er vorhin gehört hatte, und hätte sich beinahe übergeben.

Silas war zum Glück nicht weitergelaufen. Offenbar hatte er mit dem Instinkt des Tieres gespürt, dass inmitten der umgeknickten Pflanzen etwas Grauenhaftes lauerte.

Calvin wich von dem Kreis zurück. Er hatte genug gesehen. Außerdem wollte er keine Spuren zerstören. Und mehr als alles andere wollte er rein gar nichts mit der Sache zu tun haben. Er dachte an die rauchenden menschlichen Überreste, an den Gestank des verkohlten Leichnams.

Diesmal schaffte er es nicht, die Übelkeit niederzukämpfen.

Er beugte sich vor und erbrach sich.

2

Der strömende Regen hinter den Fensterscheiben des gelie-
henen VW Beetle passte zu Nadias Stimmung.

Nadia Shirazi hatte einen Aufpreis bezahlt, damit sie in
dem Cabrio von New York nach Virginia fahren konnte –
geradewegs von der Cybercrime Division des FBI, der sie an-
gehörte, zu einem Geheimtreffen in Quantico, am Sitz der
FBI-Akademie.

Nadia hatte gehofft, mit dem Cabrio die Herbstluft des
Indian Summer und den Anblick des leuchtend gelben und
roten Laubes genießen zu können. Im Iran, ihrem Heimat-
land, galten Bäume als heilig, und sie hatte sich den stillen
Riesen stets verbunden gefühlt. Doch statt aus den dunklen Büros von Cybercrime, in denen IT-Spezialisten gegen
die um sich greifende Internetkriminalität kämpften, in die
Schönheit der Natur zu entkommen, war Nadia mit weißen
Knöcheln am Lenkrad bei Sichtweite null durch ein Unwet-
ter gefahren. Und als wäre das nicht schlimm genug, trom-
melte der Regen so laut auf das Faltdach des Cabrios, dass sie
keinen klaren Gedanken fassen oder auch nur Radio hören
konnte.

Nach drei Stunden hatte sie endlich ihr Ziel erreicht.
Quantico, Virginia. Sitz der FBI-Akademie und der Behavioral Analysis Unit, kurz BAU, der fast schon legendären Verhaltensanalyseabteilung des FBI, deren genaue Lage nicht
bekanntgegeben wurde.

Nadia hätte die Einladung als Streich und Zeitverschwen-
dung betrachtet, wäre sie ihr nicht vom Chef bei Cybercrime
persönlich überreicht worden. Nadias Anweisung lautete, an

einem Seiteneingang der FBI-Akademie zu warten – vor einer Tür, die sonst ausschließlich von Lieferanten benutzt zu werden schien. Um Punkt drei Uhr früh sollte sie sich vor dieser Tür einfinden und auf weitere Anweisungen warten.

Was hat das zu bedeuten?, fragte sie sich. *Ist vielleicht die Chance gekommen, auf die ich gewartet habe?*

Vielleicht wurde sie in die Verhaltensanalyseabteilung versetzt, um eine echte Profilerin zu werden. Schließlich war das der Grund gewesen, weshalb sie überhaupt zum FBI gegangen war. Die erforderliche Qualifikation besaß Nadia. Sie hatte einen Master in Psychologie; ihre Abschlussarbeit befasste sich mit einem der berüchtigtsten Serienmörder der Welt.

Francis Ackerman junior.

Vielleicht stand ihr großer Durchbruch bevor. Sie hätte zufrieden, ja glücklich sein sollen, aber irgendetwas stimmte an der Sache nicht. Und das hatte nichts mit Nebensächlichkeiten zu tun wie der, dass sie sich eine Stunde lang die Haare gemacht hatte und nun gezwungen war, im strömenden Regen zu stehen.

Nein, es war irgendetwas anderes, das Nadia ein ungutes Gefühl vermittelte. Etwas, das sie nicht greifen konnte.

Sie hatte an einer Stelle geparkt, von der aus sie den Seiteneingang beobachten konnte. Nun beobachtete sie, wie die anderen Bewerber sich um Punkt drei Uhr anstellten. Sie selbst wollte warten, bis die Tür sich öffnete, um dann am Ende der Schlange ohne lange Wartezeit ins Gebäude zu gelangen. Doch als die Zeit verging, fragte sie sich, ob sich die Tür vielleicht erst dann öffnete, wenn sämtliche Bewerber anstanden. Gehörte das zum Auswahlverfahren? War es eine Art Test?

Um 3.10 Uhr gab sie nach und stellte sich zu den anderen in den Regen.

Genau fünf Minuten später traten zwei Männer aus dem Seiteneingang. Der eine war ein kleiner, bebrillter Typ im Trainingsanzug eines Akademieschülers. Der andere trug eine dunkle Tarnhose und ein enges, langärmeliges schwarzes Shirt aus einem Dri-Fit-Material. Er war groß, geschmeidig und auf raue Art attraktiv. Er erinnerte Nadia an die Actionfiguren von Masters of the Universe, mit denen ihr Bruder Jahangir gegen den Wunsch ihres Vaters gespielt hatte – damals, als sie noch Kinder in Maschhad im Nordosten des Iran gewesen waren.

Nadia wurde aus ihren Gedanken gerissen, als der hochgewachsene, muskulöse Mann mit kräftiger Stimme rief: »Okay, Leute, vortreten! Und nennt eure Namen!«

3

Jillian Delacruz behauptete allen Ernstes, von Außerirdischen entführt worden zu sein.

Es war eine Lüge. Jillian hatte noch nie ein Ufo gesehen, hatte nie eine Nahbegegnung der dritten Art erlebt, und es gab auch keine Erinnerungslücken, für die sie keine Erklärung besaß. Dennoch hatte Jillian zu genau diesen Themen mehr als zwanzig Sachbuchbestseller verfasst, indem sie Interviews, die sie geführt hatte, ausschmückte und als eigene Erlebnisse ausgab. In Wahrheit waren es für Jillian nur mehr oder weniger gut erfundene Geschichten.

Das bedeutete aber keineswegs, dass Jillian nicht an Außerirdische glaubte. Sie hatte mehr als genug Menschen interviewt, genügend Videos und Fotos gesehen, um sicher sein zu können, dass es im irdischen Luftraum Ufos gab, unidentifizierte Flugobjekte. Und sie hatte etliche glaubwürdige Personen kennengelernt, die behaupteten, von Außerirdischen entführt worden zu sein.

Jillian sehnte sich danach, selbst ein solches Abenteuer zu erleben; andererseits ließ ihr die bloße Vorstellung, fremdartigen Wesen ausgeliefert zu sein, einen kalten Schauder der Angst über den Rücken laufen.

Doch viel mehr noch als eine Begegnung mit interstellaren Schreckgespenstern ängstigte sie der Gedanke, entlarvt zu werden und als Lügnerin und Hochstaplerin dazustehen. Sie lebte gut davon, eine weltbekannte Stimme innerhalb der Ufo-Gemeinde zu sein, eine Expertin für das Fantastische. Immer wieder beruhigte sie sich mit dem Gedanken, dass es unmöglich sei, bloßgestellt zu werden.

Es sei denn, ging es ihr durch den Kopf, *es kommt tatsächlich zu einem Kontakt mit Aliens, und die verkünden dann vor aller Welt, nie von mir gehört zu haben.*

Jillian saß vor einem Schminktisch, den Greg, ihr Mann, eigenhändig für sie gezimmert hatte, fuhr sich durch ihre langen roten Haarsträhnen und zupfte vorsichtig daran, um die Wurzeln betrachten zu können. Ihr Haar musste dringend gefärbt werden, denn wie fast alles an Jillian war auch ihre rote Mähne nicht echt. Sie hieß nicht einmal Jillian Delacruz, sondern Julie Rosenkrantz.

Als Jillian ihre rot gefärbten Haare betrachtete, hatte sie einmal mehr das seltsame Gefühl, dass alles um sie herum sich auflöste. Diese neue Furcht war entstanden, als Rory Keegan, ein millionenschwerer Geschäftsmann und Stadtrat von Roswell, sie gebeten hatte, bei einem Kongress, den er für sein neu erbautes Roswell Stadium and Convention Center plante, als eine von drei Hauptrednern zu fungieren. Der Kongress sollte »TruthFest« heißen und der Auftakt zu einer Kampagne sein, mit der Keegan die Stadt Roswell zum Mekka der Verschwörungstheoretiker machen wollte, indem er neue Museen, Parks und Attraktionen zu einschlägigen Themen eröffnete, von Bigfoot bis hin zu den Illuminaten. Roswell beherbergte schon jetzt das International Ufo Museum; Keegan hoffte, das Touristikgeschäft zusätzlich anzukurbeln, wenn er mehr als diese eine Attraktion anbot.

Jillian stand zu hundert Prozent hinter dieser Idee, und als langjährige Unterstützerin von Roswell freute sie sich über alles, was der Stadt helfen konnte.

Wäre nur der Name des Festivals nicht gewesen. *TruthFest.* Ein Festival der Wahrheit, bei dem das Aufdecken von Geheimnissen im Mittelpunkt stand. Dieser Gedanke gemahnte Jillian stets daran, dass ihr Leben zum größten Teil eine Lüge war.

In diesem Moment flog krachend die Hintertür zu.

Jillian zuckte heftig zusammen. Der Knall ließ das Geschirr klirren. Jillian hörte, wie in der Küche Nippessachen zu Boden fielen und auf den Fliesen zerschellten.

War jemand ins Haus eingedrungen?

Jillian schnappte nach Luft. Ihre moralischen Sorgen erschienen ihr mit einem Mal unbedeutend, denn jetzt stand sie einer sehr realen Bedrohung gegenüber.

Jillian sprang auf und warf dabei den kleinen Hocker vor ihrem Schminktisch um. Jemand war im Haus, und sie war allein und ungeschützt. Was war mit der Alarmanlage? Das Ding war eingeschaltet, da war sie ganz sicher. Greg war auf Geschäftsreise. Und außer ihnen beiden kannte niemand den Code, mit dem man die Alarmanlage deaktivierte.

Jillian lauschte, wartete auf ein weiteres Geräusch, hörte aber nichts. War es nur das Knarren und Ächzen des Hauses gewesen? Hatte sie sich das alles nur eingebildet? Ihrer Fantasie gingen öfters die Zügel durch.

Sie erstarrte, als sie unten im Haus ein leises Rumoren hörte.

O Gott, da ist jemand!

Jillian dachte an die hässliche kleine Pistole, die Greg mit einem Magnetclip an ihrem Bettgestell befestigt hatte. Die Waffe enthielt zwei Schrotpatronen vom Kaliber .410 und sah aus wie die größere Schwester eines Derringers aus dem Wilden Westen. Greg hatte versucht, ihr den Umgang mit der Waffe beizubringen, doch Jillian hasste Schusswaffen. Sie flößten ihr Angst ein. Sie hatte überhaupt keine Waffen im Haus gewollt, und dafür gab es einen guten Grund. Jillian hatte ihrem Mann nie von dem schrecklichen Anblick im Zimmer ihres Adoptivvaters erzählt, nachdem der sich in den Kopf geschossen hatte. Auch sonst wusste keine Menschenseele davon. Jillian hatte nur mit dem Therapeuten darüber gesprochen – damals, als sie ein kleines Mädchen gewesen war.

Aber jetzt, ohne Greg und mit einem Einbrecher im Haus, zog die kleine Pistole sie beinahe magisch an.

In dem Moment, als Jillian sich in Bewegung setzte, ertönte am Schlafzimmerfenster ein lauter Knall, der durch das ganze Haus wetterte.

Jillian erstarrte.

Das war nicht das Knacken und Stöhnen des Hauses oder ihre überreizte Fantasie. Da war irgendetwas mit voller Wucht gegen das Fenster geprallt.

Vielleicht ein Vogel oder eine Fledermaus …

Peng!

Wieder der gewehrschussartige Knall.

Nein, das war kein Vogel.

Ein merkwürdiges Summen ertönte hinter der Glasscheibe. Wegen der geschlossenen Jalousien konnte Jillian nichts sehen, aber sie spürte, dass dort, auf der anderen Seite der zerbrechlichen Barriere, jemand war.

Oder *etwas.*

4

Ackerman stand neben der stählernen Seitentür, die zur südlich gelegenen Ausbildungseinrichtung in Quantico führte,
und ließ den Blick über die Schlange der Anwärter schweifen.

»Okay, Leute, vortreten!«, rief er. »Und nennt eure Namen!«

Während er beobachtete, wie sich die Reihe der Aspiranten in Bewegung setzte, schlug er seinem Assistenten für
diese Nacht so kräftig auf den Rücken, dass der sich beinahe
überschlagen hätte. Der junge Mann war irgendein Rekrut
der Akademie, den Ackerman für diesen Anlass offenbar
aus dem Bett gezerrt hatte, denn der Junge trug nur seinen
FBI-Trainingsanzug unter einem Regenponcho und hielt
einen Tabletcomputer, der in einem wasserdichten Gehäuse
steckte, in den Händen.

Der Erste in der Reihe, ein eifriger junger Latino, der sich
militärisch gerade hielt, trat vor, nannte seinen Namen und
bedankte sich mit weitschweifigen, blumigen Worten für die
Gelegenheit, die ihm geboten wurde, ehe er seinen Lebenslauf herunterrasselte.

Ackerman hörte zu dem Zeitpunkt schon gar nicht mehr
zu. Er hob die Hand, um dem Wortschwall Einhalt zu gebieten. »Das ist aber ein langer Name.«

»Aber nein, Sir.« Der Anwärter lächelte. »Das ist mein
Lebenslauf.«

»Ich hatte aber nur um deinen Namen gebeten.«

»Oh, ja, sicher, Sir. Bitte um Verzeihung. Mein Name
ist ...«

»Bist du vertraut mit der Schlacht von Cannae?«, fiel Ackerman ihm ins Wort.

Der junge Mann musterte ihn verdutzt. »Ich glaube schon, Sir. Es gibt da eine Eselsbrücke, wissen Sie.«

»Dann lass mal hören«, forderte Ackerman ihn auf.

»Drei, drei, drei, bei Cannae Keilerei.«

Ackerman nickte. »Das war die Schlacht, in der Julius Cäsar die Truppen des Papstes besiegt hat, stimmt's?«

Der Anwärter stutzte, nickte dann aber zögernd. »Ich bin mir ziemlich sicher, Sir.«

Ackerman seufzte tief. »Ich glaube, du verwechselst da was. Du kannst gehen, Mann mit dem langen Namen. Da sieht man's mal wieder – Länge ist nicht alles. Nächster!«

Ackerman hob den Kopf zum Himmel, öffnete den Mund und ließ sich Regen in die Kehle laufen. Er mochte den Geschmack des Regens in Virginia: reine Luft und ein Hauch von Meer. *Frisch aus dem Ökosystem*, ging es ihm durch den Kopf. *Beinahe so, als käme es geradewegs vom Busen der Natur.*

Er senkte den Blick, als eine junge Frau – die Letzte in der Schlange, die auch als Letzte eingetroffen war – aus der Reihe trat und fragte: »Verzeihen Sie, Sir, aber könnten wir vielleicht nach drinnen gehen?«

Ackerman runzelte die Stirn und schluckte dabei das im Mund gesammelte Regenwasser. Mit dem Laserblick seiner stahlgrauen Augen fixierte er die gut gekleidete, sorgfältig geschminkte Lady. »Wieso? Wollen Sie ein Tänzchen machen, oder was?«

»Äh … natürlich nicht, Sir, aber wir ertrinken hier fast, der viele Regen …«

Ackerman unterbrach sie. »Ja, der viele Regen. Aber da müssen Sie durch. Entweder schwimmen Sie jetzt in die Reihe zurück, oder Sie setzen sich in Ihr Kanu und paddeln nach Hause.«

Die junge Agentin schaute rasch weg und stellte sich, eine Entschuldigung murmelnd, wieder an das Ende der Schlange.

Als sie sich mit mürrischem Gesicht und zusammengepressten Lippen von ihm abwandte, bemerkte Ackerman zum ersten Mal, dass sie selbst in ihrem durchnässten Zustand, mit zerlaufenem Make-up und ihrer von den Fluten ruinierten Frisur eine Schönheit war. Sie hatte dunkles Haar, deren exakter Farbton sich wegen des Regens nicht feststellen ließ, und schimmernde, bronzefarbene Haut. Vielleicht war ihre Nase ein wenig zu groß, aber selbst nach anspruchsvollen Maßstäben war sie eine äußerst hübsche Frau.

Ackerman blickte auf den Mond, der durch die schiefergrauen Wolken lugte, und sagte zu seinem Assistenten: »Okay, Presley, ruf das nächste Opfer.«

Ohne von Ackermans Helfer gebeten worden zu sein, machte der nächste Kandidat – ein Bürstenhaarschnitt, dem *Elitesoldat* ins Gesicht geschrieben stand – einen Schritt auf ihn zu und rief wie beim Drill: »Neil Osborne, Sir!«

»Und was sind Sie für einer, Neil Osborne?«

»Ich komme vom HRT, Sir, dem Geiselrettungsteam des FBI, Sir! Mein Vorgesetzter hat mich angewiesen, mich hier für eine Sonderverwendung bei der Verhaltensanalyseabteilung vorzustellen, Sir!«

»Sie waren beim Militär, Agent Osborne?«

»Jawohl, Sir. Navy Seals, Sir.«

»Waren Sie auch bei den Pfadfindern?«

»Jawohl, Sir. Eagle Scout. Ich war der Beste, Sir.«

»Und Sie rechnen sich hier bei uns Chancen aus?«

»Aye, aye, Sir. Gute Chancen, wenn ich so unbescheiden sein darf, Sir. Mein Vorgesetzter ist sich sicher, dass ich meinen Weg machen werde.«

»Ja. Den Weg zu ihm zurück.«

»Sir?«

»Ich möchte dich freundlich bitten, dich aus meiner Gegenwart zu entfernen, Mr. Eagle Scout.«

»Verzeihung, Sir?«

Ackerman winkte Osborne fort. »Wir werden deine Dienste nicht benötigen. Bitte ruf uns nicht an, wir rufen dich ja auch nicht an.«

Osborne stapfte wütend zu seinem Wagen und fuhr los, bevor Ackerman den nächsten durchnässten Möchtegernkandidaten zu sich winken konnte, einen leicht übergewichtigen jungen Mann, der aber kräftig genug aussah, um bei einer Schlägerei von Nutzen zu sein.

»Name?«, fragte Ackerman.

»Agent Meyer, Sir.«

»Und Ihr vollständiger Name, Agent Meyer?«

»Oscar Alonso Meyer.«

Obwohl er wie alle anderen sofort an die Hotdog-Fabrik gleichen Namens dachte, fragte Ackerman todernst: »Habe ich das richtig gehört? Oscar Meyer?«

Mehrere Aspiranten hinter Meyer kicherten, doch Ackerman brachte sie mit einem frostigen Blick zum Schweigen.

Der junge Agent nickte. »Jawohl, Sir.«

»Ihre Eltern sind nicht davor zurückgeschreckt, Sie nach Fleischabfällen zu benennen, die als Hotdogs auf den Markt geworfen werden? Ist ja krass.«

Der junge Agent zuckte die Achseln. »Was soll man machen, Sir?«

Ackerman wandte sich an seinen Assistenten. »Presley, sei so freundlich, Agent Hotdog eine ›Vielleicht‹-Karte zu überreichen.«

Der zwangsverpflichtete junge Gehilfe bedachte Ackerman mit einem Blick, als hätte der von ihm verlangt, eine

Klaviersonate zu spielen. »Vielleicht‹-Karte? So was haben wir doch gar nicht.«

Ackerman wandte sich wieder an Agent Meyer. »Sie haben es gehört. Uns sind soeben die ›Vielleicht‹-Karten ausgegangen. Tut mir leid. Nächstes Mal mehr Glück.«

Mit einem beinahe erleichterten Nicken verließ Meyer die Reihe, platschte durch die Pfützen auf der Fahrbahn und überquerte den schmalen Grasstreifen, hinter dem er seinen Wagen geparkt hatte.

Als Meyer verschwunden war, rief Ackerman laut, ohne sich an jemand Besonderen zu richten: »Ich finde das nicht komisch. Und ja, ich kenne die Oscar-Meyer-Hotdogs. Mein Vater hat mich oft mit den Dingern gefüttert. Ihr seht ja, wohin das geführt hat.«

Sein junger Assistent fragte: »Soll ich das aufschreiben?«

»Spar dir die Mühe, Presley.« Ackerman hob den Kopf und winkte in eine der verborgenen Kameras. »Das haben wir alles auf Video.«

Er machte bei den nächsten paar Kandidaten in vertrautem Muster weiter. Seine Abweisungen nahmen immer mehr an Schärfe zu. Doch während er die Bewerber abfertigte, glitt seine Aufmerksamkeit vom jeweiligen Aspiranten immer wieder zu der letzten Person in der Schlange, der hübschen jungen Frau. Sie war die Einzige, die zählte, der Rest war nur Staffage.

Es war eines der Spielchen zwischen Francis Ackerman und Deputy Director Samuel Carter – Spielchen, an denen Ackerman mittlerweile Gefallen fand. Sie dienten dazu, die Autorität über den jeweils anderen zu festigen und sich zu vergewissern, dass man selbst derjenige war, der in einer bestimmten Situation darüber entschied, wo es langging. Doch Ackerman wusste natürlich, dass nur einer von ihnen wirklich die Fäden in der Hand halten konnte.

Vier Kandidaten waren noch übrig, als die junge Lady am Ende der Schlange sich stellvertretend für alle anderen gegen ihren Peiniger auflehnte – und genau darauf hatte Ackerman gewartet. Sie trat wieder vor und sagte: »Bei allem gebotenen Respekt, aber was glauben Sie eigentlich, wer Sie sind?«

Ackerman antwortete, indem er eine Augenbraue hochzog und darauf wartete, dass sie fortfuhr.

»Erst lassen Sie uns hier im Regen stehen, und dann kommen Sie raus und beleidigen uns. Sie stellen uns irgendeine dämliche Frage und zerfetzen die Antwort in der Luft. Ich weiß nicht, was mit den anderen Trotteln ist, aber ich bleibe jedenfalls nicht hier im Regen stehen und lasse mir das noch länger bieten. Mir gefällt es, wo ich bin. Wenn es bei der BAU so zugeht wie bei Ihnen, sollten Sie mal Ihr eigenes Verhalten analysieren lassen. Ich jedenfalls bin raus.«

Sie wandte sich den anderen Bewerbern zu. »Und wenn ihr noch ein bisschen Verstand übrig habt, dann macht es wie ich. Zur Hölle mit diesem Bluthund!«

Sie machte auf dem Absatz kehrt. Ohne auf die Pfützen zu achten, stapfte sie mit kühner Verachtung zu ihrem kleinen roten Beetle Cabrio, das auf einem Parkplatz in der Nähe stand.

Die Hübsche hat Feuer, dachte Ackerman anerkennend und schaute ihr versonnen hinterher. Er hatte sein Ziel schneller erreicht als erwartet; schließlich hatte er gerade erst angefangen.

Leider blieb ihm nun der Spaß mit den restlichen Bewerbern versagt. Ackerman hatte sie so sehr reizen wollen, dass sie die Beherrschung verloren und auf ihn losgingen. Auf diese Freude musste er nun verzichten.

Tja, dachte er, *wie das Sprichwort besagt, ist man auf glückliche Zufälle oft schlecht vorbereitet.*

Das monotone Rauschen des Regens und der Gedanke

an die hübsche Bewerberin nahmen Ackerman so gefangen, dass ihn erst das laute Räuspern seines Assistenten aus der Versunkenheit riss.

Er schaute auf die verbliebenen Bewerber und lächelte. »Was steht ihr noch hier rum?«, sagte er. »Ab ins Bett mit euch.«

5

Jillian war im Obergeschoss, aber ein Einbrecher konnte leicht aufs Garagendach klettern und von dort ihr Schlafzimmerfenster erreichen. Hatte jemand erfolglos versucht, unten ins Haus einzudringen, sodass er seine Aufmerksamkeit jetzt auf die Fenster im ersten Stock richtete?

Jillian stand wie erstarrt da, vor Angst gelähmt. Ihr war, als zerfiele ihr Inneres langsam zu Staub, bis von Jillian Delacruz nichts mehr übrig war als die leere Hülle einer Frau, die sich wimmernd in eine dunkle Ecke verkrochen hatte.

Jillian wusste, was sie jetzt am dringendsten brauchte. Das, was sie im ganzen Haus am meisten hasste.

Die Pistole.

Nach einer Zeitspanne, die ihr wie Stunden erschien, zwang sie sich, zum Bett zu gehen. Als sie es erreichte, ohne dass irgendein Schreckgespenst sie aus der Dunkelheit angesprungen hatte, zog sie die zweischüssige Waffe aus dem magnetischen Holster, das Greg am Bettgestell montiert hatte. Langsam, konzentriert spannte sie den Hahn, versuchte dabei keinerlei Geräusche zu machen.

Sie setzte sich in Bewegung, wollte zum Fenster, blieb dann aber unvermittelt stehen. Was, wenn sie die Jalousie hob und einem Einbrecher von Angesicht zu Angesicht gegenüberstand?

Zögernd, am ganzen Körper zitternd streckte sie die Hand nach der Jalousie aus, als ein anderer, noch verrückterer Gedanke sie innehalten ließ.

Was, wenn *sie* auf der anderen Seite der dünnen Glasscheibe waren? Was würden sie mit ihr anstellen – nach all den Jahren, in denen sie gelogen und Menschen interviewt hatte, die den Besuchern tatsächlich begegnet, sogar eine Zeit lang entführt worden waren?

Was, wenn nach all diesen Jahren die außerirdischen Gäste von ihr, Jillian, Notiz genommen hatten?

Der Gedanke ängstigte sie weit mehr als die Furcht vor einem Einbrecher, doch sie tat ihn als Unsinn ab. Sie kam sich dumm und albern vor.

Na los, mach schon!

Mit einem entschlossenen Ruck zog sie die Jalousie beiseite und sah nichts weiter als das leere Dach der Garage. Keine Einbrecher. Keine kleinen grünen Männchen. Nur die rote Terrakottafläche, die sie jeden Morgen sah.

Jillian war erleichtert.

Trotzdem …

Sollte sie Greg anrufen? Sie nahm ihr Handy, schaute auf die Uhr. Halb drei morgens. Er hatte sicher einen schweren Tag hinter sich, und sie störte ihn nur ungern, zumal er am Morgen eine große Präsentation halten musste, aber er war ihr Mann, und in seiner Stellenbeschreibung stand, dass sie ihn anrufen konnte, wann immer sie ihn brauchte.

Sie wählte seine Nummer und wartete mit angehaltenem Atem das dreimalige Klingeln ab, bis sie endlich seine müde Stimme hörte. Als sie ihm erklärte, was geschehen war, klang es in ihren eigenen Ohren verrückt. Greg riet ihr, die Polizei zu rufen, doch sie wohnten so weit draußen, dass mindestens eine halbe Stunde vergehen würde, bis ein Streifenwagen bei ihr sein konnte.

Immerhin fühlte Jillian sich jetzt, da sie Greg an der Strippe hatte, sehr viel sicherer, obwohl er einen halben Kontinent entfernt war. Seine Stimme gab ihr das beruhigende Gefühl, nicht allein zu sein.

Sie ließ den Blick durchs Wohnzimmer schweifen; dann

schaute sie die Treppe hinunter und versuchte, so viel vom Rest des Hauses zu sehen wie möglich, ohne sich zu bewegen. Aber der Knall, den sie gehört hatte, war aus der Küche gekommen. Jillian wusste, sie konnte in dieser Nacht nur Schlaf finden, wenn sie hinunterging und nachschaute.

Mit Gregs Stimme im Ohr, ihrem Rettungsanker, der ihr Zuversicht schenkte und ihr heftig pochendes Herz beruhigte, stieg sie die Treppe hinunter und machte sich an die Durchsuchung des Hauses.

Jillian brauchte nicht lange, bis sie etwas entdeckte. Doch was sie fand, war kein Einbrecher, sondern etwas, das sie nicht erklären konnte. Etwas aus ihren wirrsten Träumen. Es erinnerte Jillian an ein Objekt, das von einem der Ufo-Entführten, die sie interviewt hatte, beschrieben worden war.

Sie schnappte nach Luft und fluchte laut.

»Was ist los?«, fragte Greg. Sie hörte die Unruhe in seiner Stimme. »Was siehst du?«

Jillian schwieg. Wie sollte sie auch beschreiben, was da vor ihr stand? Es sah aus wie die Installation eines obskuren Künstlers. Nur dass das Kunstwerk mitten in ihrer Küche stand. Die anderthalb Meter hohe Skulptur bestand ausschließlich aus Jillians Essbesteck. Messer, Gabeln und Löffel verbanden sich zu drei spiraligen Strukturen, sodass das Ganze aussah wie die Doppelhelix der DNA mit einem eingebetteten dritten Strang.

Eine Dreifachhelix.

Gregs Fragen wurden drängender, doch Jillian war ganz auf die seltsame Skulptur fixiert, die binnen weniger Augenblicke mitten auf der Granitplatte ihrer Kücheninsel erschienen war.

Als sie schließlich die Stimme wiederfand, beschrieb sie, was sie sah, doch es musste wie Unsinn klingen, denn Greg ging gar nicht erst auf die wirre Beschreibung ein; stattdessen wollte er wissen, ob sie die Hintertür überprüft habe.

Verdammt, schoss es Jillian durch den Kopf. *Die Hintertür!*
Als sie sich umdrehte, um nachzuschauen, sah sie, dass die Hintertür weit offen stand.

O Gott.

Die Pistole vorgestreckt, den zitternden Finger am Abzug, eilte Jillian zu der Tür, schloss sie und schob hastig den Riegel vor. Als abgesperrt war, fühlte sie sich besser, stand aber noch immer am Rande eines Nervenzusammenbruchs. Sie kehrte zur Kochinsel zurück und betrachtete erneut die fremdartige Skulptur. Offenbar war es eine Botschaft der Besucher. Aber was versuchten sie ihr mitzuteilen? Handelte es sich um eine Art hybride DNA-Sequenz? Aber wieso sollte man ihr so etwas übersenden? Sie war keine Wissenschaftlerin. Sie war Schriftstellerin und nicht einmal eine besonders gute. Wie sollte sie da erkennen, was sie ihr sagen wollten?

Dann kam ihr ein anderer Gedanke. Sie hatte Feinde innerhalb der Ufo-Gemeinde. Viele neideten ihr den Erfolg und hätten nichts lieber gesehen als ihren Sturz. Vielleicht gehörte das *Ding* hier zu einem ausgeklügelten Streich, bei dem sie am Ende als Verliererin dastehen sollte.

Falls dem so war – worauf lief das Ganze hinaus? Und wie hatte der Scherzbold einen so erstaunlichen Trick hinbekommen?

Jillian öffnete die Schubladen und stellte fest, dass die Fächer, in denen normalerweise das Besteck lag, leer waren. Die Skulptur war tatsächlich aus ihrem eigenen Tafelsilber hergestellt worden.

Zögernd ging Jillian zurück zu der seltsamen Skulptur. Es musste mehr als ein Scherz dahinterstecken.

Sie streckte die Hand nach der silbrigen Dreifachhelix aus und konnte beinahe die Elektrizität in der Luft spüren. Mit einem Mal merkte sie, wie ihr ganzer Körper mit jeder

Sekunde heißer wurde. Die Luft wirkte belebt von einer unsichtbaren Kraft, die an ihr zerrte.

Zuerst glaubte Jillian, es wären ihre Angst und das Herzrasen. Dann aber fiel ihr auf, dass die Pistole in ihrer Hand ebenfalls warm wurde.

Mein Gott, was ging hier vor sich?

»Jillian!« Gregs Stimme drang beschwörend aus dem Handy. »Was ist denn?«

Sie begann mit einer wirren Erklärung, als plötzlich ein Blitz aus der Besteckskulptur schoss. Elektrizität zuckte die Spiralwindungen entlang. Jillian schrie auf und hätte beinahe abgedrückt.

Das war kein Kabinettstückchen, kein dummer Streich. Jillian begriff es in dem Moment, als erneut ein Blitz hervorzuckte und die Decke versengte. Die Pistole in ihrer Hand wurde glühend heiß, und Gregs Stimme versiegte.

Die Hitze und die umherzuckenden Blitze zwangen Jillian auf den Fliesenboden. Ihr Haut schien in Flammen zu stehen, und die Pistole erhitzte sich so stark, dass Jillian sie loslassen musste. Die Waffe schlitterte über die Kacheln. Die Patronen zündeten und rissen den Stahl in Stücke. Das Smartphone in Jillians Hand explodierte mit lautem Knall. Sie schrie gellend, als es in Flammen aufging, und schleuderte das kokelnde Gerät in die Küchenecke.

Mit letzter Kraft rappelte sie sich auf, rannte die Treppe hinauf, eilte ins Bad, schloss sich ein und rollte sich auf den kalten Fliesen zusammen.

Dann brach sie in haltloses Schluchzen aus, während unten im Haus die Hölle tobte.

6

Am ganzen Körper zitternd, saß Nadia hinter dem Lenkrad des gemieteten VW Beetle. Sie schäumte vor Wut, widerstand aber nur mühsam dem Drang, den Kopf zu drehen und einen Blick auf den unmöglichen Typen zu werfen, den sie soeben zum Teufel gewünscht hatte. Wenigstens hatte sie die Situation an sich gerissen und dem Kerl die Meinung gegeigt. Fragte sich nur, welchen Schaden sie damit ihrer Karriere zugefügt hatte.

Nadia erstarrte, als jemand sie vom Rücksitz aus ansprach. »Ich hatte einen Wagen mit etwas mehr Beinfreiheit erwartet.«

Ihre Hand zuckte instinktiv zur Waffe, doch die gelassene Stimme fuhr fort: »Keine Sorge, Agentin Shirazi. Ich bin Deputy Director Samuel Carter. Vermutlich haben Sie schon von mir gehört. Ich bin ein Mann mit Einfluss, zumindest in bestimmten Kreisen.«

Nadia blickte über die Schulter und sah einen gut gekleideten Schwarzen, der sich mit einiger Mühe auf die Rückbank des kompakten VW Beetle gequetscht hatte. Irgendwie gelang es ihm, trotz der Enge ungezwungen zu wirken. Nadia drehte sich, um besser mit Carter reden zu können. Dabei fiel ihr auf, dass der Mann kein bisschen nass war, beinahe so, als wäre der Regen von ihm abgeperlt.

Impulsiv sprudelte Nadia hervor: »Bei allem gebotenen Respekt, aber ich schätze es nicht besonders, wenn jemand in meinen persönlichen Bereich eindringt und mich erschreckt. Und noch viel weniger schätze ich es, für einen arroganten Arsch im Regen vier Stunden Fahrt auf mich zu nehmen.«

Der Deputy Director lächelte mild. Sein Gesicht hätte zu einem Mann zwischen vierzig und sechzig gepasst, doch Nadia wusste, dass er altersmäßig am oberen Ende dieser Spanne anzusiedeln war. »Ich gehe mal davon aus, dass nicht ich dieser Arsch im Regen bin.«

»Natürlich nicht, Sir. Ich meinte diesen großen, arroganten Kerl.«

»Sie beide sind also nicht zurechtgekommen?«

»Nicht zurechtgekommen wäre eine Untertreibung, Sir.«

»Ich würde da nicht vorschnell urteilen. Das war größtenteils Show, wissen Sie.«

Nadia zog eine Braue hoch. »Darf ich fragen, was das heißen soll, Sir?«

Er wandte sich von ihr ab und blickte zu der Stelle, wo der zuvor erwähnte »Arsch im Regen« Nadia hatte warten lassen. »Was, wenn ich Ihnen sage, dass ein berüchtigter Serienmörder auf freiem Fuß ist und der Mann, den Sie gerade kennengelernt haben, ihn als Einziger aufhalten könnte?«

Ohne zu überlegen, entgegnete Nadia: »Dann würde ich mir große Sorgen machen. Und wenn ich das Sagen hätte, würde ich mich nach jemand anderem umsehen. Es gibt immer eine andere Möglichkeit.«

»Was können Sie mir über einen Mann namens Francis Ackerman jr. sagen?«

Als der Name des Killers fiel, sträubten sich Nadia die Nackenhaare. War das eine Fangfrage? Der Deputy Director wusste selbstverständlich, dass sie ihre Masterarbeit über den verstorbenen Serienmörder geschrieben hatte, der von manchen Experten als erfolgreichster Killer in der Geschichte der USA betrachtet wurde. Die Kriminalisten waren sich uneins, wie vielen Menschen Ackerman das Leben genommen hatte. Man hatte ihn für zahlreiche Verbrechen verurteilt, und er war im Lauf der Jahre aus etlichen Gefängnissen entkommen, aber die wahllose Natur seiner Morde hatte es unmöglich gemacht, ihm jede ungelöste Bluttat, die ihm angelastet werden konnte, tatsächlich nachzuweisen.

Weshalb aber interessierte sich Carter für einen Mann, der schon mehrere Jahre im Grab lag? Gab es einen Nachahmungstäter?

Sie holte tief Luft, bevor sie antwortete. »Nun, kurz gesagt war Ackermans Vater ein durchgeknalltes Genie. Er wollte beweisen, dass er aus einem normalen Kind einen Psychopathen machen kann. Stellen Sie sich einen Augenblick lang vor, Sie wären ein kleiner Junge. Stellen Sie sich alles Schlimme vor, das einem Menschen körperlich und seelisch angetan werden kann – Misshandlungen, Folter, Verlust –, sodass er verdorben und zu abnormalem Verhalten verleitet wird und sich in ein Ungeheuer verwandelt. Stellen Sie sich alles vor, einfach alles, was ein Kind niemals erleben und niemals sehen sollte. Und nun stellen Sie sich vor, das alles würde *Ihnen* angetan. Francis Ackerman jr. ist das Produkt der schlimmsten Albträume, die man sich nur ausmalen kann. Bei den hirnchirurgischen Eingriffen durch seinen Vater wurde seine Amygdala geschädigt, was dazu führte, dass er keine Furcht mehr empfindet, und als Folge der jahrelangen Folter wurde er süchtig nach Schmerz. Keine gute Kombination.« Sie schüttelte den Kopf. »Immerhin hatte sein Vater Erfolg mit dem Versuch, aus seinem Sohn eine perfekte Mordmaschine zu formen. Da Ackerman keine Angst kannte, wurde er immer kühner. Er agierte und reagierte, als wäre er für den Rest seines Lebens auf dieses Verhalten programmiert – eine Mordmaschine, die ein verrückter Wissenschaftler auf die Welt losgelassen hatte.«

»Sie wissen offenbar eine Menge über diesen Mann«, sagte Carter beeindruckt.

»Viel mehr als über alle anderen toten Serienkiller, das steht fest«, erwiderte Nadia.

Carter blickte der jungen Agentin fest in die Augen. »Was, wenn ich Ihnen sage, dass Ackerman noch lebt?«

Totenstille breitete sich aus, hing ein paar Sekunden schwer in der Luft. Dann erst begriff Nadia, dass Carter eine Antwort erwartete, und stieß heiser hervor: »Das ist unmöglich, Sir!«

»Nichts ist unmöglich, Agentin Shirazi. Als Expertin für Mr. Ackerman wissen Sie, dass er mehr Leben hat als eine Katze. Er hat seinen Tod bei zahlreichen Gelegenheiten vorgetäuscht, um der Strafverfolgung zu entgehen.«

»Falls dieser Mann noch lebt, würde ich Sie als Erstes fragen, wie ich Ihnen helfen kann, ihn zu fassen.«

Carters Lächeln kehrte zurück. »Sie wären bereit, uns auf jede erdenkliche Weise zu helfen, falls er immer noch auf freiem Fuß wäre? Die Frage ist natürlich rein hypothetisch.«

»Selbstverständlich, Sir. Wenn ein Monster wie Ackerman die Menschheit heimsucht, ist es meine Pflicht, auf jede erdenkliche Weise dabei zu helfen, ihn zur Strecke zu bringen. Sie kennen das Zitat: ›Für den Triumph des Bösen reicht es, wenn die Guten nichts tun.‹«

Carter nickte. »Auf diese Antwort hatte ich gehofft.« Er reichte ihr eine Visitenkarte. »Uhrzeit und Ort stehen hinten. Wir sehen uns morgen, Agentin Shirazi.«

Er klopfte ans Fenster, und ein Mann mit einem Regenschirm, den Nadia nicht einmal bemerkt hatte, schälte sich aus der Dunkelheit. Der Deputy Director schob den Sitz vor, als der Schattenmann ihm die Tür öffnete.

»Eine Frage noch, Sir«, sagte Nadia.

»Ja?« Carter drehte sich um.

»Was meinten Sie damit, es war nur Show?«

»Tut mir leid, Agentin Shirazi, aber Sie sind in ein Spielchen gestolpert, das Ihr neuer Partner und ich schon eine ganze Weile treiben. Ich erkläre Ihnen mehr, wenn ich Sie wiedersehe. In der Zwischenzeit sollten Sie sich ausruhen, denn bei der Begegnung, die Ihnen bevorsteht, müssen Sie hellwach sein.«

7

Dorian Lang war geschlechtslos. Begriffe wie *Er* oder *Sie* waren auf ihn nicht anwendbar. Kluge Leute hatten sich neue Pronomen ausgedacht, die an die Stelle genderbasierter Begriffe treten sollten – *sier* beispielsweise, eine Zusammenziehung von »sie« und »er«.

Was Dorian vorschwebte, war eine Bezeichnung, die ihm das Gefühl gab, mehr zu sein als nur ein einzelnes Individuum. Schließlich war er dem Rest der Menschheit haushoch überlegen. Es besaß mehr Wissen, mehr Intelligenz und mehr Entschlossenheit als alle anderen. Er war im wahrsten Sinne des Wortes überirdisch – eine Spezies von höherem Entwicklungsstand, sodass herkömmliche Begriffe seine Besonderheit unmöglich erfassen konnten.

Nichtbinär, genderneutral, genderlos, bigender – das alles waren Begriffe, von denen Dorian schon gehört hatte, doch ihm waren solche Dinge nicht wichtig. Im Grunde hatte man damit bloß neue Etiketten geschaffen, neue Schubladen, in denen man die Leute ablegen konnte.

Aber was spielte das alles für eine Rolle? Er war einzigartig und unaufhaltsam. Keine Macht auf Erden konnte es mit ihm aufnehmen.

An diesem Tag stand Dorian am Rand eines kleinen Abgrunds und blickte durch ein Fernglas, das auf ein Dreibein montiert war, auf Jillian Delacruz' Haus. Dann und wann schlug er sein ledergebundenes Protokollbuch auf und machte sich Notizen zum jüngsten Experiment. Im Stillen dankte er Greg, Jillians Ehemann, ein Haus mit so vielen großen Fenstern gebaut zu haben. Das vereinfachte die

Beobachtung und machte es unnötig, innerhalb des Hauses eine Vielzahl von Kameras anzubringen.

Zugleich verspürte Dorian einen Anflug von Schuld, dass er es so sehr genossen hatte zu beobachten, wie Jillian seinem kleinen Streich zum Opfer fiel. Offenbar musste er, Dorian, seine menschlichen Empfindungen noch immer unterdrücken, auch wenn er sein Geschlecht bereits hinter sich gelassen hatte.

Dennoch, er hasste die Probanden seiner Experimente nicht. Sie bedeuteten ihm so viel wie einem Kind, das Ameisen mit einer Lupe verbrannte, wie er es selbst früher einmal getan hatte. Dorian erinnerte sich, in der Schreibtischschublade des Hausmeisters im Waisenhaus eine Lupe mit einem Sprung gefunden zu haben. Der kleine Junge war erstaunt gewesen, wie leicht er mithilfe dieses Glases die Sonnenenergie bündeln und für zerstörerische Zwecke nutzen konnte. Die Ameisen und andere Probanden waren dabei nicht wichtig gewesen. Für Dorian zählten nur das Wissen, das Forschen, die neuen Erkenntnisse. Hätte Dorian die Ameisen gehasst oder irgendeine Befriedigung durch ihren Tod empfunden, hätte er es sich einfacher machen können, indem er die eusozialen Insekten zertrat. Aber nicht der Prozess war wichtig, sondern das Experiment, das zu neuen Einsichten geführt hatte.

In diesem speziellen Fall aber ließ sich eine gewisse Feindseligkeit Dorians gegenüber der Probandin nicht verleugnen. Dorian hatte Jillian durch lose Verbindungen zur Ufo-Gemeinde flüchtig kennengelernt. Er mochte sie nicht besonders, denn wegen ihrer Bucherfolge neigte sie zur Überheblichkeit. Das war auch der Grund dafür gewesen, dass Dorian so viel Extrazeit für Jillian aufgewendet hatte – aber das Feuerwerk, das daraus entstanden war, war die zusätzliche Mühe wert gewesen.

Alles war gelaufen wie geplant. Jetzt war er bereit, zur nächsten Phase von Jillians Nahbegegnung überzugehen: der Entführung. Es ging ihm zwar ein wenig gegen den Strich, auf Zwang und Drogen zurückgreifen zu müssen, um die Frau zu überwältigen, aber das ließ sich nun einmal nicht ändern.

Zu diesem Zweck hatte Dorian eine Druckflasche mit Distickstoffmonoxid und einer Fernauslösung im Schlafzimmer der Frau untergebracht. Er brauchte nur noch den Schalter umzulegen. In ihrem Delirium würde Jillian wirklich und wahrhaftig glauben, von Bewohnern einer fremden Welt verschleppt worden zu sein.

Schon bald allerdings würde sie begreifen, dass sie auf eine sehr viel irdischere Weise bedroht wurde.

Und dann würden die *wirklichen* Experimente beginnen.

Was sich aus Jillians Qualen wohl alles lernen ließ?

Dorian lächelte. Er würde es sehr bald wissen.

8

Der Aufzug in dem unauffälligen Bürogebäude in der Nähe von Quantico, Virginia, war technisch auf dem neuesten Stand, hielt aber trotzdem mit einem spürbaren Ruck, als er den unteren Stock erreichte.

Nadia Shirazis Anweisungen hatten gelautet, sich in diesem Gebäude einzufinden und zu einem bestimmten Zeitpunkt ins unterste Geschoss zu fahren. Aber irgendetwas stimmte hier nicht. Der Gang, der sich nun vor ihr auftat, war unfertig. Nackte Glühbirnen und Baustellenleuchten erfüllten ihn mit schummrigem Licht. Unter der Decke verliefen offene Kabelkanäle und Rohrleitungen; unverputzte Rigipsplatten bildeten die Wände. Es sah aus wie in einem der Gruselfilme, die Nadia sich als Kind nicht hatte anschauen dürfen – mit der Folge, dass sie heute ein Fan von Horrorfilmen und True Crime war. Das bedeutete aber noch lange nicht, dass sie als Opfer in einem Splatterfilm enden wollte.

Nadia beschloss, noch einmal in die Anweisungen zu schauen, als die Aufzugtür sich zu schließen begann, sodass sie gezwungen war, eine rasche Entscheidung zu treffen. Sie blockierte die Tür mit der linken Hand, trat aus der Kabine und machte ein paar zögernde Schritte in den schummerigen Gang. Sie spitzte die Ohren, horchte nach Geräuschen.

Ob jemand hier ist?

In diesem Moment sprach eine vertraute Stimme in ihrem Rücken sie an. Nadia fuhr erschrocken herum. Deputy Director Samuel Carter saß auf einem umgedrehten Zwanzig-Liter-Eimer, die Ellbogen auf die Knie gestützt, das Handy in der Rechten. »Sie kommen spät.«

Nadia schaute auf die Armbanduhr und sah, dass sie zwei Minuten zu früh war. »Nein, Sir, ich bin zwei Minuten …«

»Nicht nach meiner Uhr.« Carter hielt sein Handy hoch, ein altes Blackberry, das beinahe schon antiquiert wirkte.

Nadia konnte sich eine ironische Erwiderung nicht verkneifen. »Dann fürchte ich, der Speicher Ihres Dinosauriers hat einen Schaden, Sir, denn die Atomuhr von Greenwich besagt etwas anderes.«

Carter hatte sie mit unbewegter Miene gemustert und in vorwurfsvollem Tonfall gesprochen; jetzt wurde sein Blick milder, und er verzog die Lippen zur Andeutung eines väterlichen Lächelns. »Gefällt mir, wie Sie mir die Stirn bieten. Aber ich habe mir nur einen Scherz mit Ihnen erlaubt … einen zugegeben dummen Scherz. Aber für diesen Job brauchen Sie einen unbekümmerten Sinn für Humor.«

»Verstehe, Sir. Nun ja, es ist noch früh, und ich habe bis tief in die Nacht Akten gewälzt, da blieb mir wenig Zeit, mich auf diesen Termin vorzubereiten.«

Carter nickte. »Schon okay. Aber was Zeit angeht … Sie werden auf Ihrem neuen Posten feststellen, dass Zeitpläne für Ihren neuen Partner nicht wichtig sind. Termine vielleicht, zumal Sie es mit vielen Terminen zu tun bekommen, aber keine Zeitpläne. Nicht bei ihm.«

Nadia erschrak, als ihr bewusst wurde, dass Carter vermutlich den »Arsch im Regen« von letzter Nacht meinte.

»Ich nehme an, Sie haben die Unterlagen erhalten, die ich Ihnen schicken ließ?«, fragte Carter. »Sie wissen, dass ich mit Ihrem derzeitigen Vorgesetzten bereits über Ihre Versetzung gesprochen habe?«

»Jawohl, Sir.«

»Haben Sie die Papiere bei sich?«

»Ja.« Nadia griff in die Aktentasche und holte den Ordner heraus, der unter anderem strenge Verschwiegenheitsvereinbarungen enthielt. Nadia reichte ihm den Ordner mit den Worten: »Ich bin ein wenig verwirrt. Wieso erfordert mein Wissen über Ackerman solche Vereinbarungen?« Sie lachte nervös. »Als wären es Papiere, die man unterschreiben muss, wenn man nach Area 51 zu den Außerirdischen will.«

Carters Gesicht erstarrte für einen Moment; dann zuckte er die Schultern. »So schlimm ist es nun auch wieder nicht. Aber es ist eine Operation, die mit schwarzem Etat finanziert wird. Deshalb verlangen die Federfuchser, dass bestimmte Formen eingehalten werden.« Er öffnete den Ordner, prüfte die Unterschrift, klappte ihn wieder zu. »Setzen Sie sich zu mir, Agentin Shirazi. Holen Sie sich einen Stuhl.«

Nadia schaute sich in dem halb fertigen Korridor um. Das Einzige, das hier einer Sitzgelegenheit ähnelte, war der Zwanzig-Liter-Eimer, auf dem Carter saß.

Als er ihre Verwirrung bemerkte, erhob er sich und zog sein provisorisches Möbel auseinander. Erst jetzt sah Nadia, dass Carter auf zwei ineinandergestülpten Eimern gesessen hatte.

Er stellte den zweiten Eimer neben sich ab, nahm wieder Platz und bedeutete ihr, es ihm gleichzutun. Nadia wischte den Boden des Eimers mit der Hand ab, bevor sie Platz nahm.

»Ich hoffe, Sie sind ausgeruht«, sagte Carter.

»Ich bin fast die ganze Nacht wach gewesen, Sir«, erwiderte Nadia, »habe die Ackerman-Akten noch einmal gelesen und mir den Kopf darüber zerbrochen, um welche Ermittlung es gehen könnte, besonders nachdem Ihre Unterlagen eingetroffen waren. Mein erster Gedanke war, dass es sich um einen Nachahmungstäter handelt, aber das ergibt keinen Sinn. Bei Ackerman konnte man nie vorhersehen, was er tat. Manchmal hat er die Vorgehensweise anderer Killer kopiert, als Hommage normalerweise, aber in der Regel war er völlig unberechenbar.«

Carter erwiderte mit einem Lächeln: »Es ist kein Nachahmungstäter. Aber fahren Sie fort. Was ist Ihnen noch aufgefallen?«

Nadia hasste es, die Worte laut auszusprechen. »Nichts. Denn alles andere setzt die verrückte Annahme voraus, dass Francis Ackerman noch lebt.«

»Diese Annahme ist keineswegs verrückt«, sagte Carter.

Nadia musterte ihn verwirrt. »Wie meinen Sie das, Sir?«

»Francis Ackerman ist noch sehr lebendig.«

Nadia sprang auf und schlug entsetzt die Hand vor den Mund. Der Gedanke, dass dieses Ungeheuer noch lebte, erfüllte sie mit solchem Entsetzen, dass sie für einen Moment keine Luft mehr bekam. Sie hatte den Eindruck, dass die nackten Lampen an der Decke flackerten, und in den dunklen Tiefen des Ganges schienen sich düstere Schatten zu bewegen. Nach ein paar Sekunden fragte sie: »Er hat seinen eigenen Tod vorgetäuscht?«

Carter schüttelte den Kopf. »Nein. Er war auch keineswegs glücklich darüber, wie die ganze Sache gehandhabt wurde.«

»Wenn er selbst seinen Tod nicht vorgetäuscht hat, wer war es dann?«

»Eine Spezialeinheit, die im Auftrag des Justizministeriums eingesetzt wurde, aber das ist unerheblich. Im Augenblick müssen Sie nur wissen, dass Ackerman … Nun, sagen wir, er ist auf unsere Seite gewechselt.«

Nadia hatte keine Ahnung, wovon Carter sprach, und genau das musste ihr Gesicht ihm verraten haben, denn er fügte hinzu: »Ackerman arbeitet mittlerweile für das FBI. Genauer gesagt, er arbeitet für mich.«

Nadia kam sich vor wie in einem wirren Traum – ein Albtraum, in dem sie sich auf ihrer neuen Arbeitsstelle meldete und erfuhr, dass sie sich mit Michael Myers und Freddy Krueger das Büro teilte.

»Verzeihung, Sir, aber ich fürchte, ich habe Sie nicht richtig verstanden. Sie haben doch nicht wirklich gesagt, dass Francis Ackerman jetzt für das FBI arbeitet?«

»Oh doch. Das haben Sie vollkommen richtig verstanden. Er steht sogar schon seit mehreren Jahren in Diensten der Regierung.«

»Sie meinen, er ist irgendwo weggesperrt und wertet Fallakten für Sie aus?«

»Das tut er zwar auch, aber Ackerman wegzusperren wäre eine entsetzliche Vergeudung seiner Fähigkeiten. Nein, er ist im Außeneinsatz. Er hat sich etliche Verdienste errungen, seit er von der dunklen Seite zu uns gewechselt ist.«

»Tut mir leid, Sir, aber das will mir beim besten Willen nicht in den Kopf. Sie behaupten allen Ernstes, das FBI hat eine Abmachung mit einem der berüchtigtsten Mörder der Welt?«

»Ganz so einfach ist es nicht. Es gab Startschwierigkeiten, aber in den vergangenen Jahren hat Mr. Ackerman Hunderten von Menschen das Leben gerettet. Trotz seiner Verschrobenheiten gehört er zu den fähigsten Agenten, die ich je erlebt habe.«

»Zu den fähigsten Killern, meinen Sie.«

»Wenn Ihnen das lieber ist. Unsere Regierung beschäftigt nicht nur Pfadfinder, Agentin Shirazi. Aber Ackerman hat sich verändert. Natürlich besitzt er noch immer seine Eigenheiten, die Sucht nach Schmerz, seine absolute Furchtlosigkeit und seine außergewöhnlichen körperlichen Fähigkeiten, die Sie sich nicht einmal vorstellen können, aber genau das ist der Grund, weshalb er Jobs übernehmen kann, die andere vor unlösbare Aufgaben stellen würden. Wie auch immer, das Bureau und ich haben Ackerman vor zwei Jahren … nun ja, geerbt, und seitdem arbeitet er für mich. In diesem Zeitraum hat Frank niemanden verletzt. Zumindest nicht tödlich.«

»Frank?«, fragte Nadia.

Carter nickte. »So nennt er sich hier beim FBI. Franklin Stine.«

»Franklin Stine!« Nadia verdrehte die Augen. »Du meine Güte. Jedenfalls, mir ist es egal, ob Ackerman Reue empfindet. Für das, was er getan hat, verdient er eine Zelle oder den Tod.«

Carters Miene wurde hart. »Nach allem, was ich über Sie zu wissen glaube – als Serienkiller-Expertin und True-Crime-Fan –, hatte ich angenommen, dass Sie sich begeistert auf die Gelegenheit stürzen, an der Seite des legendären Francis Ackerman zu arbeiten.«

Nadia starrte ihn offenen Mundes an. »Sie haben von mir erwartet, dass ich mit so einem Monster zusammenarbeite? Ja, ich habe Ackerman studiert, während ich versucht habe, eine Stelle bei der BAU zu bekommen, aber ich könnte niemals mit einem solchen Monster …«

»Schon gut.« Carter hob die Hand. »Kommen Sie, wir gehen ein Stück den Gang hinunter, und Sie unterhalten sich mit ihm, okay? Wenn Sie heute Abend trotzdem nach New York und zu Ihrem Job bei Cybercrime zurückkehren wollen – bitte sehr. Ihre Karriere würde keinen Schaden nehmen, und Sie würden auf keiner schwarzen Liste landen. An die Verschwiegenheitsvereinbarungen, die Sie unterzeichnet haben, sind Sie natürlich trotzdem gebunden.«

Nadia stockte der Atem, als sie begriff, was Carters Worte bedeuteten.

Den Gang hinunter … mit ihm unterhalten …

Ackerman war also hier, in diesem Gebäude, irgendwo in diesem finsteren Korridor!

Nadia drehte langsam den Kopf und schaute in die undurchdringliche, lautlose Dunkelheit.

Irgendwie hatte sie das Gefühl, dass das Schreckgespenst namens Ackerman nicht weit vor ihr in den Schatten lauerte.

9

Von völliger Dunkelheit und Stille umgeben, saß Francis Ackerman jr. in seinem Büro, tief in Gedanken über Gott und die Welt versunken. Im Reich des Sichtbaren konnte er die Präsenz des Schöpfers überall und zu jeder Zeit wahrnehmen, doch um eine Verbindung auf höherer Ebene herzustellen, musste er sich mit lichtloser Stille umgeben.

Ein Klopfen an der Tür unterbrach Ackermans Meditation. Neben ihm, auf seinem orthopädischen Bettchen, knurrte Theodore, der Shih Tzu, sein vierbeiniger Gefährte.

»Bleib cool, Theodore.« Ackerman streichelte den kleinen Hund. Das Knurren verstummte augenblicklich.

Er stand auf, schaltete die Raumbeleuchtung ein, indem er zweimal in die Hände klatschte, und öffnete die Tür.

»Je später der Abend«, sagte er und nickte dem Mann und der jungen Frau zu, die draußen standen. »Hereinspaziert.«

Carter trat mit der jungen Frau aus der vergangenen Nacht im Schlepptau in Ackermans Büro. »Frank«, sagte er, »Sie erinnern sich bestimmt noch an Agentin Shirazi.«

»Na klar.« Ackerman nickte. »Das Mädchen, das nicht im Regen stehen wollte.«

Die junge Frau beäugte ihn neugierig, ängstlich und wütend zugleich, wobei sie versuchte, auf Abstand zu bleiben. Ackerman störte es nicht, dass sie ihn fürchtete. Wie hatte Machiavelli in alter Zeit den Fürsten geraten? Lieber gefürchtet als geliebt.

Als die Neuankömmlinge sich ihm näherten, knurrte Theodore sie leise an. Carter ging in die Hocke und streckte die Arme aus. »Komm her, Theo.«

»Theo?« Ackerman hob die Brauen. »Er heißt Theodore. Und bei allem, was heilig ist – nennen Sie ihn bloß nicht Teddy, sonst dreht er durch.«

Der Deputy Director lächelte und schüttelte den Kopf, als der kleine Hund auf ihn zusprang, um sich Streicheleinheiten zu holen. »Dein Daddy ist wirklich 'ne Nummer, was, Theo?«

Ackerman lachte auf und rief: »Fass, Theodore! Lass dir das nicht gefallen. Würg ihn! Ziel auf die Halsschlagader, wie ich es dir beigebracht habe. Schnapp dir den Unhold!«

Der kleine Hund rollte sich auf den Rücken, damit Carter ihm den Bauch streichelte.

Ackerman seufzte. »Ich glaube, Theodore ist unbelehrbar.«

»Er ist ein Shih Tzu, kein Rottweiler.«

»Oh, unterschätzen Sie ihn nicht. Wenn Theodore wütend ist, wird er zum Monster.« Ackerman schaute die junge Agentin an und wechselte das Thema. »Nehmen Sie sich ein Kissen, und setzen Sie sich zu mir, okay?« Er wies auf zwei Kissen vor einem kleinen traditionellen japanischen Tisch, den er als Schreibpult benutzte. Theodore gesellte sich auf seinem orthopädischen Hundebett zu ihnen und legte das Kinn auf Ackermans Bein. Ackerman streichelte ihm den kleinen Kopf. »Keine Bange, Theodore, du lernst es schon noch. Eines Tages wirst du diesem Carter zeigen, wo der Hammer hängt, was?«

Carter und die junge Frau beäugten misstrauisch die Kissen. Der Deputy Director wollte vermutlich seinen teuren Anzug nicht schmutzig machen, und seine Begleiterin hatte Angst. Ackerman roch sie überdeutlich. Schließlich aber nahmen beide Platz.

»Tut mir leid wegen vergangener Nacht«, begann Ackerman und lächelte entschuldigend. »War alles nicht so gemeint, Agentin Shirazi. Ich musste Mr. Carter etwas beweisen. Ich fürchte, Sie waren bei diesem Unternehmen eine Art Kollateralschaden.«

Carter zog eine Augenbraue hoch. »Sie mussten mir etwas beweisen, Frank? Und was?«

»Dass ich Ihre Zeit und die des FBI genauso mühelos verschwenden kann, wie Sie meine Zeit verschleudern.«

Nadia ließ sich noch immer auf keinen Blickkontakt ein. Ackerman beobachtete sie. Er spürte, dass mehr dahintersteckte als seine kleine Demonstration in der Regennacht. Er schaute sie so lange an, bis er ihren Blick auffing – und was er darin sah, verriet ihm alles, was er wissen musste.

Er wandte sich Carter zu. »Sie haben ihr gesagt, wer ich wirklich bin.«

Carter nickte. »Wenn sie Ihr neuer Partner sein soll, muss sie wissen, worauf sie sich einlässt.«

»Ich brauche weder Partner noch Babysitter. Und Agentin Shirazi ist für beides nicht qualifiziert.«

Zum ersten Mal an diesem Morgen verdrängte ein zorniges Feuer die Angst in Nadias Augen, aber sie sagte kein Wort.

Carter erwiderte: »Agentin Shirazi hat mit dem Ziel studiert, zur Verhaltensanalyseabteilung zu kommen. Außerdem ist sie eine Expertin.«

»Auf welchem Gebiet?«, fragte Ackerman.

»Sie hat ihre Masterarbeit über *Sie* geschrieben, Frank.«

»Das ist ja cool.« Ackerman grinste. »Ich fühle mich geehrt. Aber ein paar Akten zu lesen und ein paar Artikel zu verfassen, macht einen noch lange nicht zum Experten.«

»Das ist wahr«, gab Carter ihm recht, »aber darum geht es nicht. Ich hatte zwanzig Kandidaten eingeladen, und was tun Sie, Frank? Sie haben nichts Besseres zu tun, als Ihre Spielchen mit den armen Leuten zu treiben.«

»Na, na, Carter. Wir wissen beide, dass Sie Ihre Entscheidung bereits gefällt hatten, bevor Sie mir die Akten und Ihre sogenannten Kandidaten zukommen ließen. Ich wusste sofort, dass Sie niemand anderen als Agentin Shirazi wollten. Ein Verdacht, der sich bestätigt hat, als sie heute Nacht hier aufgetaucht ist.«

»Agentin Shirazi verfügt über Fähigkeiten, die die Ihren ergänzen, Frank. Sie bringt genau die technischen Kenntnisse mit, die Ihnen fehlen.«

Ackerman dachte darüber nach. Es wäre von Vorteil, mit jemandem zusammenzuarbeiten, der technisch geschult war, ein Wissensbereich, der ihm nicht lag, obwohl er mit Computern und anderen elektronischen Geräten bestens umgehen konnte.

Er blickte Agentin Shirazi an. »Hat Carter Ihnen gesagt, was aus meinem letzten Babysitter geworden ist?«

Ihr Gesichtsausdruck verriet ihm, dass sie keine Ahnung hatte.

»Mein vorheriger Babysitter wollte nicht auf mich hören, deshalb wurde er getötet. Ein Anwalt in Seattle hat ihm mit einem Messer die Augen herausgeschnitten und seinen verstümmelten Leichnam in einem Park öffentlich zur Schau gestellt. Sie wollen doch nicht auch so enden?«

Nadia senkte den Blick und schwieg.

Ackerman schaute zu Carter. »Sie können von mir nicht erwarten, dass ich Normalos wie Agentin Shirazi beschütze. Das wäre so, als hätte ich ein Baby vor die Brust geschnallt und sollte einen feindlichen Schützengraben aufrollen.«

In Nadias Augen flammte es hell auf. Sie schaute zu Carter. »Sir, bei allem gebotenen Respekt, aber weshalb sitzt Ackerman nicht in einem Hochsicherheitsgefängnis? Und warum sollte er besser qualifiziert sein, Fälle zu bearbeiten, als irgendjemand sonst beim FBI?«

Carter zuckte mit den Schultern. »Er ist ein Joker, der immer dann zum Einsatz kommt, wenn alle anderen Mittel versagt haben.«

Die junge Agentin zog die Brauen hoch und blickte den Director skeptisch an.

»Was Ihre Frage angeht«, meldete Ackerman sich zu Wort, »weshalb ich nicht im Hochsicherheitsknast schmore, Agentin Shirazi – das kommt daher, dass ich aus freien Stücken hier bin. Ich *will* es so, verstehen Sie? Die Zelle, die mich festhält, muss erst noch gebaut werden.«

»Das halte ich für ein Gerücht. Ich weiß, dass es in den USA mehr als genug geeignete Gefängnisse gibt.«

»Glauben Sie das wirklich? Es ist weder Selbstüberschätzung noch Arroganz von meiner Seite, lediglich eine nüchterne Einschätzung meiner Fähigkeiten, die auf Erfahrungen der Vergangenheit beruht. Als kleines Beispiel …«

Beim letzten Wort klatschte Ackerman zweimal in die Hände und tauchte den Raum in Finsternis. Dann ging alles unfassbar schnell. Nadia sah nur einen schattenhaften, dunklen Schemen, als Ackerman nach vorn über den Tisch schnellte, zwischen ihr und Carter hindurch, ohne sie zu berühren, und aus dieser gleitenden Bewegung heraus wieder zu ihnen herumfuhr. Nur hielt er jetzt Carters Pistole und die Waffe aus dem Holster an Nadias Hüfte in den Händen und drückte beiden die Mündungen ans Genick. Sein Atem ging kein bisschen schneller.

Er hörte, wie Nadia nach Luft schnappte.

»Oh, das war noch gar nichts«, sagte er.

Wie erwartet brauchte Carter nur eine Sekunde, um sich von dem Schock zu erholen. Der Deputy Director klatschte zweimal in die Hände, und die Raumbeleuchtung strahlte wieder auf.

Das Licht enthüllte, dass Agentin Shirazi sich furchterfüllt zusammengekauert hatte, während Carter vollkommen unbesorgt wirkte.

Ackerman beugte sich zu Nadias Ohr hinunter und raunte: »Sehen Sie? Wenn man wirklich was drauf hat, ist es keine Arroganz.«

Carter seufzte. »Wenn Sie mit dem Angeben fertig sind, Frank, könnte ich dann meine Waffe zurückbekommen?«

Ackerman legte beide Pistolen auf den Tisch und ging an seinen Platz zurück.

»Okay«, sagte Carter. »Hören Sie mir jetzt beide gut zu. Ich habe Plätze in einem Flugzeug für Sie gebucht, das noch in dieser Stunde nach New Mexico startet. Wenn Sie mir wirklich zeigen möchten, wie gut Sie als Team sind, haben Sie die Sache bis zum Wochenende aus der Welt geschafft.« Carter nahm eine Akte aus dem Koffer und legte sie auf Ackermans japanischen Tisch. »Das ist genau Ihre Kragenweite, Frank. Die Reporter nennen ihn das *Alien*.«

10

Nadia Shirazi trat durch die Tür auf den schummrig beleuchteten Korridor und lehnte sich an die unverputzte Wand, während sie darum kämpfte, Atmung und Herzschlag unter Kontrolle zu bringen. Ihr Magen rebellierte; sie war froh, das Frühstück ausgelassen zu haben.

Mit einem leisen Lachen fragte Carter: »Na, was halten Sie von Ihrem neuen Partner?«

»Ich ... ich kann das nicht. Ich verstehe nicht, wieso Sie dabei so ruhig bleiben können.«

»Wieso? Hätte ich einen Grund zur Besorgnis?«

»Er hätte uns töten können!«

»Oh ja. Schneller, als wir Piep sagen können. Aber auch ich könnte Sie jetzt töten. Und Sie könnten mich ebenso leicht ins Jenseits befördern.«

Nadia richtete sich auf, atmete tief durch und entgegnete: »Sie wissen ganz genau, was ich meine. Ackermans Intelligenzquotient übersteigt den von Einstein. Und haben Sie das eben nicht miterlebt? Der Mann kann sich blitzschnell und lautlos wie ein Schatten bewegen! Meine Güte, so etwas habe ich noch nie gesehen. Er ist die perfekte Mordmaschine.«

Carter schüttelte den Kopf. »Da muss ich Ihnen widersprechen. Ackerman ist weder nach dem Tod noch nach dem Töten süchtig. Er hat solchen Betätigungen abgeschworen. Er ist sogar Ovo-Lacto-Vegetarier geworden, weil er nicht will, dass irgendein Lebwesen sterben muss, damit seine eigene Existenz weitergeht.«

Nadia starrte ihn an. »Das ist nicht Ihr Ernst.«

»Oh doch.«

»Aber ein Mann wie Ackerman kann seine Triebe nur für eine gewisse Zeit unterdrücken!«

»Wie Sie selbst gesagt haben, besitzt er den IQ eines Genies. Er nennt es ›intellektuelle und spirituelle Ablehnung‹. Er weiß, dass seine dunklen Triebe ihn immer begleiten werden, aber sein Verstand und sein Geist wehren sich dagegen.«

Nadia biss die Zähne zusammen und warf die Hände hoch. »Und was, wenn er irgendwann einmal die Kontrolle verliert? Er fürchtet sich nicht vor irgendwelchen Konsequenzen. Er hat vor nichts und niemandem Angst. Was sollte ihn daran hindern, sein altes Verhalten wiederaufzunehmen und in einen Blutrausch zu verfallen? Und was tun wir, wenn es so weit kommt?«

Carter lächelte. »Keine Bange. Als Ackerman damals auf unsere Seite wechselte, haben wir ihn nicht völlig von der Leine gelassen. Die CIA hat uns einen technischen Leckerbissen zur Verfügung gestellt. In Ackermans Wirbelsäule befindet sich ein Chip mit einer Mikrosprengladung. Wenn er vom rechten Weg abweicht, können wir ihn durch Knopfdruck töten. Obwohl … bei Ackerman kann man sich nie ganz sicher sein.«

»Er hätte uns trotzdem beide umbringen können! Wir wären völlig wehrlos gewesen, Chip hin oder her.«

Carter trat näher, und seine Sorglosigkeit wich wieder stählerner Härte. »Ich habe Sie nicht nach Quantico geholt, um mit Ihnen über die Dienste zu diskutieren, die Mr. Ackerman diesem Land leistet. Er hat sich oft genug bewiesen. Was aus ihm wird, entscheiden nicht Sie. Sie entscheiden nur, was aus Ihnen selbst wird. Wenn Sie Ihre Versetzung akzeptieren und im kommenden Jahr gute Arbeit leisten, können Sie sich aussuchen, wie Ihre Laufbahn beim

FBI weitergeht. So eine Gelegenheit erhält man nur einmal im Leben, Agentin Shirazi.«

Nadia dachte über seine Worte nach.

»Ich mache mir übrigens größere Sorgen darüber, dass Sie sich in Frank Ackerman verlieben könnten, als dass er seine Eide bricht, um Sie zu töten.«

Nadia lachte auf. »Verliebt? In Ackerman? Ich gebe zu, er sieht auf verwegene Art gut aus, aber allein das Gefühl, mit ihm in einem Raum zu sein, verschafft mir eine Gänsehaut.«

Carter zuckte mit den Achseln. »Das sagen Sie jetzt, aber ich habe es schon erlebt. Frank übt eine animalische Anziehungskraft aus, der vor allem Frauen sich merkwürdigerweise kaum entziehen können.«

»Mich zieht im Moment nur eines an: der Gedanke, so weit von hier wegzugehen, wie ich nur kann.«

»Wie Sie meinen.« Carter zuckte mit den Schultern. »Die Entscheidung liegt selbstverständlich bei Ihnen, Agentin Shirazi. Okay, ich schlage vor, dass Sie ein paar Minuten darüber nachdenken und die Sache in Ruhe von allen Seiten beleuchten, bevor Sie mir Ihre Entscheidung mitteilen.«

Sie wollte ihm gerade antworten, dass sie über nichts mehr nachzudenken habe, als die Tür zu Ackermans Büro sich abermals öffnete. Der angeblich geläuterte Serienmörder streckte den Kopf heraus. »Euch beiden ist schon klar, dass ich euch hören kann, oder? Vielleicht solltet ihr euer Gezicke in einen anderen Teil des Gebäudes verlegen. Es gibt hier Leute, die einen Mörder fassen wollen.«

11

Ackerman rutschte auf den Beifahrersitz von Nadia Shirazis gemietetem VW Beetle. Sie legte den Gang ein, trat das Gaspedal durch und jagte vom Straßenrand los.

Das Wageninnere roch so sauber, wie man es bei einem Mietwagen erwarten durfte; unter diesem Duft der Frische aber waren die Gerüche von Zigaretten, Fastfood und anderen Nutzungen des Fahrzeugs wahrzunehmen, über die Ackerman nicht näher nachdenken wollte. Er legte seinen Rucksack auf die winzige Rückbank des Cabrios; dabei fing er einen Hauch jenes verlockenden Dufts auf, den er mittlerweile mit Nadia assoziierte – eine merkwürdige Mischung unterschiedlicher, aber durchweg angenehmer Gerüche, als hätte sie in Jasmin gebadet und wäre anschließend durch ein Schleierkrautfeld gelaufen: exotisch, aber rein und unverdorben.

Die Musik im Radio wechselte von einem Beatlessong zu einer Hardrocknummer. Offenbar war das Radio nicht mit dem Äther, sondern mit Nadias Handy verbunden. Ackerman streckte die Hand nach dem Regler aus und drehte die Lautstärke herunter.

Nadia schwieg eine Zeit lang, blickte stumm nach vorn auf die Asphaltstraße, die zum Reagan National Airport führte. Schließlich aber fragte sie: »Möchten Sie etwas anderes hören? Nur zu, suchen Sie sich den Sender aus.«

»Ich stehe nicht auf Musik«, erwiderte er.

Nadia musterte ihn mit einem raschen Seitenblick. »Sie hören sich nie Musik an? Nicht mal bei einer langen Autofahrt?«

»Das liegt an leidvollen Erfahrungen«, erwiderte Acker-man. »Ich bin in der Öffentlichkeit ständig dem oft zweifel-haften Musikgeschmack anderer Leute ausgesetzt.«

Nadia öffnete den Mund, um etwas zu erwidern, konzen-trierte sich dann aber weiter auf die Straße. Zu beiden Seiten der Interstate 95 huschten Bäume vorüber, die bereits jetzt, im frühen Herbst, orange und rot leuchteten. Sie fuhren mit siebzig Meilen in der Stunde. Die Stille im Wagen, das Sur-ren der Reifen auf der Fahrbahn und das sonore Geräusch des Motors vermischten sich zu einer beruhigenden Begleit-musik.

Bis Nadia den Frieden störte. »Ich glaube nicht, dass ich schon mal jemandem begegnet bin, der *gar* keine Musik mag.«

»Carter sagte mir, dass Sie sich gut mit einem Abschnitt meines Lebens auskennen, den ich die dunklen Jahre nenne«, entgegnete Ackerman.

»Ja, das stimmt.«

»Dann nehme ich an, dass Sie auch mit meinem Vater und seinen sadistischen Neigungen vertraut sind.«

Er bemerkte, wie ihre Fingerknöchel am Lenkrad weiß wurden, ehe sie erwiderte: »Ja. Ich weiß von den Foltern, de-nen Sie ausgesetzt waren, als Sie ein kleiner Junge gewesen sind. Ich habe einige der Bänder gesehen.«

»Sind Sie auch über die Liebe meines Vaters zur Musik im Bilde? Sie ist Daddys vielleicht einnehmendstes Attri-but. Als mein Bruder und ich ihn festnahmen und ein für alle Mal hinter Gitter brachten, betrieb er in Leavenworth, Kansas, eine kleine Musikalienhandlung. Unser guter alter Dad hatte ein großes Talent für Gitarre und Klavier. Einfach für alles, das Saiten hat. Als ich noch ein Junge war, wollte er mir gewaltsam die gleiche Leidenschaft aufzwingen. Tja, das ging leider voll in die Hose.«

Ackerman ging nicht auf die Details ein; er wusste, dass die meisten »Normalos« seine Geschichten als abstoßend empfanden. Doch in seiner Erinnerung flackerte nun das Bild auf, wie sein Vater ihm für jede falsche Note, die er auf dem Klavier spielte, erst die Zehen und dann die Finger brach, als wären es trockene Zweige. Ackerman senior hatte stets betont, dass erst musische Betätigung helfe, das volle Potenzial von Geist, Körper und Seele freizusetzen.

Zaghaft sagte Nadia: »Was Ihnen zugefügt wurde, als Sie ein kleiner Junge waren … es tut mir leid.«

»Sie hatten nichts damit zu tun.«

»Ich …« Nadia verstummte, den Blick starr auf die Straße gerichtet. Dass sie ihre eigenen schrecklichen Erfahrungen hatte, verschwieg sie Ackerman. Der Vergewaltiger, der sie missbraucht hatte, war noch heute auf freiem Fuß, und es war damit zu rechnen, dass er weitere Opfer gefunden hatte und immer noch fand.

Ackerman schaute sie an. »Darf ich Sie mal was fragen?«

Nadia nickte. »Ja, sicher.«

»Was hat Carter Ihnen über meine Zeit nach den dunklen Jahren erzählt? Die Zeit, die vor der Öffentlichkeit verheimlicht wird.«

»Nur ein paar Details.«

»Ich bin sicher, er hat Ihnen eine prägnante Zusammenfassung geliefert, aber die spezifischen Umstände, auf die ich mich beziehe, haben es vielleicht nicht in seine Glanzpunktsammlung geschafft.«

»Wie meinen Sie das?«

»Ich hatte eine Familie gefunden, verlor sie dann aber wieder. Vielleicht lag es an meinem übersteigerten Selbstvertrauen. Ich weiß jedenfalls nicht, wie ich jemand anders sein könnte als der, der ich bin. Oder *das*, *was* ich bin.«

»Und was sind Sie?

»Ein Jäger, der es auf die gefährlichsten Raubtiere der Welt abgesehen hat. Glauben Sie mir, Nadia, das ist eine Beschäftigung für Einzelgänger. Dabei sollte niemand an meiner Seite sein. Ich habe schon einmal jemanden verloren und möchte diese Last nicht wieder tragen. Das leuchtet Ihnen doch ein?«

»Ich … ich glaube schon«, sagte sie.

Ackerman versuchte, sich deutlicher auszudrücken. »Ich möchte mir keine Gedanken machen müssen, ob Sie leben oder tot sind, Nadia. Ich habe nicht vor, Ihnen Schaden zuzufügen, gleich welcher Art. Ganz im Gegenteil, ich werde mit all meinen Fähigkeiten versuchen, Sie vor Schaden zu bewahren. Aber dass Sie an meiner Seite in Gefahr geraten, ist unausweichlich. Deshalb müssen Sie lernen, gefährliche Situationen zu erkennen, um sich augenblicklich in eine sichere Position zurückzuziehen.«

Zum ersten Mal, seit er in den Wagen gestiegen war, sah Ackerman einen Funken jenes Feuers in ihren Augen, das er schon in der Nacht ihrer ersten Begegnung gesehen hatte. »Ich gehöre nicht zu denen, die sich in Sicherheit bringen, wenn es hart auf hart kommt«, sagte sie. »Ich kann gut auf mich selbst aufpassen.«

»Ich wollte auch nichts anderes andeuten. Ich halte Sie für eine fähige Agentin. Ich lege nur Wert auf die Feststellung, dass es manchmal für alle Beteiligten das Beste ist, wenn ich dem Raubtier, das ich jage, selbst als Raubtier gegenübertrete. Lämmer kommen nicht ungeschoren davon, wenn Wölfe aufeinandertreffen.«

»Meine Befehle, Mr. Ackerman oder Franklin Stine oder wie immer ich Sie nennen soll …«

»Nennen Sie mich Ackerman, wenn wir alleine sind.«

»Und wenn wir nicht alleine sind?«

»Dann ist es besser, wenn Sie mich mit meinem Künstlernamen anreden, damit die Farce weitergehen kann.«

»Also gut. Carter hat mir befohlen, Ihnen nicht von der Seite zu weichen und Sie auf Linie zu halten, und genau das habe ich vor. Ich bin nicht Ihre Chauffeurin oder Sekretärin oder für was immer Sie mich sonst halten. Ich bin hier, um Mörder zu jagen. Um Menschen wie *Sie* hinter Gitter zu bringen. Und genau das habe ich vor. Wir können entweder miteinander arbeiten, oder wir arbeiten gegeneinander. Aber *arbeiten* werde ich an diesem Fall.«

Er zuckte mit den Schultern. »Meinetwegen. Aber zuerst hätte ich ein paar grundsätzliche Fragen.«

»Tun Sie sich keinen Zwang an.«

»Haben Sie schon mal jemanden getötet?«

Sie zögerte einen Augenblick. »Nein. Und ich bin mir durchaus bewusst, dass Sie mehr Menschen auf dem Gewissen haben als eine halbe Armee. Das macht Sie trotzdem nicht besser als mich, sondern schlechter. Also kommen Sie mir nicht mit irgendeinem Alpha-Männchen-Quatsch.«

Ackerman kicherte. »Das habe auch ich nicht vor. Darf ich Ihnen ein paar weitere Fragen stellen?«

»Wenn es sein muss.«

»Hat man Ihnen außer am heutigen Morgen jemals eine geladene Schusswaffe an den Kopf gehalten? Ein Messer an die Kehle gedrückt? Wie oft haben Sie schon einem Menschen gegenübergestanden, der Sie töten wollte? Wie oft haben Sie Ihre Dienstwaffe gezogen, Agentin Shirazi? Vergessen Sie nicht, dass ich meinerseits *Ihre* Akte gelesen habe, nur glaube ich nicht, dass das, was auf einem Stück Papier geschrieben steht, einen Menschen definiert, wie ich schon einmal sagte. Aber damit eins ganz klar ist: Ich habe nicht vor, Sie daran zu hindern, Ihre Arbeit zu tun oder die Anweisungen Ihres Directors zu befolgen. Aber Sie müssen auch begreifen, dass ich weder langsamer vorgehen noch mich zurückhalten werde, damit Sie Schritt halten können.

Entweder bleiben Sie an meiner Seite, oder Sie bleiben zurück.«

»Eine andere Möglichkeit gibt es wohl nicht?«

»Doch. Sie sterben.«

Nadia nahm die Ausfahrt zum Flughafen. »Carter hat mich aufgeklärt, welcher Art die Jobs sind, die wir erledigen müssen. Ich habe verstanden. Dafür bin ich ausgebildet worden. Ich habe keine Angst.«

Ackerman hätte beinahe aufgelacht – nicht nur, weil er ihre Worte als Lüge durchschaute. Nadia Shirazi *hatte* Angst. Auch wenn sie sich selbst belog – ihr Körpersprache verriet die Anspannung. Sie roch nach der Angst, von der sie behauptete, sie nicht zu kennen.

Ackerman blickte der jungen Frau in die Augen und sagte: »Sie *werden* Angst haben, Agentin Shirazi. Sie *werden* Angst haben.«

Zum ersten Mal sah Ackerman sie lächeln. »Zitieren Sie da gerade *Star Wars?* Hey, offenbar kenne ich Sie noch gar nicht richtig, Meister Yoda.«

Ackerman nickte. »Viel zu lernen du noch hast.«

12

Ackerman ließ sich auf den weich gepolsterten Sitzplatz in der Ersten Klasse sinken und zog den lärmunterdrückenden Kopfhörer aus der Jackentasche.

Nadia setzte sich neben ihn. »Ich habe noch nie erlebt, dass ein Regierungsagent Erste Klasse fliegt.«

Er lachte auf. »Ich bin kein Regierungsagent. Ich bin ein Spezialist – oder ein Berater, wenn Ihnen das lieber ist. Ganz abgesehen davon, dass diese Art des Reisens erheblich kostengünstiger ist als die frühere Methode, mich durch das Land zu transportieren – die Fahrzeugkolonnen, die Heerscharen an Wachleuten, die Gewehre und Ketten, die mich davon abhalten sollten, auf meine Bewacher loszugehen. So was ist nicht billig.«

»Kann ich mir vorstellen«, sagte Nadia. »Das hat sicher ein Vermögen an Steuergeldern gekostet, nicht wahr?«

»Garantiert.« Ackerman grinste. »Soll ich Ihnen mal was verraten? Ich habe in meinem ganzen Leben noch nie Steuern bezahlt. Ich bin mir nicht mal sicher, ob ich eine Sozialversicherungsnummer habe.«

Nadia erwiderte trocken: »Irgendwie habe ich von Ihnen nichts anderes erwartet.« Sie zeigte auf seinen Kopfhörer. »Ich dachte, Sie mögen keine Musik.«

»Oh, das Ding hier ist ein schallunterdrückender Kopfhörer, über den ich Naturgeräusche, isochronische Töne und binaurale Schwebungen abspiele. Ist auch eine Art von Musik, aber nicht mit der zu vergleichen, die mein Vater gemacht hat.«

»Soll das heißen, Sie wollen schlafen?«

»Nein.«

»Was dann?«

»Ich werde durch die Tiefen meines Bewusstseins reisen, um dort unserem Killer meine Aufwartung zu machen.«

Nadia hob die Augenbrauen und verzog das Gesicht zu einem Ausdruck, mit dem sie ihn des Öfteren bedacht hatte, seit sie einander kannten. Doch Ackerman schien nicht den Wunsch zu haben, sich genauer zu erklären; er nickte ihr nur zu und wollte sich den Kopfhörer aufsetzen.

Nadia hielt ihn auf, indem sie eine Hand auf seinen Unterarm legte, die sie aber sofort wieder wegzog. »Macht es Ihnen etwas aus, wach zu bleiben, bis wir in der Luft sind?«, bat sie. »Ich könnte jetzt ein Gespräch brauchen, das mich ein bisschen ablenkt.«

Er wölbte eine Augenbraue. »Flugangst?«

Sie nickte.

Als die Türen geschlossen waren und die Flugbegleiter mit den Sicherheitsbelehrungen begannen, vertraute Nadia ihm an, dass sie seit ihrer Kindheit unter schrecklicher Angst vor dem Fliegen leide; jeder Flug sei eine Qual für sie. »Wissen Sie eigentlich, dass die meisten Abstürze innerhalb der ersten fünfunddreißig Sekunden nach dem Start geschehen?«, fragte sie leise. »Wenn Sie mich so lange ablenken können, werde ich den Rest des Fluges wohl überstehen.«

Ackerman gestattete sich ein leises Lachen. »Ihre Angst hat mit dem Verlust an Kontrolle in einer Flugsituation zu tun. So geht es vielen Menschen. Aber das ist völlig unsinnig. Statistisch schweben wir auf der Straße in erheblich größerer Gefahr als im Flugzeug, aber mir ist bewusst, dass das Wasser der Logik nur selten das Feuer der Emotion zu löschen vermag.«

»Es ist nur … ein Auto kann ich lenken, wohin ich will,

um einem Unfall auszuweichen. Hier aber liegt mein Schicksal in den Händen des Piloten.«

»Oh, da machen Sie sich mal keine Sorgen. Unser Pilot ist ein erfahrener Mann. Ich habe vorhin beobachtet, wie er das Loch im Rumpf der Maschine zugeschweißt hat.«

»Loch im Rumpf?«, stieß Nadia hervor.

»Ja. Nachdem er endlich die Flasche Whisky leer getrunken hatte.«

»Verdammt, Frank!«

»Nur die Ruhe«, sagte er. »Wie wär's, wenn ich Ihnen etwas vorsinge?«

»Können Sie nicht *einmal* ernst bleiben?«

Das Flugzeug setzte sich in Bewegung und rollte zur Startbahn. »Himmel!« Nadias Hände schossen an die Armlehnen ihres Sitzes und packten sie so fest, dass ihre Knöchel weiß hervortraten. »O Gott!«

Mit einem Kopfschütteln wollte Ackerman sich erneut den Kopfhörer aufsetzen, doch wieder hielt Nadia ihn auf. »Erzählen Sie mir von Ihrem Bruder, ja?«

Ackerman dachte kurz nach. »Nein«, erwiderte er dann. »Ich biete Ihnen lieber eine Weisheit zum Abschied, bevor ich mich in meinen mentalen Palast zurückziehe.«

»Und welche wäre das?«

»Ein Zitat von Leonardo da Vinci. ›Du kannst keine größere und keine kleinere Herrschaft haben als die über dich selbst.‹«

Damit setzte er sich den Kopfhörer auf, startete die Aufnahme der Naturgeräusche und ließ sich tief in sein Inneres versinken, wo seine Jagd nach dem Alien in Wirklichkeit begann.

13

Ackerman vermutete, dass Carter insgeheim von ihm glaubte, er genieße es auf irgendeine sadistische Art, die Ungeheuer zur Strecke zu bringen, die er jagte – Monster, wie er selbst eines gewesen war. In Wirklichkeit hatte Ackerman selten die Absicht, seine Zielpersonen zu töten, obwohl es bei dem einen oder anderen sehr wahrscheinlich war, dass es so kam. Vielmehr bestand Ackermans Ziel darin, diese Männer und Frauen zu retten und vor sich selbst zu bewahren, ja sie vielleicht sogar vom Weg in die Verdammnis abzubringen. Er hatte in seinem Leben viele Dinge gesehen, schöne und furchtbare, und oft Großartiges und Wundervolles erlebt, zugleich aber einen Blick in die tiefsten Abgründe des Schreckens geworfen. Der Unterschied war lediglich eine Frage der Perspektive. Die Hand des Göttlichen wirkte sowohl im Schönen als auch im Furchtbaren. Deshalb versuchte Ackerman, jeden zu begreifen, den er jagte, um ihm helfen, ihn vielleicht sogar retten zu können.

Die Jagd liebte er dennoch. Für Ackerman gab es nichts Befriedigenderes, als seine speziellen Fähigkeiten zur Anwendung zu bringen, für die er seine Kindheit und Jugend hatte hergeben müssen.

Zu Beginn jeder Ermittlung versuchte er eine mentale Annäherung an den jeweiligen Killer, die auf seinem aktuellen Wissensstand beruhte. Dabei zählte nicht nur die Person, auch die Umgebung. Zu diesem Zweck ließ er vor seinem inneren Auge den Schauplatz des Verbrechens oder irgendeine Örtlichkeit erstehen, die für den Täter von Bedeutung war. Ließ sich eine solche Umgebung nicht erzeugen, beschwor er die mentale Projektion seiner Zielperson in eine Örtlichkeit, die er »Ladezone« nannte.

Diesmal saß Ackerman im Geiste mit untergeschlagenen Beinen auf einer quadratischen Glasscheibe, die über einen Nachthimmel voller dunkler Regenwolken trieb. Es goss in Strömen; Blitze zuckten und rissen die düsteren Wolkenberge aus der Finsternis.

Ackerman gegenüber saß jemand in einem Kapuzenshirt auf der gleichen dahinjagenden Glasscheibe. Das verschwommene Gesicht lag im Schatten, doch Ackerman ging allein schon wegen der statistischen Wahrscheinlichkeit davon aus, dass es sich bei seinem Gegenüber um einen Mann handelte: Die Täter bei Gewaltverbrechen waren fast ausschließlich männlichen Geschlechts.

»Wie geht's, mein Freund?«, sagte Ackerman.

Natürlich erhielt er keine Antwort. Was diese Zielperson anging, gab es nur sehr wenig, worauf er aufbauen konnte. Sie war ein »John Doe«, wie seine Freunde beim FBI solche Täter nannten. Ackerman konnte unmöglich wissen, ob es sich um einen Einzeltäter oder eine Gruppe handelte. Die Theorien verschiedener Ermittler und Analysten legten nahe, dass es sich um eine Verschwörung mit dem Ziel handelte, die Regierung zu dem Eingeständnis zu zwingen, dass sie von der Existenz Außerirdischer wusste, aber Ackerman hatte die unbestimmte Ahnung, dass diese Annahmen in die Irre führten. Sie suchten eine Einzelperson, keine Gruppe. Die bisher aufgefundenen Opfer hatten unter den Händen dieses offenbar professionellen Killers unvorstellbare Qualen erleiden müssen. Daher wusste Ackerman, dass er einen hochgefährlichen Einzeltäter jagte, ein kriminelles Genie, selbst wenn noch andere an der Sache beteiligt sein sollten.

Der Name für den Unbekannten, »Alien«, der nun bei jeder Nachrichtenmeldung zu diesem Fall genannt wurde, beruhte auf einem Scherz der örtlichen Cops. Doch sie suchten keine grünen Männchen, sondern – nach statistischer Wahrscheinlichkeit – einen männlichen Weißen Ende dreißig bis Mitte vierzig.

Sämtliche Leichen, die man aufgefunden hatte, waren verkohlt gewesen. Vermutlich hatte der Täter die Verbrennungen auf die gleiche Weise verursacht wie die Muster in den Feldern. Genauere Untersuchungen allerdings hatten erkennen lassen, dass die Opfer vor Eintritt des Todes seziert worden waren. Ihre Körper waren an verschiedenen Stellen geöffnet und wieder zugenäht worden. Wo genau, war kaum noch festzustellen, da das Fleisch bis zur Unkenntlichkeit verbrannt war. Ebenso wenig ließ sich sagen, ob den Opfern die Wunden zugefügt worden waren, als sie unter Narkose standen, oder ob sie unvorstellbar hatten leiden müssen.

»Wieso die vielen Schnitte?«, fragte Ackerman seinen schattenhaften Gegenüber. »Wieso schneidest du die Opfer auf, um sie dann wieder zuzunähen? Suchst du im Körperinnern nach irgendetwas? Die Schnitte befinden sich meist in den gleichen Körperzonen und sind fast identisch. Wonach hast du gesucht?«

Der Mann mit der Kapuze sagte nichts.

»Warum hast du es so aussehen lassen, als wäre es das Werk Außerirdischer?«, fuhr Ackerman fort. »Versuchst du, öffentliche Aufmerksamkeit zu erregen? Oder soll es irgendeine Botschaft an die Regierung sein?«

Der Mann schwieg.

»Nein, das glaube ich nicht. Du willst dir einen Namen machen, stimmt's? Nun, wie dem auch sei – du scheinst schwer was auf dem Kasten zu haben. Außerdem hast du dir speziell für dein Hobby hochspezialisierte wissenschaftliche Kenntnisse erworben, habe ich recht?«

Schweigen.

Ackerman fuhr fort, sprach über zahlreiche Details der Fälle, die Fundorte der Leichen, die Schauplätze der Entführungen. Er ging sämtliche Informationen durch, die er den Fallakten entnommen hatte, aber noch immer sagte der Mann mit der Kapuze kein Wort. Er war wie ein Gespenst, ein Schemen, ein Phantom. Und Ackerman wusste nicht genug, um ihn nach seiner Pfeife tanzen zu lassen.

»Alle Opfer wurden in einem Umkreis von fünf Autostunden um Roswell entführt. Diese Entfernung kann man durchaus mit dem Auto zurücklegen, besonders auf den Nebenstrecken des ländlichen New Mexico. Alle Leichen wurden im Großraum Roswell gefunden. Deshalb kenne ich deine Jagdgründe und Ablageplätze. Du könntest die Opfer mit einem Pkw transportiert haben, aber du brauchst Ausrüstung, um die Kornkreise anzulegen. Und diese Ausrüstung dürfte ziemlich sperrig sein. Deshalb ist ein Pick-up am wahrscheinlichsten.«

Eine weitere Theorie aus dem Internet besagte, dass die Morde als Publicity für das bevorstehende »TruthFest« in Roswell dienen sollten. Ackerman glaubte keine Sekunde daran. Wer zu Morden von solcher Perfektion fähig war, hatte höhere Ziele, als bloß Werbung für einen Kongress über Verschwörungstheorien zu machen.

Er dachte an die Opfer. Alle waren eher durchschnittliche, unauffällige Typen. Drei Frauen, zwei Männer.

Das war ungewöhnlich bei einem Serienmörder, denn das Muster der Opferauswahl orientierte sich häufig an den Geschlechtern, sofern es sich nicht um einen Killer vom Typ Son of Sam handelte, der willkürlich mordete. Das wiederum deutete darauf hin, dass die Morde des Alien kein sexuelles Element aufwiesen. Die Verstümmelungen waren präzise ausgeführt, die Zurschaustellung der Leichen durchdacht, und der Mörder zeigte in keinem Stadium Anzeichen von Reue.

Ackerman lächelte die Gestalt mit der Kapuze an. »Sie sind deine Versuchskaninchen, stimmt's? Dir geht es nicht um das Töten an sich oder um den Genuss, den es dir verschafft. Für dich sind die Tötungen Experimente, nicht wahr?«

Der Mann mit der Kapuze schwieg.

»Das ist aber gar nicht gut für dich, Mr. Alien. Ich kann verrückte Wissenschaftler nämlich nicht ausstehen.«

14

Francis Ackerman hatte den Großteil seines bisherigen Lebens in Gefangenschaft verbracht, wo visuelle und taktile, also durch den Tastsinn hervorgerufene Wahrnehmungen kaum stimuliert worden waren; seine anderen Sinne aber hatte er in einem Maße geschärft, dass es für einen normalen Menschen kaum zu fassen war.

Seine Kinderzeit hatte er ganz allein in den Abgründen der Hölle verbracht, verlassen von der Gesellschaft, von seiner Mutter und von Gott, den er damals allerdings nur aus ein paar Liedern kannte, die seine Mom ihm vorgesungen hatte, bevor die dunklen Jahre begannen. Ackerman erinnerte sich, von einer Diät aus Gerüchen, Geräuschen und Geschmäcken gelebt zu haben, die ihm auch in dieser Einsamkeit neue Eindrücke geliefert hatte. Mit der Zeit hatte Ackerman diese Art der Wahrnehmung seiner Umwelt immer mehr perfektioniert.

Das war der Grund, weshalb er nun den Sheriff von Roswell riechen konnte, obwohl der sich noch hinter einer Gebäudeecke befand. Ackerman nahm den Geruch eines billigen Rasierwassers wahr – ein Aroma, das oft mit Gürtelschlössern und Cowboyhüten einherging –, vermischt mit dem Geruch nach Chilipulver, das in dieser Gegend verbreitet war und im Grunde von jedem der wenigen Besucher des Regionalflughafens stammen konnte. Doch es war der metallische Geruch nach Waffenöl, der Ackerman in seiner Vermutung bestätigte, dass es sich um den Sheriff handelte.

Unter anderen Umständen wäre Ackerman dem Gesetzeshüter ausgewichen, oder er hätte ihn unschädlich gemacht. Bei seinem jüngsten Unternehmen war er allerdings mit einer Dienstmarke gesegnet worden. Diese Marke und die damit verbundene Autorität gehörten streng genommen nicht ihm, zumal er offiziell gar nicht mehr existierte. Er war ein Gespenst, ein Phantom – aber eines von der Sorte, das umherreiste, und zwar in Begleitung anderer, die wie er selbst eine Dienstmarke und entsprechende Befugnisse besaßen.

Ackerman musste zugeben, dass es sich gut anfühlte, auf der anderen, der richtigen Seite des Gesetzes zu stehen, aber ihm war auch klar, dass der meist freundliche Umgang zwischen ihm und den Strafverfolgungsbeamten innerhalb eines Sekundenbruchteils ins Gegenteil umkippen konnte. Ausschlaggebend dafür war in den meisten Fällen Ackermans Auftreten. Deshalb hoffte er, bald feststellen zu dürfen, dass die hiesigen Cops tüchtig und ein Segen für seine Arbeit waren, statt sie zu behindern.

Doch als Ackerman um die Ecke bog und den Sheriff erblickte, wurde er enttäuscht. Er hatte auf einen Veteranen gehofft, einen erfahrenen Mann, der diese Stadt wie seine Westentasche kannte und genug Schlimmes erlebt hatte, dass er sich mehr Gedanken um die Menschen in seinem Distrikt machte als um Formalitäten.

Sheriffs waren Wahlbeamte. Nach dem Äußeren des blonden, blauäugigen jungen Burschen zu urteilen, der vor ihm stand, hatte Ackerman es mit einem Mann zu tun, der gerade erst seine Wahlkampagne hinter sich hatte oder, schlimmer noch, mittendrin war – Ackerman wusste, dass die nächsten Wahlen im November stattfanden, und es waren nur noch wenige Tage bis Halloween.

Als er und Nadia sich dem Sheriff näherten, bestätigte ein Wahlkampfbutton, der die Brust des Mannes schmückte, Ackermans Verdacht: *Wählt Haskins.*

Nadia begrüßte den Sheriff und stellte Ackerman als

»Sonderberater« vor, ohne einen Namen zu nennen. Ackerman wusste nicht recht, ob er beeindruckt oder gekränkt sein sollte. Er wusste nur, dass es besser war, in gewissem Rahmen anonym zu bleiben, auch wenn er manchmal gegen sein übersteigertes Ego kämpfen musste.

Der Sheriff wirkte erleichtert über ihre Ankunft und setzte sofort dazu an, den Fall zu besprechen, doch Ackerman hob die Hand, um den Redefluss des Mannes zu stoppen. »Ich muss noch mein Gepäck holen. Könnten Sie mir zeigen, wo hier die Ausgabe ist?«

»Selbstverständlich, Sir.« Haskins streckte den Arm aus. »Da vorn, Gepäckausgabe B.«

Ackerman schlenderte zum Gepäckkarussell B3. Er sah kein A-Karussell, aber die Existenz eines Karussells B implizierte ein A, das vermutlich in einem anderen Teil des Gebäudes oder sogar in einem anderen Terminal zu finden war. Agentin Shirazi hatte nur einen Handkoffer für das Gepäckfach über dem Sitz mitgebracht, was Ackerman in gewisser Weise beeindruckte. Was solche Dinge betraf, war Nadia offenbar näher an seinem Ende des Spektrums angesiedelt, als Maggie es gewesen war, seine verstorbene kleine Schwester. Maggie war immer mit Bergen an Gepäck gereist, hauptsächlich wegen ihrer Wechselbettwäsche für die oft nicht sonderlich hygienischen Behausungen, in denen das Team untergebracht worden war.

Maggie hatte eine geradezu panische Furcht vor Viren und Bakterien gehabt. Ackerman hatte die Zwangshandlungen seiner kleinen Schwester nie verstanden. Seiner Meinung nach waren Keime – ob Bakterien, Viren, Protozoen, Prionen und was es sonst noch an Mikroorganismen gab – dazu bestimmt, ignoriert zu werden. Der Mensch lebte, der Mensch wurde krank, der Mensch entwickelte Abwehrkräfte, die ihn gegen den nächsten Angriff dieser unsichtbaren Feinde wappneten. Das war der Zyklus des Lebens, die Natur der Existenz. Welten innerhalb von Welten.

Ackerman vermisste Maggie sehr. Noch immer träumte er fast jede Nacht davon, wie sie in der Höhle irgendwo in der Einsamkeit des Berglands von New Mexico über den Rand eines tiefen Abgrunds gestürzt war, in den Armen des berüchtigten Serienkillers, den man »Taker« genannt hatte.

Hinter ihm schwadronierte Sheriff Haskins darüber, wie dankbar er sei, dass sie so kurzfristig kommen konnten, und entschuldigte sich wortreich, das FBI nicht schon früher verständigt zu haben. Ackerman versuchte Haskins zu ignorieren, während er darauf wartete, dass das Gepäckkarussell sein einziges bescheidenes Gepäckstück freigab, seinen Rucksack, den er nicht in den Passagierraum des Flugzeugs hatte mitnehmen dürfen. Ackerman verstand allerdings vollkommen, dass die Flugsicherheitsbehörde etwas gegen sein Gepäckstück einzuwenden hatte. Immerhin war der Rucksack sozusagen seine Trickkiste.

Ackerman wandte sich Haskins zu, der einen halben Kopf kleiner war als er. »Wir hatten drei Flugstunden Zeit, um alles durchzuarbeiten«, unterbrach er den Wortschwall des Sheriffs. »Sie können also davon ausgehen, dass wir die wichtigsten Aspekte des Falles kennen, soweit sie schriftlich festgehalten wurden. Deshalb interessieren wir uns vor allem dafür, was sich zwischen unserem Abflug und der Landung hier ereignet hat.«

Haskins nickte. »Verstehe. Nun, der spektakulärste Vorfall ist der, dass gestern Abend eine örtliche Berühmtheit entführt wurde, eine Bestsellerautorin und Expertin für Ufologie.«

Ackerman zog eine Braue hoch. »Entführt von wem? Ich dachte, die Opfer von Aliens verschwinden, ohne eine Spur zu hinterlassen. Was macht Sie so sicher, dass die Frau entführt wurde?«

Der Sheriff schluckte und wandte den Blick ab. Haskins war offenbar verängstigt von irgendetwas, das er am Schauplatz der Entführung gesehen hatte, was immer es war. Vielleicht ein Detail, das ihn zum ersten Mal glauben ließ, dass er es bei diesem Fall tatsächlich mit übernatürlichen Kräften zu tun hatte.

»Nun ja, die Sache ist die ...«, setzte er an und berichtete dann weitschweifig von der vermissten Mrs. Delacruz.

Ackerman hörte mit nur einem Ohr zu, während er das Gepäckkarussell im Blick behielt, auf dem sein Rucksack noch immer nicht aufgetaucht war. Eine erschöpft aussehende Asiatin mit vier kleinen Kindern, allesamt Mädchen, und einem Baby auf dem Arm schritt am Karussell ratlos auf und ab. Statt einer Handtasche trug sie einen Windelbeutel über der Schulter. Eine übergroße Tasche, die zu zwei anderen passte, die zu Füßen der Frau standen, bewegte sich auf dem Laufband vorbei. Sie zögerte; offenbar fragte sie sich, wie sie das Baby halten und gleichzeitig nach dem Koffer greifen sollte. Dann bemerkte sie Ackermans Blick und schaute ihn an. »Verzeihung, Sir. Wären Sie so freundlich, mein Kind zu halten?«

»Gern, aber ich halte es für sinnvoller, wenn ich Ihren Koffer vom Band hebe.«

»Das wäre sehr freundlich.«

Nachdem er der Frau den Koffer gereicht und ihr geholfen hatte, das Gepäck auf einem Karren zu verstauen, griff Ackerman unbemerkt in eine Tasche seiner Lederjacke, zog die fünfzig Dollar Mietwagenrabatt heraus, die er darin aufbewahrte, und schob sie der Frau in den offenen Windelbeutel, wobei er ihren vier süßen kleinen Mädchen zuzwinkerte. Die Frau bemerkte es nicht, wohl aber ihre Töchter. Ackerman legte einen Finger auf die Lippen und machte: »Pssst.« Die Mädchen kicherten so fröhlich, dass Ackerman das Herz aufging.

Als er sich umdrehte, weil endlich sein Rucksack auftauchte, sah er, dass Nadia seine Geste beobachtet hatte.

Er zwinkerte ihr zu, raffte seinen Rucksack hoch und schlang ihn sich über die Schulter.

»Wieso haben Sie einen Rucksack aufgegeben?«, fragte der Sheriff. »Sie hätten ihn doch einfach unter den Sitz vor sich schieben können.«

Ackerman zuckte mit den Schultern. »Das habe ich den Leuten von der Flugsicherheitsbehörde auch gesagt, aber die waren dagegen, weil der Rucksack Objekte enthält, die nach deren Ansicht nicht in die Passagierkabine eines Flugzeugs gehören.«

Der Sheriff musterte ihn verwirrt. »Sie meinen … Waffen?«

»Bingo.« Ackerman lächelte. »Aber keine Bange, ich hatte immer noch das Messer aus Zylon, das in meinem Gürtel verborgen ist, die keramischen Klingen, die ich am Körper versteckt habe, und die Garotte in meiner Armbanduhr.«

Mit der rechten Hand zog er an der Krone seiner Uhr und ließ Haskins den messerscharfen Draht sehen.

Haskins riss die Augen auf. »Aber … aber …«

Nadia wechselte rasch das Thema. »Ich bin überrascht, Sheriff, dass die New Mexico State Police oder die Sicherheitsbehörde sich nicht eingeschaltet haben.«

»Oh, sie *sind* eingeschaltet«, erklärte Haskins. »Wir haben eine Art Task Force aufgestellt und forensische Teams gebildet, um die FBI-Forensiker aus Albuquerque zu unterstützen. Sobald wir im Sheriff's Office sind, stelle ich Ihnen die Leute vor.«

Ackerman schüttelte den Kopf. »Wir begleiten Sie nicht zum Sheriff's Office, jedenfalls noch nicht. Wir mieten uns unseren eigenen Wagen und fahren getrennt dorthin. Wir möchten nicht mit Ihnen gesehen werden, jedenfalls nicht in diesem Stadium der Ermittlungen.«

Zum ersten Mal erschien ein Ausdruck des Unwillens auf Haskins' Gesicht. »Also wirklich, ich verstehe das alles nicht. Was ist eigentlich los bei diesem verdammten Fall? Was wollt ihr Regierungsleute? Das Militär weigert sich, der Sache nachzugehen, obwohl es im Grunde genau ihr Ding ist. Ich habe aber keinen Anruf von nationalen Sicherheitsbehörden bekommen, nur vom Innenministerium, das um stündliche Berichte gebeten hat. Was *wollen* Sie eigentlich?«

Ackerman bedachte Haskins mit seinem besten Filmstarlächeln. »Keine Bange, Sheriff, ich habe nicht die Absicht, Ihre Ermittlung an mich zu reißen. Ich habe vor, eine Parallelermittlung anzustellen. Für mich ist wichtig, dass Sie Ihre Ortskenntnis nutzen, um bei diesem Fall jede Ermittlungsrichtung bis zum Ende zu verfolgen. Ihre Erkenntnisse teilen Sie uns bitte mit, okay?«

»Hören Sie, wir sind nicht ausgestattet, um …«

Ackerman fiel ihm ins Wort. »Stopp, Sheriff. Sie haben schon zu viel gesagt. Ich möchte den Fall von außen betrachten, mit dem Auge des unvoreingenommenen Beobachters, bevor ich hinter den Vorhang trete und mir anhöre, was Sie mir an Einblicken zu bieten haben.«

Haskins runzelte die Stirn. »Ich verstehe nicht …«

»Dann will ich es Ihnen erklären. Es ist schwierig, etwas aus einer bestimmten Perspektive zu betrachten, nachdem man es vorher von einer anderen Warte betrachtet hat. Aber die Perspektive ist bei einer Ermittlung oft das Entscheidende. Ich kann mir einen Fall von außen anschauen und dann tiefer in die Sache vordringen, um sie schließlich von innen zu betrachten, aber umgekehrt geht das nicht. Es ist wie bei einer Eisskulptur. Sobald man etwas weggeschlagen hat, führt kein Weg mehr zurück. Aber man kann ein bisschen länger hinschauen, bevor man etwas abschlägt. Leuchtet Ihnen das ein?«

»Äh …«

»Gut«, sagte Ackerman, ohne Haskins' Antwort abzuwarten.

Er wandte sich ab und ging zu den Pulten der Autovermietungen.

Hinter ihm rief der Sheriff: »Jetzt warten Sie doch mal! Wir kommen bei dem Fall nicht weiter! Hier geschehen verrückte Dinge, und ich verstehe nicht …«

Ackerman drehte sich. Diesmal war seine Miene hart wie aus Stein. »Sie haben Hilfe von der Regierung angefordert, Sheriff«, sagte er. »Besondere Hilfe für einen besonderen Fall. Und diese Hilfe ist jetzt hier. Punkt.«

»Aber …«

»Sagen Sie, Sheriff, stehen Ihnen K9-Einheiten zur Verfügung? Hundestaffeln?«

»Ja.«

»Haben Sie diese Hunde unter Ihrem Befehl schon mal in Aktion erlebt?«

»Natürlich.«

»Fein. Denn in mancher Hinsicht bin ich wie ein Bluthund. Sie sagen dem Hund ja auch nicht, wo, was und auf welche Weise er riechen soll. Sie sorgen nur dafür, dass er freie Bahn hat. Tun Sie das auch bei mir, ja?«

15

Stürzen sich überschlagen Schmerz Angst.

Jillian Delacruz hatte das Gefühl, als bestünde ihr Körper aus einer übelriechenden Flüssigkeit, die durch den Abfluss geradewegs in den Schlund der Hölle sickerte, sodass nur eine leere Hülle blieb, die ohne Hoffnung auf Erlösung oder Gnade auf einem endlosen grauen Ozean der Albträume trieb.

Jemand musste sie unter Drogen gesetzt haben. Alles erschien ihr surreal und verschwommen. Am liebsten hätte sie sich der Wirkung der Drogen ergeben und wäre in tiefer Bewusstlosigkeit versunken, ohne sich ihrer derzeitigen Situation noch länger bewusst sein zu müssen. Es wäre ein Segen gewesen, denn sie wollte die Schrecken nicht sehen, die sie erwarteten. Doch die Schmerzen in ihren Handgelenken und Schultern holten sie immer wieder in die Wirklichkeit zurück.

Jillian sah die Welt noch immer verschwommen, und was sie erkannte, schrumpfte und wuchs, pulsierte und streckte sich. Aber sie konnte immerhin erkennen, dass ihre Hände von gepolsterten Fesseln umfasst wurden, die wiederum an einem hellen Seil befestigt waren, das sich aus ihrem Blickfeld herausschlängelte wie eine fette weiße Natter.

Erschöpft von der Anstrengung, die Augen zu heben, ließ Jillian den Kopf wieder in Ruheposition sinken und nutzte die Gelegenheit, um auf ihre Füße zu blicken. Fesseln aus dem gleichen hellen Material wie das Seil, das ihre Hände fesselte, lagen um ihre Fußknöchel und waren mit je einem weiteren weißen Strick verbunden; ihre Füße jedoch waren an zwei verschiedenen Metallpflöcken im Fußboden befestigt.

Davon abgesehen war nur Schwärze um sie herum – bis auf ein einzelnes helles Licht, das nur ihren Körper in einen Teich aus Licht tauchte. Von ein paar Streben unter der Decke abgesehen, konnte sie kaum etwas von ihrer unmittelbaren Umgebung erkennen, außer ein paar Pfützen und altem Beton.

Pfützen? Beton?

So etwas hätte sie in einem außerirdischen Raumschiff als Letztes erwartet.

Vielleicht, überlegte sie, sah es nur so aus wie Beton. Es konnte sich um eine ausgeklügelte außerirdische Variante handeln, die sich dehnen ließ wie Gummi, so weich war wie ein Federbett und nach Schokolade schmeckte. War sie am Ende im Frachtraum? Sie wagte nicht zu rufen. Sie wollte nicht die Aufmerksamkeit dessen erwecken, der, die oder das sie entführt und hierher verschleppt hatte.

Allmählich kehrten Jillians Sinne zurück, doch erst die kalte Luft ließ sie schließlich begreifen, dass sie vollkommen nackt war. Instinktiv machte sie eine Bewegung, um ihre Blößen zu bedecken, musste aber bald erkennen, dass schon der Versuch zwecklos war.

Sie blinzelte heftig, versuchte, den Nebel aus ihrem Blickfeld zu vertreiben, damit sie eine Möglichkeit fand, sich zu befreien. Mittlerweile hatten ihre Augen sich an die Dunkelheit gewöhnt, doch was sie sah, ließ ihr das Blut in den Adern gefrieren.

Dort, gleich außerhalb des Lichtteichs, entdeckte Jillian ein bleiches, weißes Gesicht mit schwarzen Augen.

Sie schrie und schrie, während ihr Körper starr vor Entsetzen blieb.

16

Ackerman waren zehn Minuten köstlicher Stille vergönnt, die durch nichts gestört wurde als durch die Umgebungsgeräusche des soeben gemieteten Chevrolet Impala. Ihre Autovermieterin war eine hübsche junge Dame namens Judy gewesen. Ackerman hatte sofort in den Flirt-Modus geschaltet, um sie dazu zu bringen, ihnen einen Rabatt von fünfzig Dollar in bar und Extrameilen zu gewähren. Die Normalos waren ziemlich einfach zu manipulieren; mit den simpelsten Methoden erzielte man oft die besten Ergebnisse.

In diesem Moment fing Nadia mit ihrer Standpauke an. Ihre Stimme war ruhig und gemessen. Ackerman, der mit geschlossenen Augen dasaß, erkannte sofort, dass sie sich ihre Worte gut überlegt hatte.

»Okay, Sie Bluthund, wenn Sie der Frau, die Ihre Leine hält und hinter Ihnen hergeschleppt wird, mal verraten würden, was eigentlich Ihr Plan ist, wäre ich Ihnen sehr dankbar. Oder soll ich bloß in Ihrem Schatten stehen, mit einem Gesicht wie ein Blödarsch?«

Ackerman ließ die Augen geschlossen. »Ja, bitte«, sagte er.

Er hörte das Rascheln des Stoffes, als sie zornig den Kopf schüttelte, wobei sie wieder einen Hauch des angenehmen Dufts von Jasmin und Schleierkraut verströmte, den Ackerman mit ihr in Verbindung brachte.

»Ja, was?«, fragte sie.

»Sie haben eine Frage gestellt, ich habe sie beantwortet. Werden Sie auch weiterhin hinter mir herlaufen, in seliger Unwissenheit, was ich als Nächstes tun werde? Ja, werden Sie. Aber nicht aus persönlichen Gründen von meiner Seite aus, die gegen Sie gerichtet wären. Es liegt einfach daran, dass ich Ihnen nichts ankündigen kann, was ich selbst noch nicht weiß. Mit anderen Worten: Meistens habe ich selbst keine Ahnung, was ich als Nächstes tun werde.«

»Werden Sie mir wenigstens sagen, wohin es geht?«

»In ein Diner im Herzen von Roswell.«

»Und was gibt es in diesem Diner?«

»Frühstück.«

»Wir haben schon fast Mittag.«

»Die Tageszeit sollte keinen Einfluss auf die Nomenklatur der Mahlzeiten haben. Es wird meine erste Mahlzeit des Tages sein. Also Frühstück.«

»Sie haben wirklich keinen Plan, was?«

»Ach, wissen Sie«, sagte Ackerman, »mit mir zu arbeiten ist wie Achterbahnfahren. Die Frage, wohin es geht, stellt sich erst gar nicht. Also lehnen Sie sich einfach zurück und genießen Sie die Fahrt.«

»Na toll«, sagte Nadia. »Wissen Sie denn wenigstens, was Sie in diesem Diner tun werden?«

»Ich glaube, ich bestelle mir Eggs Florentine. Die sind fleischlos, nicht wahr?«

Nadia schüttelte den Kopf und warf in einer Geste der Verzweiflung die Hände hoch, wobei ihr Gesicht wie das eines wütenden kleinen Mädchens aussah. Ackerman fand ihre Reaktion hinreißend.

Schließlich sagte sie kopfschüttelnd: »Wenn ich mich recht entsinne, sind Eggs Florentine so etwas Ähnliches wie Eggs Benedict, nur dass der Speck durch Spinat ersetzt wird. Können wir jetzt weitermachen?«

»Was werden Sie sich bestellen?«

»Ich habe keinen Hunger.«

»Sie sollten etwas essen«, sagte er. »Mit leerem Magen fängt man keine Killer.«

Sie knirschte mit den Zähnen, lenkte dann aber ein. »Na gut, ich nehme das Tagesgericht.«

»Mögen Sie scharfes Essen?«

»Mein Vater hat uns auf Geschäftsreisen durch den ganzen Nahen Osten gezerrt, als ich ein Kind war. Ja, ich komme mit scharfen Gewürzen bestens zurecht.«

»Ich erwähne es nur, weil diese Gegend dafür berüchtigt ist, über sämtliche Gerichte scharfe Soße zu kippen. Das hat vermutlich damit zu tun, dass man eine hiesige Feldfrucht unter die Leute bringen will, die rote Chilischote.«

»Ich lasse mich gern überraschen«, murmelte Nadia.

*

Als sie im Diner Platz genommen hatten, kam die Kellnerin in einem blaugrünen Kleid mit einer Schürze, auf der ein Alienkopf prangte, und einem Häubchen aus Alufolie an ihren Tisch. Ein weiterer großer Alienkopf bedeckte eine Hälfte ihrer Brust. Die Frau war groß und schlank und wirkte sportlich. Schwarze Haare, kurz und zur Seite gekämmt. Fünf Piercings liefen die eine Ohrmuschel hoch, ein einzelnes zierte die andere. Sie hatte unnatürlich lange Wimpern, und ihre Lippen waren mit einem dunklen, glitzernden Gloss bedeckt, das ohne Zweifel den Eindruck des Außerirdischen verstärken sollte. Ihre Haut war unnatürlich blass.

Ackerman fragte sich unwillkürlich, ob auch die Blässe zu ihrem Outfit gehörte, aber ihre langen schlanken Beine, von denen sie mehr zeigte als die anderen Kellnerinnen, passten zur Alabasterfarbe ihres Gesichts.

Ackerman schaute ihr lächelnd in die Augen. Sie erwiderte den Blick, lächelte zurück und fragte: »Na, worauf stehen wir denn heute, Schätzchen?«

»Tja«, antwortete Ackerman, »*das* steht nicht auf der Karte, Süße.«

Die Kellnerin schmunzelte. »Zu schade.«

Ackerman starrte auf ihre vielen Piercings. »Mann, das müssen ja Tonnen an Stahl sein, die Sie da mit sich herumschleppen.«

Die Kellnerin betastete ihre gepiercten Ohren. »Ach, so viel ist es auch wieder nicht.«

»Trotzdem«, entgegnete Ackerman. »Möge die Kraft mit dir sein.«

Die Kellnerin kicherte.

Nadia und Ackerman bestellten, und das Alien stöckelte davon. Doch sie war offenbar auf den Geschmack gekommen, mit Ackerman zu flirten; immer wieder schaute sie zu ihm, als versuchte sie, ihm mit den Augen etwas mitzuteilen.

Kaum war die Kellnerin gegangen, klappte Nadia vernehmlich ihre Speisekarte zusammen und stellte sie zurück in den Ständer hinter den Ketchup und die anderen Würzmittel. »Also gut«, sagte sie. »Das Frühstück hätten wir bestellt. Wir sind bereit, die Batterie aufzuladen.«

»Gut beobachtet.« Ackerman schmunzelte. »Sobald dieser Alien mit den gepiercten Ohren uns die geschmorten Tentakel serviert hat.«

»Und wohin dann als Nächstes? Zum Schauplatz der Entführung von Jillian Delacruz?«

»Die erste Phase jeder Operation ist die Informationsbeschaffung«, sagte Ackerman.

»Gut und schön, nur scheint Ihnen das ziemlich egal zu sein. Ihnen ist schon klar, dass in jedem dieser Fälle der oder die Betreffende entführt, gefoltert und innerhalb von achtundvierzig Stunden nach dem Verschwinden tot aufgefunden wurde? Jillian Delacruz wurde gestern Abend entführt. Das bedeutet, dass wir nur noch den Rest von heute und den morgigen Tag haben, um Jillian zu finden. Wir müssen so schnell wie möglich am Schauplatz des Verbrechens sein, Frank. Und wir sollten schnellstens ein Profil erstellen.«

Ackerman wölbte eine Augenbraue. »Tun wir das denn nicht? Die hiesigen Cops sammeln mithilfe der Task Force, von der der Sheriff gesprochen hat, alle wichtigen Informationen und lassen sie uns zukommen. Wir sind hier, um über das nachzudenken, worüber der Sheriff und seine Leute eben *nicht* nachdenken. Ich habe bereits eine Menge allein durch die Fahrt hierher und beim Essen in diesem Diner erfahren.«

Nadia runzelte die Stirn. »Dann erleuchten Sie mich. Was genau haben Sie in dieser Zeitspanne erfahren? Ich finde, es hätte viel mehr Sinn gemacht, wären wir gleich zu einem der Leichenfundorte gefahren.«

»Mag sein, aber immerhin weiß ich schon jetzt, dass unser Alien ein Einheimischer ist oder wenigstens viele Jahre in dieser Gegend gewohnt hat.«

»Ich verstehe nicht …«

»Der angebliche Ufo-Absturz von Roswell 1947 hat diesen Ort von Grund auf verändert, seinen ganzen Charakter. Schauen Sie sich doch um. Nicht nur hier, sondern in der ganzen Stadt. Wie viele Alienköpfe haben wir an Fensterscheiben oder auf Schildern gesehen? Wie viele Geschäftsnamen spielen auf Außerirdische an? Wenn ich nicht völlig danebenliege, Nadia, ist unser Täter von solchen Dingen besessen.«

»Sie nehmen also an, dass ein Verrückter dahintersteckt und nicht etwas ganz anderes?«

Wieder hob Ackerman eine Augenbraue. »Sie meinen kleine grüne Männchen?«

»Nein, ich meine einen Publicity-Gag … oder einen Terrorakt.«

»Auch solche Motive führen in der Regel zu einer bestimmten Person. In unserem Fall ist es ein Mann. *Er* ist es, den wir jagen. *Er* ist es, gegen den wir spielen.«

»Das ist kein Spiel.«

»Das hängt von Ihrer Definition eines Spiels ab. Manche Leute betrachten das ganze Leben als ein Spiel. Die gesamte Existenz ist nur eine Art Test. Jedenfalls, unser Killer kennt sich in dieser Gegend ziemlich gut aus. Das passt zu einigen anderen meiner Theorien …«

Er verstummte, denn die Kellnerin, die ihn noch immer mit Schlafzimmeraugen anschaute, kam mit dem Essen.

»Ihre Eier Florentiner Art, Schätzchen«, sagte sie.

Ackerman lachte auf. »Das kommentiere ich lieber nicht.«

Als die Kellnerin kichernd und mit übertriebenem Hüftschwung davonstöckelte, fragte Nadia, die rot geworden war: »Die Frau ist wohl Ihr Typ? Sie enttäuschen mich.«

Ackermans Miene war ernst, als er erwiderte: »Nein, Mrs. Spock ist nicht mein Typ. Die Frau verbirgt irgendetwas.«

»Woher wollen Sie das wissen?«

»Ich sehe es in den Augen. Sie würden es nicht verstehen, Nadia, aber die Trulla ist mir nicht geheuer. Sie sollten sich von der Frau fernhalten, wenn ich nicht in der Nähe bin. Irgendwas stimmt nicht mit ihr. Ich kann aber den Finger nicht drauflegen.«

»Zur Sache, Frank. Was ist so dringlich? Wieso sind wir so weit in die falsche Richtung gefahren? Ist Ihnen klar, dass wir gut eine Stunde Umweg in Kauf genommen haben, um hier zu frühstücken? Sie hätten auch etwas am Flughafen essen können. Also?«

»Ich habe festgestellt, dass wir zwei Schatten haben, zwei bewaffnete Männer. Sie waren im gleichen Flugzeug wie wir, und jetzt sitzen sie in diesem Diner. Zufall? Wohl kaum. Ich vermute, dass es sich entweder um CIA-Leute oder um private Auftragnehmer handelt.«

»Sie meinen … professionelle Schnüffler?«

Ackerman nickte.

Nadia machte große Augen und nahm instinktiv die Hand vom Tisch. Ackerman sah, wie ihre Halsmuskeln zuckten, als sie gegen das Verlangen ankämpfte, den Kopf zu drehen und einen Blick auf die Unbekannten zu werfen. Stattdessen fragte sie: »Wo sind die Männer jetzt? Können Sie mir eine Beschreibung geben?«

»Klar. Der eine Mitte ist zwanzig, der andere Mitte dreißig. Militärisch kurzer Haarschnitt, Poloshirts. Sie sitzen an einem der Tische hinter mir.«

Während Nadia beiläufig einen Blick in die Richtung warf, fragte sie: »Und was jetzt?«

»Ich gehe Hallo sagen. Das gehört sich doch wohl so.«

17

Ackerman schob sich von der Sitzbank und schlenderte zu den beiden Männern in der Nische hinter ihnen. Nadia setzte zu einem Protest an, doch Ackerman beachtete sie nicht.

Irgendein wilder Poprocksong, mit einem monotonen Gitarrenriff unterlegt, dröhnte wie eine Untermalung aus den Lautsprechern des Diners, als Ackerman geradewegs auf ihre beiden Beschatter zustrebte, zielsicher wie ein ferngelenktes Geschoss oder ein Mann mit einem Auftrag. Die beiden bemerkten sein Näherkommen, versuchten es aber zu ignorieren. Sie klammerten sich noch immer an ihre Tarnung. Doch in diesem Moment wussten sie bereits, dass sie es vermasselt hatten und aufgeflogen waren.

Die Nischen sollten durch hohe Rückenlehnen und dicke Polsterung die Illusion von Ungestörtheit schaffen. Ackerman war es nur recht. Diese Privatsphäre kam seinem Vorhaben zugute.

Der Mann, der ihn ansah, schien der Boss der beiden zu sein – älter als sein Partner, ein paar Falten mehr im Gesicht. Vor allem aber erkannte Ackerman es an dem gelassenen Selbstvertrauen des Mannes. Der jüngere der beiden Beschatter schien irischer Herkunft zu sein; zumindest deutete sein helles, sommersprossiges Gesicht darauf hin. Beide hatten gegelte Bürstenschnitte, und beide trugen braune Kakihosen und schwarze Poloshirts mit einem unschuldig klingenden Firmennamen auf der Brust. Sie versuchten, wie Vertreter auszusehen, nicht wie verdeckte Ermittler. Doch über den Poloshirts trugen beide ein Sakko, unter dem sie ihre Waffen verbergen konnten. Ackerman hatte die Ausbeulungen im Stoff schon bemerkt, als die Männer sich gesetzt hatten.

Er trat direkt an den Tisch, der im Retrostil gehalten war: in Metall eingefasster Rand, robust und mit der Wand verschraubt. Er lächelte die beiden Männer an. »Ich hoffe, die Gentlemen haben einen guten Morgen.«

Der Ältere entgegnete: »Haben wir. Können wir Ihnen irgendwie helfen?«

»Ja. Ich störe euch nur ungern beim Frühstück, aber uns sind die Servietten ausgegangen, und ich habe gesehen, dass euer Halter noch voll ist. Hättet ihr ein paar für mich übrig?«

»Klar, warum nicht?«, sagte der Ältere.

Ackerman nickte dankend. Er wartete gar nicht ab, bis sie ihm Servietten reichten. Stattdessen griff er über den Tisch und nahm sich den ganzen Serviettenhalter, eine altmodische Blechbox mit Entnahmeschlitzen auf beiden Seiten. Er richtete sich zu voller Größe auf und zog vier Papierservietten heraus. Sie waren von der teureren, supersaugfähigen Sorte. Er warf sie vor den jüngeren Mann auf den Tisch und sagte: »Die wirst du brauchen.«

Er drosch dem sommersprossigen Beschatter die schwere Serviettenbox an die Schläfe. Der Kopf des jungen Mannes schnellte von Ackerman weg und prallte mit einem dumpfen Knall gegen die Betonziegel. Blut spritzte über Tisch und Wand.

»Darf ich?«, fragte Ackerman lächelnd und setzte sich zu dem älteren Mann in die Essnische.

18

Francis Ackerman jr. hatte viel Zeit auf das Erlernen der Fähigkeit verwendet, Menschen allein durch Beobachtung einzuschätzen. Schon in der Folterhölle seines Vaters hatte er in Gedanken die verschiedensten Konfliktsituationen und Szenarien durchexerziert; er hatte Spiele ersonnen, die ihm halfen, Verhaltensregeln aufzustellen, die er im späteren, wirklichen Leben anwenden konnte. Er studierte die größten Mörder der Geschichte, um zu erkennen, welche Bedeutung sie ihren schrecklichen Taten beimaßen und wie dies ihr Handeln beeinflusst hatte.

Dies alles hatte Ackerman vieles gelehrt, insbesondere die Fähigkeit, in andere Menschen hineinzublicken, sodass er deren Reaktionen vorausahnen und entsprechend handeln konnte. Er durchschaute sein Gegenüber meist schon beim ersten Zusammentreffen und konnte dessen persönliche Eigenarten erkennen.

Als Ackerman nun in die Sitznische im Diner glitt, schob er die Hand unter das Sakko des sommersprossigen Mannes und zog die Glock 19 heraus, die er dort fand. Er verbarg sie unter dem Tisch, schussbereit und durchgeladen. Die Glock hatte keine Sicherung. Das Modell wurde wegen seiner geringeren Abmessungen von weiblichen Officers bevorzugt, aus dem gleichen Grund aber auch von Undercover-Ermittlern. Das Gewicht der Pistole verriet Ackerman, dass sie 9-mm-Parabellum-Patronen verschoss. Auf vierzig Fuß entfaltete ein solches Projektil eine wahrhaft durchschlagende Wirkung. Auf vier Zoll fiel sie noch durchschlagender aus.

Ackerman drückte dem älteren Mann die Waffe an den

Oberschenkel, während er mit der rechten Hand die Blechbox mit den Servietten zurück auf den Retrotisch stellte. Dann grub er die Faust in die Haare des Sommersprossigen, hob den Kopf des Bewusstlosen an und bettete ihn auf die Servietten.

Die Wildheit und Schnelligkeit von Ackermans Manöver – dazu die Deckung durch die hochlehnigen Sitze – sorgten dafür, dass seine Attacke fast unbemerkt blieb. Zwar starrten ein älteres Paar und zwei, drei andere Gäste von der gegenüberliegenden Seite der Speiseraums zu ihm herüber, und eine der Kellnerinnen war entsetzt zurückgewichen und davongeeilt, aber alle anderen klapperten weiter fröhlich mit dem Besteck und stopften das Essen in sich hinein.

So brutal und präzise er gehandelt hatte – sein charmantes Lächeln behielt Ackerman bei.

»Was habt ihr euch bestellt?«, fragte er.

Der ältere Agent hatte braunes, schütteres Haar, durch das sich erste graue Strähnen zogen. Er war ein Profi; deshalb wirkte er ruhig und gefasst, obwohl eine Schusswaffe genau auf seine Genitalien zeigte. »Wir hatten zweimal das Tagesgericht. Dazu schwarzen Kaffee.«

»Für wen arbeitet ihr?«

Der Mann gab keine Antwort.

»Wieso folgt ihr uns?«, fragte Ackerman. »Ich habe es nicht gern, wenn man mir folgt.«

»Ich habe keine Ahnung, wovon Sie sprechen. Wir sind bloß zwei hungrige Männer, die hier frühstücken wollen.«

»Zwei Männer, die zufällig mit uns im gleichen Flugzeug saßen, nachdem sie uns durch den Flughafen verfolgt und sich vergewissert hatten, in welche Maschine wir gestiegen sind, und die uns dann an Bord folgten. Und nachdem wir hier gelandet waren, kamen diese zwei Männer zufällig in das gleiche Diner.«

Der ältere Agent wirkte noch immer ruhig und gelassen. »Es ist wirklich Zufall.«

»Und diese beiden Männer sind auch noch bewaffnet.«

»Wie sind in New Mexico. Hier sind viele bewaffnet.«

»Nur dass ihr von Virginia gekommen seid.«

Der Mann zuckte mit den Schultern. »Auch da sind viele Leute bis an die Zähne bewaffnet.«

Ackerman lachte leise in sich hinein. »Verrate mir eins: Wieso seid ihr uns ins Diner gefolgt?«

In den Augen des älteren Mannes funkelte es. »Die Idee kam von dem Jungen.«

Ackerman zog eine Braue hoch. »Er hat den höheren Rang?«

Der Ältere hob wieder die Schultern. Er wollte nichts verraten.

Ackerman zwinkerte ihm zu. »Da bin ich aber froh, dass ich deinem Kumpel zuerst eins verpasst habe. Okay, hör zu. Die meisten Leute von der CIA, die ich kenne, kann ich nicht ausstehen. Freie Mitarbeiter, wie man euch Söldner beschönigend nennt, mag ich noch viel weniger. Ich muss aber zugeben, dass ich schon das Vergnügen hatte, mehrere deiner Kollegen in den absolut endgültigen Ruhstand auf dem Friedhof zu versetzen, was ich sehr befriedigend fand. Sie waren gut ausgebildet, diese Männer, aber nicht annähernd gut genug. Der größte Einwand, den ich gegen dich persönlich vorzubringen habe, Kumpel, ist allerdings der, dass du mir hinterhergeschlichen bist. Aber du kannst dich … sagen wir, freikaufen.«

»Und wie?«, fragte der ältere Mann. Er saß da wie eine Wachsstatue.

»Indem du als mein Bote fungierst.«

»Ich habe keine Ahnung, wovon Sie reden. Wirklich, Sir, wir wollten hier nur frühstücken.«

Ackerman schüttelte den Kopf. »Nicht hier«, sagte er. »Nicht mehr. Du wirst jetzt deinen schlafenden Freund wecken und ihn nach draußen schleppen. Falls ich dich hier noch einmal sehe, haben wir ein Gespräch ganz anderer Art, du und ich. Dann werde ich dich erheblich schlimmer verletzen als deinen Freund. Der hat allenfalls eine Gehirnerschütterung. Aber wenn ich dich dazwischennehme ... du könntest von Glück sagen, wenn du noch nach Hause *kriechen* kannst. Also schnapp dir deinen kleinen Freund und schleich dich zu der Behörde oder Firma zurück, von der ihr kommt. Sag deinen Bossen, sie sollen mir niemanden mehr auf den Hals hetzen. Ich bin sehr reizbar. Es gibt Leute, die das für eine schlechte Angewohnheit halten, aber ich habe festgestellt, dass dosierte Gewalt als Barriere gegen noch größere Gewalt dienen kann. Das ist, als wenn ein Feuerwehrmann ein Gegenfeuer legt. Also, sag denen, dass sie keinen von euch Hampelmännern mehr schicken sollen, sonst ziehe ich denen das Fell ab. Ist das klar?«

Der ältere Agent nickte. »Kristallklar.«

Ackerman legte die Unterarme auf den Tisch, warf das Magazin der Pistole aus und entriegelte den Schlitten. Alles ging blitzschnell. Es klirrte leise, als er die Einzelteile der Waffe neben den Kopf des Bewusstlosen warf.

Der Mann mit dem schütteren Haar beobachtete ihn mit großen Augen.

»Verdammt, Sie sind schnell«, sagte er bewundernd. »Wo haben Sie das gelernt?«

»Na wo schon. In der Kita.«

Ackerman glitt aus der Nische und wandte dem Mann, der vermutlich selbst mit einer Glock oder einer ähnlichen Waffe ausgestattet war, den Rücken zu.

Er ging zurück zu Nadia, ohne sich die geringsten Sorgen zu machen.

19

Das Gesicht in der Dunkelheit war wie ein Gitarrenplektron geformt: ein spitzes Kinn unter einem kahlen, haarlosen Rundschädel. Mund und Nase waren klein, die Wangen hohl. Fahle Haut spannte sich über den Knochen, als hätte die Verwesung bereits eingesetzt. Soweit Jillian sehen konnte, waren die Augenhöhlen schwarze Löcher voller Leere, in denen nicht die leiseste Regung zu sehen war.

Sie hatte sich rasch von dem Gesicht abgewandt und so getan, als hätte sie es nicht gesehen. Nun versuchte sie sich einzureden, dass es gar nicht da sei, gar nicht existiere, aber immer wieder schaute sie hin, ganz kurz nur, schaudernd vor Angst und Ekel, um sich zu vergewissern, dass die Gestalt, zu der das Gesicht gehörte, noch dastand und sie stumm anstarrte wie ein Nachtmahr. Es kam ihr wie eine Ewigkeit vor, seit diese Fratze vollkommen regungslos neben ihr schwebte. Allmählich fragte sie sich, ob es eine Schaufensterpuppe sei oder ein anderes Opfer, das bereits tot war.

Jillian war gar nicht bewusst gewesen, dass sie geweint hatte, bis sie die Tränen spürte, die ihr übers Gesicht und den Hals hinunter bis auf ihre nackten Brüste liefen. Ihre Handgelenke schmerzten heftig; ihr ganzes Gewicht lastete auf ihren Gliedmaßen, die in der Luft hingen. Als sie einen weiteren flüchtigen Blick zu dem Albtraumgesicht warf, schrie sie gellend, denn das Schreckgespenst war mit einem Mal von der Stelle verschwunden, an der es sich in der Finsternis verborgen hatte.

Jillian schüttelte sich vor Ekel. Sie zitterte am ganzen

nackten Körper. Was immer dieses *Ding* sein mochte, es war weder tot noch unbelebt gewesen und, schlimmer noch, es war ihr nicht wie ein menschliches Wesen erschienen. Jillian dachte an die zahllosen Interviews, die sie im Lauf der Jahre mit den vielen Leuten geführt hatte, die behaupteten, von Außerirdischen entführt worden zu sein. Was sie hier erlebte, war vollkommen anders als alles, was ihre Interviewpartner beschrieben hatten.

Jillian fragte sich, ob es sich tatsächlich um einen Erstkontakt handelte. War sie die Auserkorene der Aliens? Schließlich war sie eine ausgewiesene Expertin und hatte viel Zeit mit Leuten verbracht, die behaupteten, von Außerirdischen entführt worden zu sein. Hatten die Aliens sich deshalb für sie, Jillian, entschieden? Es sah ganz so aus. Nach allem, was sie wusste, befand sie sich im Augenblick in einer fliegenden Untertasse, eine Million Meilen von zu Hause entfernt.

Trotzdem, irgendetwas an der Sache kam ihr seltsam vor. Sie fühlte sich unter Drogen gesetzt, und sie konnte sich nicht erinnern, dass einer ihrer Interviewpartner von einem ähnlichen Eindruck gesprochen hätte. Einige wollten allerdings eine Art »Gedankenkontrolle« bemerkt haben, der die Außerirdischen sie mehrmals unterworfen hatten.

Wie dem auch sei, Jillian hoffte von ganzem Herzen, von Aliens entführt worden zu sein und nicht von Menschen, denn die Aliens brachten ihre Versuchskaninchen, auch wenn sie Experimente an ihnen vornahmen, zumeist mehr oder weniger unverletzt zurück. Bei menschlichen Kidnappern war es das genaue Gegenteil.

Aber wenn das Albtraumgesicht in der Dunkelheit zu einem Menschen gehörte, war er unverkennbar ein Ungeheuer.

Dann hatte sie keine Chance. Dann würde sie auf grausame Weise sterben.

Bei diesem Gedanken schrie Jillian auf, stemmte sich mit wilder Verzweiflung gegen die Fesseln, als eine Stimme ihr von hinten zuflüsterte: »Du bist wach? Gut. Ich werde dich jetzt schneiden.«

20

Als Ackerman an den Tisch zurückkehrte, hatte Nadia der Kellnerin, die seinen überfallartigen Angriff entsetzt beobachtet hatte, bereits ihre Dienstausweis gezeigt und erklärt, es handle sich um einen Teil einer Ausbildungsübung. Die meisten Gäste hatten den Vorfall ohnehin nicht bemerkt, und die anderen beruhigte die Kellnerin, indem sie Nadias Erklärung weitergab.

Ackerman war beeindruckt. Vielleicht hatte er endlich eine Aufpasserin, mit der etwas anzufangen war. Es wäre eine nette Abwechslung. Fast wie in den alten Zeiten – die Jahre, die Ackerman das goldene Zeitalter nannte, als er noch seinen Bruder an seiner Seite hatte.

Er setzte sich wieder an seinen Platz und beobachtete, wie die beiden Männer das Restaurant verließen. Der Ältere stützte den Jüngeren. Keiner von ihnen schaute zurück. Ackerman bemerkte allerdings die Hitze in Nadias Blick.

Kurz darauf kam ihre Bestellung. Als Ackerman nach seinem Besteck griff, sagte Nadia: »Sie haben Blut an den Fingern.«

Er wischte die Hände an seiner dunklen Tarnjacke ab, griff erneut nach der Gabel und aß den ersten Bissen Egg Florentine. »Gar nicht mal so übel.«

»Sie haben gerade einen Mann bewusstlos geschlagen und seinen Partner mit der Waffe bedroht. Und dann kommen Sie mit blutigen Hände hierher und wollen frühstücken. Machen Sie so etwas jeden Tag?«

Ackerman überlegte beim Kauen und sagte: »Nicht jeden Tag. Vielleicht zwei-, dreimal die Woche.«

»Es gibt außer Gewalt noch andere Mittel.«

Er schluckte einen großzügigen Bissen Eggs Florentine herunter. »Seien Sie beruhigt, Agentin Shirazi. Ich wäge alle Variablen gegeneinander ab und entscheide mich für eine Vorgehensweise, die mich auf direktestem Weg zum Ziel führt, während ich gleichzeitig alle Umleitungen nehme, die nötig sind, um die öffentliche Sicherheit zu gewährleisten.«

Nadia erwiderte nichts, senkte nur das Kinn und zog beide Brauen hoch – ein Ausdruck, der Ackerman vermittelte, dass sie das meiste von dem, was er gesagt hatte, für dummes Zeug hielt.

Sie hatte ein hübsches, ausdrucksstarkes Gesicht, das Ackerman sehr gefiel. Wenn er ehrlich zu sich selbst war, gefiel ihm eine Menge an ihr. Er musste an die Szene in seinem Büro denken, als er Nadia und Carter entwaffnet hatte. Er hatte unter ihre Jacke gegriffen und ihre Pistole aus dem Holster gezogen, und dabei hatte er ihren Oberkörper gespürt. Es war kaum mehr als ein Vorbeistreichen mit dem Unterarm gewesen, doch er hatte einen Eindruck von ihrer Körperstruktur erhalten und davon, wie perfekt ihre Physis das Gleichgewicht zwischen Härte und Weichheit wahrte.

Er nahm wieder einen Bissen und griff in seinen Rucksack, aus dem er die kleinen Ohrenstopfen zog, die er gleich benutzen würde. Sie bestanden aus weißem Plastik und waren per Bluetooth drahtlos mit seinem FBI-Smartphone verbunden. Ohne ein Wort zu Nadia schob er sich einen der Stecker ins rechte Ohr, was sie veranlasste, die Augen zusammenzukneifen.

Kopfschüttelnd fragte sie: »Sie denken nicht nach, bevor Sie Ihrem nächsten Impuls nachgeben, oder? Nach allem, was ich bisher sehen durfte, unterscheiden Sie sich nicht sehr von dem Ackerman, über den ich meine Masterarbeit geschrieben habe.«

»Ach ja, stimmt«, entgegnete er. »Sie sind ja Expertin, was mich betrifft. Nun, wenn Sie so eine Autorität sind, ist Ihnen bestimmt auch die Zeit vertraut, die ich südlich der Grenze verbracht habe.«

An ihrem Gesichtsausdruck erkannte er, dass sie keine Ahnung hatte.

»Also nein. Dann ist doch wohl mehr an mir dran, als Sie in irgendwelchen Aktenordnern finden.«

Er zog die braune Lederbrieftasche des jüngeren Beschatters hervor, die vom regelmäßigen Gebrauch abgegriffen war. Ein gutes Zeichen: Sie war nicht eigens für diesen Einsatz gekauft worden. Hätte er dem älteren Beschatter die Brieftasche abgenommen, hätte es vermutlich anders ausgesehen.

Ackerman legte die Brieftasche auf den Tisch. »Nur zu, durchsuchen Sie sie. Ich habe sie von einem meiner neuen Freunde.«

Nadia machte große Augen. »Sie haben dem Mann, den Sie bewusstlos geschlagen haben, die Brieftasche geklaut?«

»Natürlich«, antwortete Ackerman. »Außerdem habe ich ihm ein Abhörmikrofon unter den Sakkokragen gejubelt.«

Er schob ihr den anderen Ohrstopfen zu und rief eine App auf seinem Smartphone auf, die sich über das örtliche Mobilfunknetz mit dem Mikro verband. Das Abhörsystem gehörte nicht zur Standardausrüstung des FBI, aber Deputy Director Samuel Carter konnte solche Dinge problemlos besorgen. Ackerman schmunzelte. Für einen Mann wie Carter zu arbeiten, der Zugang zu allen möglichen und unmöglichen Ressourcen hatte, die aus schwarzen Konten finanziert wurden, hatte wirklich seine Vorteile.

»Würde mich freuen, wenn Sie mit mir zusammen das Radioprogramm genießen«, sagte er und zeigte auf den Ohrhörer. »Ich würde nämlich gern erfahren, wer uns folgt und aus welchem Grund. Sie doch auch, oder?«

Nadia nickte bloß und schob sich den winzigen Hörer ins Ohr.

Dann lauschten beide dem Stöhnen, das aus den kleinen Hörern drang, das sich mit dem Verkehrslärm des Highways vermischte. Ackerman konnte sich die Szene gut vorstellen: Der ältere Agent saß am Lenkrad, während der jüngere schlaff und noch halb bewusstlos auf dem Beifahrersitz hing und über das jammerte, was geschehen war und dass sie deswegen nichts unternahmen.

Während Ackerman lauschte, aß er seine Eggs Florentine zu Ende und versuchte, sich auf das Gespräch der beiden Männer zu konzentrieren, ohne Nadia zu beobachten, die gebannt horchte, wobei ihr ausdrucksvolles Gesicht immer wieder zuckte und sich dann und wann zu einem Ausdruck der Belustigung oder des Unwillens verzog wie bei einem Baby, das sich zum ersten Mal die Welt anschaute.

In diesem Moment sagte der ältere der beiden Männer: »Du musst den Boss anrufen und ihm Bescheid sagen.«

Das war der Augenblick, auf den Ackerman gehofft hatte.

Sein jüngerer Kollege erwiderte: »Wieso soll *ich* ihn anrufen? Du tust ja so, als hätte *ich* die Sache vermasselt!«

»Willst du damit sagen, dass es meine Schuld war?«, entgegnete der ältere Agent. »*Du* warst doch derjenige, der unbedingt wollte, dass wir in das verdammte Diner gehen.«

»Blödsinn! Dieser narbige Typ muss uns schon vorher entdeckt haben. Sonst wäre er nicht zu uns an den Tisch gekommen und hätte uns beschuldigt, ihn zu verfolgen. Das hat er doch nicht erst im Diner erkannt, du Trottel!«

»Mag ja sein, aber du hast uns diesem Kerl auf dem Präsentierteller geliefert, indem du unbedingt in diese Kaschemme wolltest.«

»Weil wir hören mussten, was der Typ und diese Tusse reden!«, verteidigte sich sein jüngerer Kollege. »Deshalb sind wir schließlich hier. Wir mussten in dieses beschissene Diner, damit wir die Mikros benutzen konnten, schon vergessen?«

Ackerman erinnerte sich an ein Buch, das vor dem älteren Mann auf dem Tisch gelegen hatte. Es hatte unscheinbar ausgesehen, doch in Anbetracht der neuen Informationen konnte er sich vorstellen, dass der Buchblock ausgestanzt war, um elektronische Eingeweide darin unterzubringen, und dass im Einband ein Richtmikrofon gesteckt hatte, darauf ausgelegt, das gesamte, gut besuchte Diner auszuhorchen.

Für einen Moment herrschte Stille; dann stieß der jüngere Mann hervor: »Außerdem hat der Kerl mich ohne Vorwarnung niedergeschlagen. Du hättest was unternehmen müssen, verdammt!«

»Tut mir leid, der Typ war mir über«, entgegnet der ältere versöhnlich. »Komm schon, ruf jetzt den Boss an, dann haben wir den Scheiß vom Tisch.«

Nadia und Ackerman hörten ein Rascheln. Offenbar zog der jüngere Agent sein Sakko aus, unter dessen Kragen das Abhörmikrofon steckte, und legte es neben sich, sodass die Verbindung nicht abriss.

Ackerman atmete auf darüber, dass er das Gespräch weiter belauschen konnte. Er drehte lediglich die Lautstärke seines Smartphones höher.

Nach ein paar Sekunden Stille sagte der jüngere Mann: »Also gut. Ich rufe an. Einer muss es ja tun.«

Laut und deutlich war das Klingeln des Telefons zu hören. Offenbar war das Handy des jüngeren Beschatters mit dem Soundsystem des Wagens verbunden.

Als die Stimme am anderen Ende der Leitung ertönte – die Stimme jenes Mannes, der die beiden Beschatter geschickt hatte –, schnappte Ackerman nach Luft.

Er wusste augenblicklich, mit wem er es zu tun hatte.

Denn dieser Mann war ein alter Bekannter von ihm.

21

Als ihr Entführer lautlos neben ihr erschien und Jillian zum ersten Mal die Erscheinung erblickte, die zu dem Albtraumgesicht gehörte, stieß sie einen schrillen, spitzen Schrei aus, der geisterhaft von Decke und Wänden widerhallte. Vor Angst begann sie am ganzen Körper zu zittern. Mit bebender Stimme stieß sie hervor: »Bitte … tun Sie mir nichts …«

Der kleine Mund der albtraumhaften Fratze verzog sich zu einem verzerrten Lächeln. Jetzt, da Jillian ihren Kidnapper in dem kleinen Pool aus Licht erkennen konnte, sah sie, dass seine Augen tief in dunklen Höhlen lagen. Das Wesen sah ausgezehrt und krank aus. Erst jetzt, als Jillian die Gestalt von Kopf bis Fuß betrachtete, erkannte sie, dass der oder die Unbekannte nackt war – zumindest schien es so. Doch irgendetwas stimmte mit dem Körper nicht. Jillian sah keine Brustwarzen und keine Genitalien.

Trug die Kreatur eine Art eng anliegenden Anzug?

Oder war es eine Halluzination, hervorgerufen durch irgendwelche Drogen?

Dann kam ihr eine andere mögliche Erklärung.

Ein Alien.

Vielleicht war es tatsächlich die wahre Gestalt eines Besuchers von einem fremden Planeten. Möglicherweise sahen die Außerirdischen gar nicht so fremdartig aus, wie die meisten Menschen es erwarteten.

Während Jillian den Unbekannten anstarrte, musterte er seinerseits Gesicht und Körper der nackten Frau. Jillian spürte seine tastenden Blicke, die über ihre Haut krochen, doch es lag keine Gier darin, keine sexuelle Lust. Die Blicke waren kühl und taxierend.

Wie die eines Metzgers, der eine Rinderhälfte betrachtet, bevor er sie zerlegt, durchfuhr es Jillian.

Bei diesem Gedanken überlief es sie eiskalt.

In diesem Moment hob die Kreatur den Blick, starrte Jillian direkt in die Augen und schien ihre Angst zu trinken, ihren Schrecken zu genießen.

Mit einem Mal begriff Jillian, dass dem Körper der Albtraumgestalt noch etwas fehlte.

Die Behaarung.

Die Kreatur war völlig kahl. Der Mann, oder was es war, hatte keine Augenbrauen, keinen Bart, keine Kopfbehaarung, keine Haare auf der Brust oder sonst wo. Er, sie oder es schien vollkommen haarlos zu sein. Nirgendwo war auch nur ein Härchen zu sehen, nicht einmal ein Schatten. Für Jillian ein weiteres Indiz, dass die Gestalt, die ihr nun mit toten, schwarzen Augen bis in die Seele starrte, kein Mensch war, sondern ein Wesen von einem anderen Planeten.

Unsinn.

Sie verwarf diesen Gedanken wieder, als sie an die Krankheit namens *Alopecia universalis* dachte, die zur Folge hatte, dass der oder die Betroffene sämtliche Körperbehaarung verlor, auch Wimpern und Brauen. Doch ob sie einen Menschen vor sich hatte, der an einer Krankheit litt, oder ein Alien, das als Ergebnis fortgeschrittener Evolution haarlos war, konnte Jillian unmöglich sagen.

Eines aber war nicht zu verkennen.

Im Gesicht des Wesens war abzulesen, dass es vorhatte, ihr, Jillian, wehzutun.

Sie zuckte zusammen, als die Kreatur wieder sprach. »Als du damals von den Besuchern mitgenommen wurdest, hattest du da wunde Stellen an irgendeinem Körperteil?

Schmerzen? Hattest du das Gefühl, sie könnten dich mit einem Implantat oder einem Peilsender versehen haben?«

Was soll das? Jillian schwieg schockiert.

»Glaub mir, es wäre besser für dich, wenn du mir die Körperzone nennst, die ich untersuchen muss. Andernfalls muss ich dich aufschneiden, um der Sache auf den Grund zu gehen.«

Jillians Atmung ging immer schneller, bis sie beinahe hyperventilierte. Die Worte, die sie schließlich hervorbrachte, kamen keuchend und stoßweise. »Mir ist nie etwas eingepflanzt worden. Ich wurde auch nie von Aliens entführt. Ich habe noch nie ein Ufo gesehen. Die Geschichten, die ich in meinen Büchern als eigene Erlebnisse ausgebe, sind Berichte von Leuten, die ich interviewt habe. Ich … ich bin eine Betrügerin. Ich bin nicht, was Sie suchen …«

Die blasse, ausgezehrte Gestalt trat auf sie zu und blickte ihr tief in die Augen. Jillian sah die kalte Wut auf dem reptilienhaften Gesicht. Das Wesen streckte die Hand vor.

Namenloses Grauen erfasste Jillian.

Denn jetzt sah sie, dass das Monster etwas silbern Funkelndes in den Fingern hielt.

Ein Skalpell.

Die Kreatur setzte die Schneide an Jillians Brustwarze an, übte aber nur leichten Druck aus.

Jillian lag starr vor Entsetzen da. »Bitte nicht«, flüsterte sie. »Bitte …«

Seine Stimme war ein hoher Singsang. »Ich hatte es mir schon gedacht. Du bist eine Parasitin, die sich an den Sorgen und Nöten anderer labt. Aber keine Angst, noch wirst du nicht sterben. Vielleicht bekommst du noch Gelegenheit, einen wahren Außerirdischen zu sehen. Denn ich habe die Absicht, die Aliens zu finden.« Er wies auf seinen ausgezehrten Körper. »Mir bleibt keine Wahl.«

Jillian nahm allen verbliebenen Mut zusammen und fragte: »Und was ist mit mir?«

»Du? Zu deinem Glück habe ich dich zu einem anderen Zweck mitgenommen.«

»Wie meinen Sie das?«, fragte Jillian mit bebender Stimme.

»Bisher«, antwortete die Kreatur, »war ich nicht in der Lage, Implantate in den Körpern jener Menschen aufzuspüren, die ich mitgenommen habe, obwohl sie alle behauptet hatten, von Aliens entführt worden zu sein. Ich fürchte, dass einige von ihnen Betrüger gewesen sind wie du oder dass sie sich die Entführung nur eingebildet haben. Anderen deiner Interviewpartner wiederum habe ich jedes Wort geglaubt. Ich bin noch immer überzeugt davon, dass sie tatsächlich in den Händen Außerirdischer gewesen sind. Und genau deshalb bist du hier. Ich brauche die Namen und Adressen der Entführten, die du interviewt hast. Wenn du gehorchst, lebst du vielleicht lange genug, um *meine* Geschichte zu erzählen.«

»Ja!«, schrie Jillian, die zum ersten Mal Hoffnung schöpfte, diesen Albtraum lebend zu überstehen. »Ich tue alles, was Sie wollen! Aber ich … ich kann Ihnen die Namen nicht geben. Sie waren auf meinem Handy gespeichert, und das ist verbrannt …«

»Oh, keine Angst. Ich habe ein gehacktes Online-Backup verwendet, um den Inhalt deines Handys auf ein frisches Gerät zu klonen.«

Er verschwand für wenige Sekunden und kam mit einem Mobiltelefon zurück, das aussah wie Jillians Handy, doch es war unverkennbar ein neues Gerät. Als er es ihr hinhielt, sah sie das Foto von sich und Greg auf dem Home-Bildschirm. Die Kreatur hatte die Wahrheit gesagt und das Handy geklont.

Fieberhaft suchte Jillian nach einer Lösung. Sie durfte

ihm die Namen auf keinen Fall geben, sonst würde sie ihre einstigen Interviewpartner zum Tode verurteilen. Sie mochte eine Lügnerin und Betrügerin sein, aber eine Mörderin war sie nicht.

»Zeig mir, wie ich auf die Liste zugreife«, verlangte das Monster.

Jillian setzte eine trotzige Miene auf und schüttelte den Kopf. »Niemals! Fahr zur Hölle!«

Das haarlose Wesen zog mit dem Skalpell die Kontur ihrer Brust nach und strich dann mit der blitzenden Klinge über ihren nackten Körper. »Die Hölle? Du weißt nichts über die Hölle, gar nichts. Aber ich will dir gern Nachhilfe erteilen.«

22

Ackerman sah, wie sich seine eigene Reaktion in Nadias Gesicht widerspiegelte. Er war sich nicht sicher, welche unbewusste Zuckung seiner Gesichtsmuskeln ihn verraten hatte, doch Nadia hatte sofort begriffen, dass er den Besitzer der Stimme kannte, die aus ihrem Ohrhörer drang.

Der Mann redete langsam und gemessen; dabei sprach er im gedehnten Dialekt von Südtexas. Er hieß Roland Greene und war ein hohes Tier bei der CIA. Als Ackerman sich vor Jahren zum ersten Mal den Behörden ergeben hatte, war sein Bruder Marcus sein Fürsprecher gewesen, doch eine mächtige Interessengruppe innerhalb der Bundesbehörden hatte sich dafür starkgemacht, den berüchtigten Serienkiller zu beseitigen und seine Überreste spurlos verschwinden zu lassen. Ackerman konnte es ihnen kaum verübeln. Vermutlich wäre es das Vernünftigste gewesen.

Doch statt ihn zu töten – oder es zumindest zu versuchen –, war dank der Bemühungen seines Bruders Marcus ein Deal zustande gekommen, der Ackerman verpflichtet hatte, für die Shepherd Organization zu arbeiten, die unter der Schirmherrschaft des Justizministeriums nach Serienmördern fahndete. Geleitet wurde sie von einem Mann, den Ackerman als Kollegen im Geiste betrachtete, nur dass dieser Killer einen Dienstausweis der Regierung besaß und sich von seinen Untergebenen mit »Director« anreden ließ. Ackerman hatte bei etlichen Gelegenheiten erwogen, diesen Mann zu töten, aber sein Bruder Marcus schätzte ihn aus unerfindlichen Gründen und stand ihm loyal zur Seite.

Der Hauptgrund jedoch, weshalb Francis Ackerman den

Director leben ließ, war der, dass dieser Mann sich entscheidend für den Deal eingesetzt hatte, der es Ackerman gestattete, weiterzuleben und mit Marcus zusammenzuarbeiten – wenn auch aus einer Hochsicherheitszelle heraus, die von der CIA entwickelt worden war und sich in einem ihrer Geheimgefängnisse befand. Die Abmachung war mit einem Mistkerl im Maßanzug ausgehandelt worden, der zur technischen Abteilung der CIA gehörte, eine der besten Forschungseinrichtungen der Welt.

Doch die Währung, in der die Transaktion zwischen den Ackerman-Brüdern und der Regierung vorgenommen worden war, hatte letzten Endes noch mehr Leid für Francis bedeutet. Die Bedingung, dass ihm »gestattet« wurde, für die Regierung zu arbeiten, bestand darin, dass die CIA ihre neueste Technik an ihm erproben durfte – von exquisiten Foltermethoden bis hin zur neuesten Generation der Lügenerkennungssoftware. Die gesammelten Daten hatten dem CIA-Mann, der den wahrscheinlich falschen Namen Roland Greene benutzte, eine noch steilere Karriere beschert als zuvor.

Ackerman erinnerte sich noch lebhaft an den tödlich ernsten Ausdruck in den Augen dieses Mannes, als sie beide ein bisschen harmloses geistiges Sparring betrieben hatten, wobei Ackerman jedes Mal Sieger geblieben war. Diese Spielchen hatten ihm gezeigt, dass Greene im Grunde ein anständiger Kerl war; gleichzeitig hatte er den Eindruck gewonnen, dass dieser Mann im Namen der nationalen Sicherheit einen Bus voll Nonnen in die Luft sprengen, dann nach Hause gehen und in dem Bewusstsein, seine patriotische Pflicht getan zu haben, wie ein Baby schlafen würde.

Während er nun dem Gespräch lauschte, rief Ackerman sich das Bild Greenes vor Augen – ein großer, stattlicher Texaner, der damals einen dichten Schnauzbart getragen hatte.

Seine Stimme, noch immer vom Südstaaten-Akzent gefärbt, klang weder vorwurfsvoll noch anklagend, als er nun zu seinen beiden Männern sprach, doch sein Missfallen war nicht zu überhören. Schließlich seufzte er und erklärte: »Ich sollte mir euch und euren ganzen Verein einfach von den Händen abwaschen.«

Ackerman horchte auf angesichts dieser merkwürdigen Wortwahl. Was sollte das bedeuten? Er konnte nicht so recht den Finger darauf legen. Wie hatte Greene sich ausgedrückt? Er würde sich die Männer und ihren »Verein« von den Händen »abwaschen«. Der Ausdruck »waschen« erregte Ackermans besondere Aufmerksamkeit – nicht wegen des Wortes an sich und auch nicht, weil das »a« in Greenes gedehntem Dialekt zu einem »o« wurde. Der Ausdruck schien auf die Kündigung einer geschäftlichen Vereinbarung hinzudeuten. Wären die beiden Männer Greenes Untergebene gewesen oder ihm direkt unterstellte Beschatter, hätte er eher so etwas gesagt wie: »In Zukunft werdet ihr Eiswürfel in Sibirien verkaufen.« Was er stattdessen gesagt hatte, klang für Ackerman eher wie: »Ich hätte eure Firma nie beauftragen dürfen.«

Es musste sich um ein Privatunternehmen handeln. Ackerman wusste aus persönlicher Erfahrung, dass die CIA hochriskante Aufträge, bei denen man leicht auffliegen konnte, gern an Privatfirmen wie das berüchtigte Blackwater vergab, denn solche Söldner schirmten die Agency in gewissem Umfang ab. Ackerman hatte vom Aufstieg und Fall vieler solcher Firmen gehört. Sie verdienten oft nebenher Geld auf illegalem Weg und füllten ihre Dienstpläne mit allen möglichen Legionären und Waffennarren, die die Einsatzregeln der US-Streitkräfte für zu streng zu hielten.

Ackerman hatte einige Zusammenstöße mit paramilitärischen Einheiten hinter sich und konnte solche Typen und ihr Macho-Gehabe nicht ausstehen. Doch Hunde, die bellen, beißen nicht. Er, Francis Ackerman jr., hatte nie Probleme gehabt, mit solchen Söldnertypen fertigzuwerden.

Er horchte auf, als der jüngere Mann sich wortreich entschuldigte. War der Junge vielleicht der Sohn oder Neffe des Firmeninhabers?

Greenes Stimme klang zunehmend verärgert. »Kehren Sie zur Basis zurück. Sofort. Morgen früh treffen wir uns in White Sands.«

Mit einem Klicken wurde die Verbindung getrennt, und die beiden Männer fuhren schweigend weiter. Nur noch leise Verkehrsgeräusche drangen aus dem Ohrhörer, dann die Musik eines Classic-Rock-Senders.

Ackerman regelte die Lautstärke herunter, behielt den Stopfen aber im Ohr. Er konnte das Gerät jederzeit wieder lauter stellen, wenn das Gespräch fortgeführt wurde, doch im Augenblick hatte er interessantere Dinge vor.

Als Erstes sah er sich die Papiere an, die er dem jüngeren ihrer beiden Beschatter abgenommen hatte.

23

Ackerman griff mit der linken Hand nach der Brieftasche aus abgewetztem dunkelbraunen Leder, schenkte ihr jedoch weniger Beachtung als dem hübschen Gesicht Nadias, die ihn aufmerksam beobachtete.

Als er die Brieftasche öffnete, um sich deren Inhalt anzuschauen, verfolgte sie jede seine Bewegungen; je weiter Ackerman sie aufklappte, desto höher stiegen Nadias Augenbrauen. Es hatte etwas Komisches. Ackerman widerstand dem Impuls, die Brieftasche wieder zu schließen, nur um zu sehen, ob Nadias Augenbrauen dann absackten. Stattdessen konzentrierte er sich auf die vor ihm liegende Aufgabe.

In der Brieftasche fand er einen Führerschein im Ausweisfenster, aber der Name war mit Sicherheit ein Falschname. Ausgegeben war das Dokument in Arizona. Ackerman achtete nicht weiter darauf. Vielleicht später, wenn sämtliche Figuren auf dem Brett standen.

Auf der hinteren Seite der Lederlasche gab es drei Kreditkartenschlitze übereinander. Nur einer war zweckentsprechend belegt. Der Name auf der Karte entsprach dem auf dem Führerschein. In den beiden anderen Schlitzen steckten Kundenkarten: eine für Subway, ohne Namen, eine andere für eine Tankstellenkette, ebenfalls anonym. Das Geldscheinfach enthielt zweihundert Dollar und die Quittung von einer Tankstelle in der Nähe von Albuquerque.

Die einzige andere Stelle, an der Ackerman jetzt noch nachsehen konnte, hatte sich – die richtigen Umstände vorausgesetzt – schon manches Mal als reichhaltiger Schatzhort erwiesen.

Nadia zog die Kreditkarte und die beiden Treuekarten zu sich heran, und Ackerman beobachtete ihr ausdrucksvolles Gesicht, während sie die Benzinkarte begutachtete.

»Eine landesweite Kette«, sagte sie. »Da könnten wir nachhaken. Eine Liste anfordern, wo er die Karte benutzt hat.«

»Richtig.« Ackerman nickte.

»Aber wenn die Identität gefälscht ist, wie Sie vermuten, verrät uns das nicht viel. Falls wir seine bisherigen Bewegungen überhaupt verfolgen müssen.«

»Das wird nicht erforderlich sein«, sagte Ackerman. »Ich weiß alles, was ich über seine bisherigen Bewegungen wissen muss. Aber an einer Stelle allerdings müssen wir noch nachsehen.«

Nadia hob den Blick, schaute ihn an und blinzelte. Ackerman bemerkte ihre Skepsis. Er fand es erstaunlich, wie leicht er in seiner neuen Partnerin lesen konnte. Es war beinahe wie Telepathie. Es bedeutete allerdings auch, dass ihre Gegner, egal gegen wen sie kämpften, in einer entsprechenden Situation genauso leicht in Nadias Gesicht lesen könnten.

Ackerman nahm die Brieftasche und zog den Führerschein aus dem Klarsichtfach. Dahinter fand er drei kleine Gegenstände. Zwei davon waren weiße Papierstreifen, die er als Inhalt von Glückskeksen aus chinesischen Restaurants identifizierte. Er schaute sich beide an, fand aber keine weitere Aufschrift, nur die Sprüche auf der Vorder- und die Reihen von Glückszahlen auf der Rückseite. Er las die beiden Sprüche laut vor.

»Du kannst nicht alles haben – wo willst du es aufbewahren?«, sagte er. »Der frühe Vogel fängt den Wurm, aber die zweite Maus bekommt den Käse.« Er schmunzelte. »Sehr tiefsinnig. Ich kann verstehen, dass er sie behalten hat, um eingehender darüber nachzudenken.«

Der dritte Gegenstand, den er entdeckte, war eine gold-farbene Plastikfolie, in die ein Logo eingeprägt war, ein überaus detaillierter Stierkopf. Ackerman konnte das Logo nicht zuordnen, wusste aber, dass es sich um die Verpackung eines Pfefferminzbonbons handelte, das in einem Restaurant angeboten wurde.

»Warum hat der Kerl das alles mit sich herumgetragen?«, fragte Nadia.

»Ich nehme an, dass er die Glückskekssprüche behalten hat, weil sie ihm gefielen, und das Pfefferminzbonbon hat er genommen, als er an der Kasse stand, wie jeder verantwor-tungsbewusste Gentleman es tun würde. Er steckte es sich in den Mund, fand aber keinen Abfalleimer, in den er die Folie werfen konnte. Beim Bezahlen hat er die Folie dann hinter seinen Führerschein gesteckt. In einer solchen Situation hat man nicht viele Möglichkeiten. Man könnte den Ober um Hilfe bitten. Man könnte es in die Tasche stecken und spä-ter wegwerfen, aber manche Leute mögen es nicht, wenn es raschelt, sobald sie in die Tasche greifen. Man könnte es mit nach draußen nehmen und dort in einen Mülleimer werfen, aber dann hätte man es in der Hand. Manche Leute mit schwacher Impulskontrolle stecken es einfach hinter den Ausweis – eine Stelle, die sie ohnehin nicht nutzen. Oder im Fall dieses Gentlemans eine Stelle, die er regelmäßig leerräumt, weil er je nach Auftrag eine andere Identität an-nimmt.«

Nadia zog die Augenbrauen zusammen. »Sie haben sich wirklich Gedanken gemacht, Frank, aber mir kommt es im-mer noch seltsam vor.«

Ackerman zuckte mit den Schultern. »Vielleicht gefiel es ihm einfach. Es glänzt. Das Motiv ist nicht wichtig. Ich habe jedenfalls nicht die Absicht, eine wissenschaftliche Studie zu diesem Sachverhalt abzufassen. Es ist nur so, dass ich schon viele Brieftaschen geklaut habe, und dabei ist mir dieser Stierkopf schon mal begegnet.«

In diesem Augenblick kam die Kellnerin am Tisch vorbei. Ackerman winkte ihr. »Eine Frage, bitte. Erkennen Sie das?« Er zeigte ihr die Folie des Pfefferminzbonbons.

Sie nickte. »Klar. Das ist von Cattleman's Grill, eine Restaurantkette. Die sind bekannt für ihre Steaks.«

Ackerman nickte. »Vielen Dank. Ist mir eine große Hilfe, wirklich. Hier ist ein kleiner Vorschuss aufs Trinkgeld.« Er reichte ihr die zweihundert Dollar, die er aus der Brieftasche des CIA-Typen genommen hatte.

»Wow!« Die Kellnerin riss die Augen auf. »So viel!«

»Schon okay, Mrs. Spock«, witzelte Ackerman. »Lassen Sie sich davon Ihre Ohren machen, so wie Ihr Mann sie hat.«

Die Kellnerin kicherte. »Die Firma dankt«, sagte sie und ging hüftschwingend davon.

Als Ackerman sich wieder Nadia zuwandte, hatte sie die Zähne zusammengebissen, und ihre Augen waren schmale Schlitze. Ackerman lachte stillvergnügt in sich hinein. »Sie mögen Mrs. Spock nicht besonders, was?«

»Es geht nicht um die Frau. Ich finde die Art, wie Sie mit ihr flirten, nicht sonderlich professionell. Und Sie hätten ihr auf gar keinen Fall Beweismaterial als Trinkgeld geben sollen.«

Ihre Wortwahl amüsierte ihn. »Ich sammle nie Beweise«, sagte er. »Ich sammle Informationen. Hinweise vielleicht. Mein Ziel besteht jedenfalls nicht darin, die Leute vor Gericht zu bringen. Ich will sie nur finden und festsetzen oder ausschalten. Der Rest ist nicht mein Problem. Wir haben es schließlich nicht mit Wirtschaftsverbrechen zu tun. Wenn wir jemand mit einem Einmachglas voller Augäpfel im Kühlschrank finden, der junge Mädchen unter seiner Veranda vergraben hat und dessen Frau ausgestopft im Keller sitzt, ist eine elegante Beweisführung nicht angesagt. Betrachten Sie die zweihundert Dollar als das Honorar einer Informantin. Die Frau könnte sich als Füllhorn an Ortskenntnissen erweisen.«

Nadia machte ein skeptisches Gesicht. »Ich lasse die Hände jedenfalls von ihr. Ich weiß nicht, wie Sie das sehen, aber wenn Sie nicht wollen, dass Ihnen die Finger abfallen, sollten Sie es genauso halten.«

»Aber Nadia.« Ackerman grinste. »Sie sind ja eifersüchtig.«

Sie errötete. »Quatsch. Ich finde nur, dass Sie total unprofessionell sind.«

»Ich bin ja auch kein Profi. Habe ich nie behauptet. Ein Experte vielleicht, aber kein Profi. Profis zahlen Steuern, haben einen festen Wohnsitz, gehen in Supermärkte. Alles Dinge, die mir eher geisttötend erscheinen.«

Nadia seufzte tief. »Könnten wir uns auf den Fall konzentrieren, bitte?«

»Sie haben eine ausdrucksvolle Mimik, Nadia, allerdings ziemlich verräterisch, wissen Sie das?«

Sie starrte ihn an. »Wie kommen Sie jetzt darauf?«

»Weil es ein operatives Sicherheitsrisiko darstellt. Mit anderen Worten, Sie müssen unbedingt an Ihrem nachgemachten Pokerface arbeiten.«

»Nachgemacht? Mir wurde gesagt, ich hätte ein großartiges Pokerface! Ich habe an mehreren Turnieren teilgenommen und mich bestens geschlagen.«

»Pures Glück, darauf wette ich. Ich jedenfalls kann in Ihrem Gesicht lesen wie in einem offenen Buch. Ich könnte Sie jederzeit aufs Kreuz legen.«

Nadia schnappte nach Luft. »Wie bitte?«

Ackerman schmunzelte. »Beim Poker, damit keine falschen Hoffnungen aufkommen.«

Nadia lief rot an. »Zur Sache, bitte.«

»Okay. Was wissen Sie über den Ort, den Roland Greene in dem Telefongespräch erwähnt hat – White Sands?«

»Nicht viel. Ich weiß, dass es ein Militärstützpunkt hier in der Nähe ist. Ich glaube, man testet dort Raketen und geht irgendwelchen Forschungen nach, die …«

Sie stockte, als sie sah, wie die Kellnerin an ihren Tisch kam.

»Warum fragen Sie nicht einfach Ihre neue Freundin, wenn Sie etwas über White Sands erfahren wollen?«, fuhr sie dann leise fort.

Ackerman überhörte ihren Spott. »Gute Idee.«

Als die Kellnerin am Tisch vorbeikam, zupft er sie an ihrem Alien-Outfit. »Verzeihung, Mrs. Spock, hätten Sie einen Moment Zeit, sich an unseren Tisch zu beamen? Ich hätte da noch ein paar Fragen.«

Sie lächelte ihn an. »Aber gern, Commander. Für Sie bin ich jederzeit da. Möchten Sie mir Ihre Fragen hier stellen, oder sollen wir lieber den Raumgleiter nehmen und nach hinten schweben?«

Die gewollte Zweideutigkeit war nicht zu überhören, doch Ackerman ersparte sich diesmal einen Kommentar, als er Nadias Miene sah, und sagt nur: »Hier wäre mir schon recht.«

»Gut, dann warten Sie bitte einen Moment. Ich muss noch die Bestellungen weitergeben, dann habe ich ein bisschen Zeit für Sie.«

Sie ließ den Blick kurz auf Ackerman ruhen, ehe sie mit ihrem Tablett davoneilte.

Als er sich wieder Nadia zuwandte, war deren Miene noch düsterer geworden.

Mit gespielter Verwirrung fragte er: »Was ist? Was sehen Sie mich so zornig an? Es war schließlich Ihre Idee.«

24

»Warum haben Sie ihr eigentlich dieses exorbitante Trinkgeld gegeben?«, fragte Nadia, als sie auf die Kellnerin warteten. »Hundert Dollar!«

»Zweihundert«, sagte Ackerman trocken.

»Umso schlimmer.« Nadia funkelte ihn an. »Warum, um Himmels willen?«

»Warum wohl? Ich wollte sie als Informantin gewinnen.«

»Also wirklich.« Nadia schüttelte den Kopf. »Ich glaube nicht, dass Ihre neue Freundin uns mehr über *irgendetwas* sagen kann, als eine Google-Suche zutage fördern würde. Wenn Sie unbedingt nett sein und etwas wiedergutmachen wollen – was Sie zweifellos bis ans Ende Ihres Lebens tun sollten –, halten Sie sich lieber an Army-Moms oder alleinerziehende Mütter wie die am Flughafen. Oder alte Damen und Waisenkinder. Auf jeden Fall sollte es jemand sein, der es eher verdient hat als Miss Gehen-wir-doch-nach-hinten. Wo wir gerade dabei sind – können wir von hier verschwinden, bevor diese Tussi zurückkommt?«

»Gute Ortskenntnis kann entscheidend dafür sein, ob wir dieses mörderische Alien finden, und Kellnerinnen hören naturgemäß viele Dinge.«

»Also gut. Und was wollen Sie die Frau sonst noch fragen?«

»Als Erstes möchte ich von ihr wissen, ob sie an kleine grüne Männchen glaubt.«

Nadia zog die Augenbrauen hoch.

Ackerman lächelte. »Ich nehme an, dass das White Sands, von dem unsere CIA-Freunde gesprochen haben, das Testgelände White Sands Missile Range ist, Geburtsort der US-

Raumfahrt und der Atombombe. Leider bin ich nicht allzu gut vertraut mit dieser Einrichtung und weiß kaum mehr als die grundlegenden Fakten. Wie sieht es bei Ihnen aus?«

»Ich bin schon mal dort gewesen.«

Nun war es an Ackerman, die Augenbrauen zu heben. »Tatsache? In welchem Zusammenhang?«

»Bei einem Ausflug in den Südwesten mit Freunden. Liegt ein paar Jahr zurück. Das ganze Areal sieht im Grunde aus wie ein riesiger weißer Sandstrand. Kurz bevor wir kamen, hatten sie einen Raketentest durchgeführt. Wir mussten stundenlang warten, bevor sie uns hineinließen. Die Anlage ist ein nationales Denkmal. Von den militärischen Einrichtungen natürlich getrennt. Dort gibt es Prüfstände für alle möglichen technischen Apparaturen. Außerdem Start- und Landebahnen, Schießanlagen und Ausbildungsstätten. Ich kenne beim FBI ein paar Leute, die dort einen Teil ihres Studiums absolviert haben.«

»Wow. Ich bin beeindruckt. Interessante Informationen.«

»Finde ich auch«, sagte Nadia. »Um genau solche Infos sollten wir uns kümmern, nicht um Kellnerinnen.«

Ackerman schüttelte den Kopf. »Da bin ich vollkommen anderer Meinung. Oder kennen Sie die Gerüchte, die in dieser Gegend kursieren? Sehen Sie? Ich auch nicht, denn wir wohnen nicht hier, Sie und ich. Wir wissen nicht, was die Leute sich so alles erzählen.«

»Wenn Sie solche Dinge wissen wollen«, versetzte Nadia, »sollten wir mit dem Sheriff reden.«

»Das kommt noch«, erwiderte Ackerman. »Der Sheriff macht sein Ding, wir machen unseres. Oder genauer, *ich* tue mein Ding, und Sie beobachten und berichten.«

Nadia atmete langsam aus. »Also gut. Hören wir uns an, was Ihre neue Freundin zu sagen hat. Beschaffen wir uns ein bisschen Ortskenntnis.«

25

Endlich kam die Kellnerin an ihren Tisch. Ackerman las ihr Namensschild. Das kleine goldene Rechteck an ihrer Brust verriet, dass sie Dixie hieß.

Ackerman schaute zu ihr hoch. »Hi, Dixie. Schön, dass Sie sich Zeit für uns Erdlinge nehmen.«

Dixie nahm ihr Häubchen aus Alufolie ab und legte es auf den Tisch. »Für Sie immer. Und ein paar Minuten, das geht schon klar.«

»Setzen Sie sich zu uns. Könnte sein, dass wir Fragen an Sie haben.«

Dixie zögerte, kam Ackermans Aufforderung dann aber nach.

Er beobachtete sie aufmerksam. Ihre langen Gliedmaßen und die Art, wie sie den Kopf bewegte, wobei ihr Hals nahezu steif blieb, während sie hin und her blickte und alles im Auge behielt, was im Diner vor sich ging, verstärkten ihr alienhaftes Aussehen und ließen ihn an eine Gottesanbeterin denken.

»Okay, Dixie«, begann er. »Ich möchte Ihnen für Ihre Mithilfe bei dem verdeckten Einsatz danken. Dass Sie hier den Frieden bewahren und nicht die Polizei rufen, wissen wir sehr zu schätzen.«

Dixie bedachte ihn mit einem Ausdruck, der teils Furcht, teils Bewunderung verriet. »Gern geschehen.«

Ackerman schenkte ihr ein strahlendes Lächeln. »Wären Sie bereit, Ihrem Land einen Dienst zu erweisen, Dixie?«

»Kommt darauf an. Was springt für mich heraus?«

Ackerman lachte auf. »Oh, ich liebe Patriotismus.«

Dixie beugte sich verschwörerisch vor. »Sind Sie beide wegen der Aliens hier?«

»Wie kommen Sie darauf?«

»Na, das liegt doch auf der Hand. Die meisten Leute kommen wegen der Außerirdischen. Sie wollen was über den Ufo-Kram erfahren und irgendjemanden sprechen, der hier wohnt und arbeitet und ein Insider ist, was die kleinen grünen Männchen angeht.«

»Wir arbeiten für die Regierung«, sagte Nadia, »gehören aber zum Justizministerium. Genauer gesagt sind wir FBI-Agenten. Wenn es um kleine grüne Männchen geht, meinetwegen auch um graue, rufen wir das Militär. Die liegen mehr auf dieser Linie. Aber Mr. Franklin Stine, mein Partner, wäre mehr als bereit, Sie für Ihre Zeit und die hoffentlich wertvollen Informationen, die Sie liefern können, zu entschädigen.«

Dixie warf einen Seitenblick auf Ackerman. »Franklin Stine? Wie komisch.«

Ackerman bewahrte ein ausdrucksloses Gesicht. »Was soll daran komisch sein?«

»Na, Franklin Stine. Frankenstein. Wie das Monster mit den Schrauben im Hals.«

»Ach, der. Ein verstorbener Onkel von mir.«

Dixie schaute ihn verwirrt an. »Jetzt wollen Sie mich aber veräppeln.«

»Hören Sie, Dixie«, sagte Nadia, »wir sind gern bereit, Sie für Ihre Hilfe zu entlohnen.«

»Das Trinkgeld von vorhin ist genug, wenn wir die Sache hinter uns bringen, bevor ich die Teller abräumen muss«, erwiderte Dixie. »Ich will Sie ja nicht ausnehmen wie die Weihnachtsgänse. Also, was wollen Sie wissen?«

Jetzt, ganz aus der Nähe, wirkte Dixie, die Kellnerin mit dem Alien-Goth-Outfit, auf Ackerman älter als bei seiner ersten Schätzung. Das beruhte nicht auf bislang ungesehenen Falten oder anderen Anzeichen des Alters in ihrem Gesicht, aber Dixies Hände erzählten ihre eigene Geschichte und veranlassten Ackerman, seine Schätzung nach oben zu korrigieren. Dixies Hände waren rau, die Knöchel schwielig.

»Sind Sie in Roswell geboren und aufgewachsen?«, wollte Nadia wissen.

»Himmel, nein. Geboren bin ich in Südtexas. Da hab ich größtenteils auch gelebt, aber ich bin lange genug hier, um alle Geschichten zu kennen und auch die ganzen Verschwörungstheoretiker, die es hier in die Gegend zieht, als wäre Roswell so 'ne Art Mekka oder so. Und jetzt, wo morgen das TruthFest beginnt, ist es sogar noch schlimmer.«

»Verstehe.« Nadia nickte und fuhr mit ein paar weiteren persönlichen Fragen fort, um den Ball ins Rollen zu bringen. Während sie sprach und lächelte und sich gelegentlich verschwörerisch mit einem ermutigenden Kommentar vorbeugte, beobachtete Ackerman, wie ihr Gesicht immer wieder Emotionen ausdrückte, bei denen er sicher war, dass sie das genaue Gegenteil von dem waren, was Nadia tatsächlich empfand. Zuerst war er ein wenig überrascht über diese Veränderung. Dann begriff er, dass Nadia sich demonstrativ so verhielt. Sie wollte ihm zeigen, dass ihre ausdrucksstarke Mimik von Nutzen sein konnte, wenn sie in irgendeine Rolle schlüpfte.

Nadias Bemühungen schienen tatsächlich Früchte zu tragen. Dixie schenkte ihr nun mehr Aufmerksamkeit als ihm, Ackerman – was perfekt war für seine Absichten, die ganz anderer Art waren, als seine neue Partnerin zu glauben schien.

Als die grundlegenden Fragen geklärt waren und Nadia gezeigt hatte, dass sie auch anders konnte, warf Ackerman ein: »Hat Ihnen schon mal jemand verrückte Geschichten über White Sands Missile Range erzählt, Dixie?«

Mit einem leisen Lächeln, das auszudrücken schien, dass sie viel mehr wusste als Ackerman und Nadia zusammen, antwortete Dixie: »Klar, es gibt 'ne Menge irrer Stories um den Stützpunkt. Es geht damit los, dass sie da angeblich die Ufo-Technik testen – die von den Trümmern, die man damals nach dem Absturz der fliegenden Untertasse bergen konnte. Angeblich wurden auch die überlebenden Aliens dorthin gebracht. Irgendwo draußen in der Wüste soll es sogar eine Stelle geben, wo die Erde sich öffnet und Ufos rausfliegen.«

»Kennen Sie auch Geschichten aus der Gegend hier, die uns interessieren könnten, die aber nicht direkt mit Ufos oder Außerirdischen zu tun haben?«

Dixie spitzte die Lippen und fuhr sich mit der Zungenspitze über die Zähne, während sie über die Frage nachdachte. Plötzlich funkelten ihre Augen. »Yeah, ich glaube, ich hab da 'ne Sache, die Sie interessieren könnte.«

Ohne den Hals zu bewegen, schwenkte sie ihren Gottesanbeterinnenkopf zu Ackerman und schaute ihn verschwörerisch an. »Die Sache wird Ihnen gefallen, auch wenn sie ein bisschen mit Ufos zu tun hat. Aber nicht mit Begegnungen mit Aliens oder so. Es hängt mehr damit zusammen, dass die Öffentlichkeit nicht wissen soll, dass die Regierung so was entwickelt hat.«

»*Was* entwickelt hat?«

»Wollte ich gerade drauf kommen.«

Ackerman nickte. »Erzählen Sie.«

»Ich hatte die Sache ganz vergessen, bis Sie White Sands erwähnt haben. Jedenfalls, vor ein paar Jahren war so ein Kerl hier, der behauptet hat, er sei Wissenschaftler und würde in White Sands irgendwas testen, das er ›Energiewaffen‹ nannte.«

Nadia warf ein: »Es ist kein Geheimnis, dass das Militär daran arbeitet – Plasmakanonen, Strahlenwaffen, Laserwaffen und dergleichen, die dazu dienen sollen, militärische Einrichtungen eines Feindes außer Gefecht zu setzen.«

»Was Sie alles wissen!«, staunte Dixie. »Jedenfalls, dieser Typ erzählte mir eines späten Abends, dass die Kornkreise nichts als Blödsinn seien und rein gar nichts mit den Aliens zu tun hätten.« Sie wies auf einen Flachbildfernseher in der Ecke des Raumes, auf dem eine Nachrichtensendung lief. Der Ton war abgestellt, doch es war ein Tickerband der aktuellen Ereignisse zu sehen.

»Damals lief auch dieser Apparat. Es gab eine Geschichte über einen Kornkreis in England, der angeblich ein Aliengesicht und eine verschlüsselte Botschaft gezeigt hat«, fuhr Dixie fort. »Das war natürlich genau das Richtige für die Leute hier, denn die meisten von denen interessieren sich brennend für Ufos, entweder von Berufs wegen – zum Beispiel, weil sie in der Touristikbranche arbeiten – oder ganz allgemein. Man kann dem kaum entgehen, wenn man in einer Stadt wie Roswell lebt. Jedenfalls, der Typ saß da hinten.« Sie zeigte auf einen der Tische. »Er fiel mir auf, weil er sein eigenes Besteck mitgebracht hatte und es vor sich in der Nische ausgebreitet hatte. Ich fand das ganz schön komisch.«

Ackerman lachte leise. »Ist es ja auch. Wer weiß, was der für Gründe hatte. Erzählen Sie weiter, Dixie.«

Sie nickte. »Also, der Kerl sieht die Story in der Glotze, und es gibt kein Halten mehr für ihn. Als er bei mir bestellt, erzählt er mir, dass alle komplizierteren Kornkreise mit Energiewaffen erzeugt würden. Waffen wie die, an denen er angeblich in White Sands gearbeitet hat. Na ja, ich höre solche Geschichten ständig, deshalb hab ich nicht groß darauf geachtet, was der Typ faselt, aber als ich ihm sein Essen bringe, ist meine Neugierde doch stärker. Ich frage ihn also nach den Kornkreisen, weil ich gehört hatte, dass die von Leuten mit

Brettern, Seilen und Maßbändern gemacht würden, die sich als Künstler betrachten. Man nennt sie Stomper oder so.«

»Ja, ich habe davon gehört«, sagte Ackerman. »Angeblich sind die Stomper für die meisten Kornkreise verantwortlich.«

»Tja, dieser Kerl sagte ganz was anderes«, erklärte Dixie. »Er meinte, die Stomper seien bloß Nebensache, denn die meisten Kornkreise seien das Ergebnis von Tests mit Energiewaffen. Er erzählte mir von einem Kornkreis auf einem Feld gleich neben Stonehenge, drüben in England. Stonehenge ist ein echter Touristenmagnet, wie Sie ja wissen, und eine Schnellstraße führt an der Stätte vorbei. Trotzdem soll auf dem Feld neben der Stonehenge-Anlage und der Schnellstraße am helllichten Tag dieser Kornkreis entstanden sein, ohne dass jemand irgendwas beobachtet hat. Ein Pilot aus der Gegend war nur eine Dreiviertelstunde vorher darüber hinweggeflogen und hatte nichts gesehen, rein gar nichts! Doch als er zurückkehrte, sah er ein kompliziertes Muster auf dem Feld.«

»Niemand hat etwas beobachtet?«, fragte Nadia fasziniert.

»Doch. Offenbar haben ein paar Leute, die auf der Schnellstraße unterwegs waren, von einem Nebel berichtet, der von dem Acker aufstieg, aber das ist es auch schon.«

»Können Sie uns mehr über diesen Typen erzählen?«, fragte Ackerman. »Wie war er? Mal abgesehen von der Marotte mit dem Besteck. War er nett? Unfreundlich? Ein Freak? War er nervös? Woran erinnern Sie sich?«

»Er war der Typ des verschrobenen Wissenschaftlers, aber ich hab Schmutz unter seinen Fingernägeln gesehen. Er war ein Weißer, in den Dreißigern, würde ich sagen. Ehrlich, ist 'ne Weile her. Bei einer Gegenüberstellung würde ich den Kerl wohl nicht mehr erkennen, aber die Story hat mich auf White Sands neugierig gemacht, und wenn ich jetzt etwas davon höre, spitze ich die Ohren. Soll ich Ihnen mal was sagen? Wenn ich nach irgendwelcher abgedrehter Technik suchen würde, mit der diese armen Leute auf den Feldern gegrillt wurden, würde ich zuerst in White Sands nachforschen.«

Ackerman und Nadia bemerkten, dass mehrere Gäste ungeduldig in Dixies Richtung schauten.

»Da sehen Sie's.« Sie seufzte. »Ich muss jetzt meine Runde drehen.«

Dixie glitt aus der Nische und ging zu den Tischen.

Nadia hob die Augenbrauen und bedachte Ackerman mit einem Blick, der zu besagen schien, dass sie auch ohne Dixie über White Sands Bescheid gewusst hätten. »Können wir jetzt gehen?«, fragte sie.

Ackerman öffnete den Mund, um ihr zu antworten, als in den Bluetooth-Ohrstöpseln plötzlich die panische Stimme des älteren Beschatters zu hören war. »Diese Hitze!«, rief er gellend. »Verdammt, da stimmt was nicht! Wir …«

Dann riss der Kontakt ab.

Ackerman überprüfte die App auf seinem Smartphone. Sie zeigte eine Fehlermeldung: *Verbindung abgebrochen.*

26

Sie fuhren schweigend, sah man von den Richtungsanweisungen ab, die Ackerman gelegentlich von sich gab, während er vom Beifahrersitz aus navigierte. Sein Handybildschirm zeigte eine dreidimensionale Linie, die auf die letzten bekannten Koordinaten der beiden CIA-Schergen aus dem Diner zielte. Als sie den vierspurigen Highway erreichten und beschleunigten, sagte Nadia: »Es könnte ganz alltägliche Erklärungen dafür geben, weshalb wir das Signal verloren haben.«

Ackerman blickte immer wieder auf das Smartphone, gespannt, wann sie am Ziel sein würden. »In sieben Minuten wissen wir's.«

»Sie vermuten, dass die Männer tot sind, nicht wahr?«

»Es gibt viele Möglichkeiten«, sagte er. »Wir werden es früh genug erfahren.«

Dann aber geriet der Verkehr unerwartet ins Stocken und verengte sich auf eine Spur. Sie erreichten eine Absperrung, an der zwei Beamte standen, die die linke Fahrbahnseite mit orangefarbenen Verkehrshütchen blockierten. Der Unfall musste sich gleich jenseits einer kleinen Erhebung ereignet haben, wo die Straße sich mit der Umgebung absenkte.

Sie waren ein paar Meilen außerhalb einer Ortschaft namens Mescalero. Wenn die beiden CIA-Schergen diese Strecke genommen hatten, gab es verschiedene mögliche Ziele: die White Sands Missile Range, Las Cruces oder mehrere kleine Orte in der Umgegend. Es gab eine Reihe von Möglichkeiten, doch White Sands war die offensichtlichste.

»Halten Sie da drüben, Nadia«, sagte Ackerman und streckte die Hand aus.

»Okay.«

Als der Wagen stand, fuhr Ackerman fort: »Höchste Zeit, Sheriff Haskins zu kontaktieren.«

»Wird gemacht.« Nadia wählte Haskins' Nummer. Es klingelte dreimal, ehe die Stimme des Sheriffs aus der Freisprechanlage drang.

»Haskins hier.«

Ohne Vorrede fragte Ackerman: »Sind Sie an der Unfallstätte bei Mescalero, Sheriff?«

Ein paar Sekunden blieb es still; dann antwortete Haskins: »Noch nicht, ich bin gerade auf dem Weg dorthin.«

»Die Straße ist gesperrt«, erklärte Ackerman. »Rufen Sie Ihre Kollegen hier vor Ort an. Sagen Sie ihnen, sie sollen uns durch die Absperrung lassen und zum Schauplatz bringen. Es eilt. Der Unfall könnte mit den Kornkreisen zu tun haben.«

Die Verwirrung war Haskins sogar über die vielen Meilen hinweg anzuhören. »*Was* sagen Sie da? Kornkreise?«

»Erkläre ich Ihnen später«, entgegnete Ackerman. »Sehen Sie jetzt bitte zu, dass wir hier durchkommen.«

»Verstanden«, sagte Haskins. »Wird erledigt.«

Eine Minute später winkten die beiden Cops an der Straßensperre Nadia und Ackerman durch. Doch erst nach einer Viertelstunde erreichten sie den Ort des Unfalls ihrer beiden Beschatter und die bereits dort eingetroffenen Rettungsfahrzeuge. Es war eine verheerende Massenkarambolage, wie sich nun herausstellte. Die Strecke war nur aus dem Grund nicht vollständig gesperrt worden, weil der Unfall sich auf der linken Spur ereignet hatte und eine Leitplanke die Fahrbahnen in West- und Ostrichtung trennte. Ein Heer aus Sanitätern, Feuerwehrleuten und Polizeibeamten war vor Ort, errichtete Sperren, versorgte Verletzte und sammelte Daten für ihre Berichte.

Sheriff Haskins hatte den Unfallort aus der Gegenrichtung offenbar kurz vor Nadia und Ackerman erreicht, denn er wartete bereits auf sie, als sie aus dem Wagen stiegen. Der Sheriff schien nicht besonders glücklich über ihre Ankunft zu sein, denn er kam mit schnellen Schritten zu ihnen und fragte mit erhobener Stimme: »Würde einer von Ihnen mir mal erklären, was zur Hölle hier vor sich geht? Die Staatspolizei erzählt mir, dass der Wagen dieser beiden Männer wie aus heiterem Himmel explodiert und in Flammen aufgegangen ist. Offenbar ist er durch die Luft geflogen und hat sich mehrmals überschlagen. Die Fahrer in den Wagen dahinter haben noch zu bremsen versucht, aber am Ende hatten wir einen Auffahrunfall mit fünf Fahrzeugen. Der Wagen, der sich überschlagen hat, ist zu einem schwarzen Klumpen zusammengeschmolzen und brennt noch immer. Die Feuerwehr versucht, das Feuer zu löschen. Für den Fahrer, der im Wagen dahinter saß, sieht es nicht gut aus. Die anderen hatten einigermaßen Glück – bis auf einen alten Mann, der möglicherweise einen Herzinfarkt erlitten hat. Verdammt, wir haben nicht einmal Mittag, und schon muss ich mehrere Familien informieren, dass ein Angehöriger sein Leben verloren hat.« Er hielt inne, holte tief Luft.

Nadia blickte ihn an. »Sind Sie jetzt fertig, Sheriff?«

»Nein.« Haskins schüttelte den Kopf. »Ich hatte mich gefragt, ob das alles noch schlimmer werden könne. Und was soll ich sagen? Genauso ist es gekommen! Denn Sie beide tischen mir jetzt die wirre Theorie auf, dass dieser verdammte Unfall mit unseren Kornkreisen zu tun hat.«

Ackerman hob die Hand. »Immer langsam. Ich kann nicht sagen, ob tatsächlich ein Zusammenhang besteht, bevor ich nicht das Autowrack gesehen habe.«

Mit einem Schritt zur Seite umging er den Sheriff. Vom Unfallort an sich konnte er noch immer nicht viel erkennen.

Mehrere Cops versuchten, den Verkehr zu regeln und an der viel befahrenen Interstate Absperrungen aufzustellen; Feuerwehr- und Rettungsfahrzeuge, Streifenwagen und etliche Pkws mit eingedrückten Motorhauben, Opfer der Massenkarambolage, standen am Fahrbahnrand. Ackerman ließ den Blick über die gesamte Länge der Straße schweifen, konnte der Szenerie aber nichts entnehmen, was ihn hätte erkennen lassen, ob sie hier richtig waren.

Er drehte sich wieder zu Haskins um. »Hat einer der beiden Männer aus dem explodierten Fahrzeug den Unfall überlebt?«

Der Sheriff kniff die Augen zusammen. »Woher wissen Sie, dass es zwei Männer waren? Gehörten die beiden zu Ihnen?«

»Meine Partnerin und ich haben die Männer im Zusammenhang mit der laufenden Ermittlung überwacht. Das muss Ihnen vorerst genügen.«

Der Sheriff schob die Krempe seines Hutes zurück, als wollte er sich zu Ackerman vorbeugen und ihm irgendetwas Wichtiges anvertrauen. »Und diese Überwachung, von der Sie sprechen – die wurde doch sicher von einem Bundesrichter genehmigt, oder?«

Haskins blickte Nadia an, als er diese Frage stellte, doch mit ihrer Sonnenbrille und dem Pokergesicht verriet sie nicht einmal ansatzweise, was sie dachte.

Ackerman trat zum Sheriff. »Hören Sie zu, Haskins. Ihnen wurde gesagt, dass ein *Sonder*ermittler mit *Sonder*befugnissen hinzugezogen würde. Sie waren einverstanden, denn auch Sie waren der Meinung, dass dieser Angelegenheit mit einem Papierkrieg nicht beizukommen ist.«

Der Sheriff schüttelte verärgert den Kopf und schaute zum Himmel.

»Wir können wieder gehen, wenn Ihnen das lieber ist«,

sagte Nadia. »Allerdings stehen Sie dann alleine vor diesem Berg an Problemen.«

»Nein, nein«, sagte Haskins rasch. »Ich mache mir nur Sorgen um Mrs. Delacruz ... Jillian. Wir sind befreundet. Ich habe sie durch die Ufo-Tagungen kennengelernt, die wir hier oft veranstalten.«

»Ein Grund mehr für Sie, uns zu helfen, damit wir vorankommen, statt uns im Weg zu stehen.« Ackerman schob sich am Sheriff vorbei und wollte zu dem brennenden Fahrzeug, wo die Feuerwehr noch immer die Flammen zu löschen versuchte. Der Sheriff packte ihn beim Arm – nicht aggressiv, nur eine Geste, um ihn aufzuhalten. Haskins war in seinem Revier, und er wusste es. In ein paar Metern Entfernung standen Beamte, die er zu Hilfe rufen konnte.

Der frühere Ackerman, der aus den dunklen Tagen, hätte Haskins die Hand gebrochen oder Schlimmeres. Aber den alten Ackerman gab es nicht mehr. Diesmal drehte er sich um und verdrehte Haskins das Handgelenk gerade so stark, dass der Sheriff das Gesicht verzog und in die Knie ging. Mit ruhiger Stimme flüsterte er Haskins ins Ohr: »Ich lasse mich nicht gern anfassen.«

Als Ackerman ihn wieder losließ, blickte Haskins in die Runde, ob jemand zugeschaut hatte, was offenbar nicht der Fall war. Dann wandte er sich wieder Ackerman zu, mit rotem Gesicht und schwer atmend. »Hören Sie, ich kenne Sie und Ihre Partnerin nicht, aber wir haben es hier mit zwei Männern zu tun, die offenbar auf ganz andere Weise ermordet wurden als alle anderen Opfer.« Er blickte von Ackerman zu Nadia. »Sie beide sind fremd hier, neu in dieser Stadt, und Sie stehen in irgendeiner Verbindung zu den beiden Unfallopfern, wie Sie selbst zugegeben haben. Deshalb muss ich wissen, ob Sie mit dem Tod dieser Männer zu tun haben. Das ist mein verdammter Job!«

»Auf wessen Seite stehen Sie eigentlich, Sheriff?«, fragte Ackerman.

Haskins wirkte für einen Moment verdutzt. Dann stieß er hervor: »Wie immer stehe ich aufseiten meiner Wähler und auf der Seite von Recht und Gesetz.«

»Mann, das ist ja fast druckreif!« Ackerman lachte leise. »Sehe ich aus wie ein Reporter? Halte ich Ihnen ein Mikrofon vors Gesicht? Ich will von Ihnen wissen, ob Sie dieses Alien aufhalten und den Morden ein Ende machen wollen, kapiert? Stehen wir auf der gleichen Seite oder nicht?«

Der Sheriff senkte den Blick, starrte auf den Asphalt der Straße, dann zum Horizont. Meilenweit war nichts zu sehen außer Sträuchern und Steppenrollern im Osten und den gedrungenen rotbraunen Bergen weit im Westen. Schließlich sagte er: »Tut mir leid. War ein bisschen viel in den letzten Tagen. Okay, wie kann ich Ihnen helfen?«

Ackerman lächelte. »Na also. So kommen wir endlich ein Stück weiter. Zunächst einmal möchte ich das Wrack des Wagens sehen, der den Unfall verursacht hat.«

»Es muss eine Art Sprengladung gewesen sein«, sagte der Sheriff. »Die Männer fuhren die Straße entlang und überschlugen sich plötzlich, sagen die Zeugen aus. Dann schoss eine Feuersäule aus dem Heck des Wagens, ehe er meterhoch durch die Luft geschleudert wurde. Die beiden Männer sind in den Flammen umgekommen, falls sie den Aufprall überlebt haben.«

»Okay«, sagte Ackerman. »Dann müssen Sie als Nächstes herausfinden, wer die beiden Männer waren. Für wen sie gearbeitet haben. Auf wen der Wagen zugelassen war. Ich muss alles wissen, was Sie über diese Leute ausgraben können.«

Der Sheriff nickte. »Ich kümmere mich darum.«

»Gut. Rufen Sie Ihre Leute am Schauplatz der Entführung von Jillian Delacruz und des letzten Leichenfundes an. Ich nehme an, Sie haben noch Mitarbeiter dort.«

Wieder nickte der Sheriff.

»Lassen Sie die Leute wissen, dass wir vorbeikommen.«

»Ich kann Sie begleiten.«

Ackerman schüttelte den Kopf. »Wir müssen teilen und herrschen, Sheriff. Sie müssen herausfinden, wer die beiden Männer waren, und ich muss mir die Verbrechensschauplätze ansehen. Wir müssen unsere Ressourcen klug einsetzen. Die Dinge eskalieren. Er wird wahrscheinlich nicht besser, sondern schlimmer, viel schlimmer. Wenn Sie mich jetzt entschuldigen, ich muss mich mit einem Feuer unterhalten.«

27

Nadia Shirazi wollte nicht wie ein Hündchen hinter Ackerman herlaufen und beschleunigte ihre Schritte, um zu ihm aufzuschließen. Er ging geradewegs auf die Stelle zu, von der fetter schwarzer Rauch aufstieg, der von lodernden Flammen beleuchtet wurde. Der Wagen war in einem tiefen Graben gelandet, der parallel zum Highway verlief.

Nadia fragte sich, was Ackerman zu entdecken hoffte. Sie kannten doch den Ablauf des Geschehens und wussten, dass es keine Überlebenden gab! Was suchte Ackerman da noch?

Aus dem Graben schlugen die Flammen meterhoch in die Luft. Die Feuerwehrleute waren zur Seite gewichen, nachdem sie den Brand auf beiden Seiten eingedämmt hatten. Offenbar wollten sie nun abwarten, bis das Feuer von selbst erlosch.

Nadia schüttelte den Kopf. Da unten gab es nichts Interessantes zu sehen, zumal Ackerman niemals dicht genug herankommen würde. Genau das wollte Nadia ihm zurufen, als er unvermittelt auf dem Absatz kehrtmachte und zurück zum Sheriff ging. Nadia wollte sich ihm anschließen, doch er hob die Hand. »Bleiben Sie bitte hier.«

Nadia beobachtete, wie er zu Haskins stapfte, ein paar Worte zu ihm sagte, in die Tasche seiner abgewetzten Lederjacke griff und ihm etwas reichte, das wie eine Visitenkarte aussah. Nachdem die beiden Männer noch ein paar Worte gewechselt hatten, kam Ackerman zu ihr zurück.

»Darf ich fragen, was Sie von Haskins wollten, Frank?«

Ohne auf sie zu achten, ging Ackerman an ihr vorbei, bis er den Rand der Böschung erreichte, wo er neben den Feuerwehrleuten stehen blieb und hinunter auf die lodernden Flammen schaute.

Nadia folgte ihm. »Von hier oben sehen wir doch nichts«, sagte sie, als sie ihn erreicht hatte.

Ackerman zog die Lederjacke aus und krempelte sich die Hemdsärmel hoch. »Stimmt. Deshalb bleiben wir ja auch nicht hier oben … genauer gesagt, *ich* nicht.«

»Sie können nicht in den Graben runter, Frank!« Nadia spürte die Hitze der Flammen selbst auf diese Entfernung. »Sie verbrennen, genau wie die beiden armen Kerle!«

Ackerman hörte nicht auf sie. Als er sich die Ärmel bis über den Bizeps hochgekrempelt hatte, wurden seine harten, sehnigen Muskeln sichtbar, die er unter dem Leder verbarg, aber auch seine entsetzlichen Narben. Sie stammten von Verbrennungen, Schnitten, Einschüssen und Abschürfungen. Nur sein Gesicht war verschont geblieben, weil sein Vater es so gewollt hatte, wie Nadia aus den Ackerman-Akten wusste: Ackerman senior wollte nicht, dass sein Sohn mit einem entstellten Gesicht in der Menge auffiel. Deshalb hatte er Francis' Wunden gewissermaßen strategisch platziert, damit sie nicht sofort ins Auge stachen. Und auch die Narben am Körper, so schrecklich sie waren, ließen sich unter einem T-Shirt mit langen Ärmeln verbergen.

Schaudernd betrachtete Nadia das vernarbte Gewebe. Wie viel Schmerz dieser Mann erduldet haben musste, wie viel Leid. Mitleid überkam sie. So sollte kein menschliches Wesen leiden müssen. Ackerman hatte jede nur vorstellbare Qual durchlitten, wie Nadia wusste, und sein Körper zeugte von jeder Meile auf dieser furchtbaren Reise. Deshalb wies Deputy Director Carter Ackerman immer wieder darauf hin, seine Narben verborgen zu halten, wann immer möglich. Aber das war leichter gesagt als getan. In bestimmten Situationen ging das nicht.

Nadia beobachtete, wie Ackerman vortrat und sich durch die Reihe der Feuerwehrleute schob, die ihm unter ihren Atemschutzmasken Warnungen zuriefen, und wie er dann an der Wand des Grabens hinunterrutschte, genau auf das lodernde Wrack zu. Er benutzte den rechten Absatz seines Stiefels zum Steuern, als er durch Sand und Kies rutschte, bis er eine Stelle erreichte, die nur zehn, zwölf Meter vom brennenden Wrack entfernt war.

Die Feuerwehrleute packten Nadia, um sie davon abzuhalten, Ackerman zu folgen. Sie rief ihnen zu, dass sie keineswegs die Absicht habe, und wies sich aus; dennoch ließen die Männer sie keinen Meter von der Kante des Abhangs weg. Doch Nadia wollte, musste unbedingt sehen, was Ackerman dort unten trieb. Großer Gott, hatte er den Verstand verloren?

Endlich glaubten die Feuerwehrleute ihr, dass sie ihrem Partner nicht zu folgen gedachte, gaben sie frei und wandten sich selbst dem Abhang zu, um zu beobachten, was der große, hart aussehende Mann dort unten in der Grube tat.

Während Nadia voller Angst das Geschehen beobachtete, näherte Ackerman sich mit langsamen Schritten dem Feuer. Den linken Arm hielt er vor sich ausgestreckt. Nadia sah, wie die ersten Flammen nach ihm züngelten. Sie hörte das ferne Prasseln und Tosen der Flammen. Das konnte nicht gut gehen! Starr vor Schreck beobachtete sie, wie Ackerman scheinbar unaufhaltsam weiterging. Er hielt sich den Arm nun vors Gesicht, die Hand zur Faust geballt, und blockte die Hitze ab.

Nadia konnte sich nicht einmal ansatzweise vorstellen, welch glühende Hitze Frank im Augenblick aushalten musste. Selbst an der Stelle, von der aus sie ihn beobachtete, erhitzten die Flammen die Luft so stark, dass sie kaum atmen konnte.

Ackerman schob sich noch ein Stück näher an das brennende Wrack heran, bis zu dem Punkt, an dem die Haut seines Armes versengt werden musste. Rauch stieg von seiner Kleidung auf. Er neigte den Kopf und betrachtete durch die Flammen irgendetwas an der Unterseite des auf dem Dach liegenden Fahrzeugwracks.

Dann, endlich machte er kehrt und stieg die Böschung hoch. Die Feuerwehrleute brüllten ihn an, wütend und fassungslos, doch Ackerman rollte nur die Ärmel herunter, bedeckte die verschmorte Haut und sagte: »Vielen Dank, Leute. Macht weiter.«

Ohne ein Wort an Nadia zu richten, stapfte er geradewegs zum Leihwagen zurück. Sie spürte die Glut, die von seinem Körper ausging. Diesmal schaute sie ihm nur hinterher, statt sich zu beeilen, ihm auf dem Fuße zu folgen.

Frank Ackerman schien auf dieser Welt keine Sorgen zu kennen. Er machte den Eindruck eines Mannes, der über den Dingen steht. Sein Arm musste schrecklich schmerzen, doch Frank zeigte keine Anzeichen von Schmerz oder Unbehagen.

Das, vermutete Nadia, meinten die Akten, wenn sie besagten, Ackerman sei süchtig nach Schmerz, ob er ihn nun selbst verursachte oder ertrug.

Nach einem Augenblick des Zögerns setzte sie sich in Bewegung, um den Mann einzuholen, der ihr neuer Partner war und für absehbare Zukunft bleiben würde, ob sie nun wollte oder nicht.

Nadia betete im Stillen, dass sie heute keinen typischen Arbeitstag mit Francis Ackerman jr. erlebte.

ZWEITER
TEIL

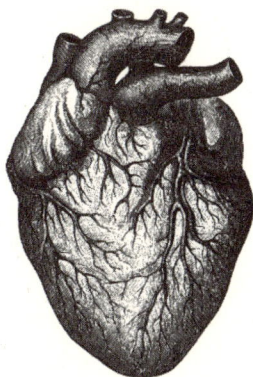

28

Nadia manövrierte den gemieteten Impala rückwärts durch das Labyrinth aus Polizeiautos, Rettungsfahrzeugen und Feuerwehrwagen, bis sie eine Lücke fand, die es ihr erlaubte, in der Gegenrichtung auf den Highway zu fahren. Sie ließ das Radio aus und lauschte eine Weile schweigend auf die Verkehrsgeräusche, ehe sie fragte: »Okay, Frank, dann fahren wir jetzt also endlich zum Schauplatz der Entführung, oder wie?«

Ackerman betrachtete die vorbeiziehende Landschaft. »Ja. Der unerwartete Ausflug hierher hat uns glücklicherweise in die Nähe geführt. Wir wären dumm, würden wir nicht kurz dort halten.«

Er verschob sich auf dem Sitz. Nadia roch Verbranntes, als würden irgendwo im Wagen Kabel schmoren. Als Ackerman seinen Unterarm auf die Mittelkonsole legte, wurde der Geruch stärker, und Nadia begriff, dass sie Ackermans Brandwunden gerochen hatte.

»Oh Gott, das ist ja schlimmer, als ich dachte!«, stieß sie hervor. »Lassen Sie mich nach Ihrem Arm sehen. Bitte!«

»Wozu?«

»Um zu entscheiden, ob wir zum Krankenhaus fahren müssen. In meiner Stellenbeschreibung steht auch, dass ich für eine angemessene medizinische Behandlung sorgen muss, wenn so etwas geschieht.«

Ackerman lachte auf, zog den Hemdsärmel hoch und zeigte ihr die gerötete, versengte Haut über der obersten Narbenschicht. »Das ist nichts. Es war nicht mein erstes Rodeo, Nadia. Kein Schaden, der über das hinausgeht, was nicht schon da war.« Gelassen zog er den Ärmel wieder herunter.

Nadia verzog das Gesicht. Sie wollte sich lieber nicht vorstellen, welcher Schmerz in seinem Arm tobte, als der Stoff über die Haut schabte. Ackerman jedoch lehnte den Kopf an die Nackenstütze und schloss die Augen, als wäre er in einem Wellness-Tempel und bekäme eine Massage.

»Sie genießen die Schmerzen *wirklich*, oder?«, fragte Nadia bei einem Seitenblick auf ihren Partner.

Ackerman saß weiterhin still da, doch sein Gesicht spannte sich an, als müsse er angestrengt über ihre Frage nachdenken.

»Was ist, Frank?«

Abrupt schlug er die Augen auf und schaute sie an. Sein Blick ließ sie zusammenzucken. Es lag eine Kälte darin, die sie schaudern ließ. So *kalt wie das All*, dachte sie unwillkürlich. Sie fragte sich, wie viele Menschen unmittelbar vor ihrem Tod in diese grauen Augen geschaut hatten, in ein Universum aus Schmerz und Leid. Doch Nadia hatte in diesen Augen noch etwas anderes gesehen: eine Reue, deren Tiefe niemand vollkommen ausloten könnte.

»Was glauben Sie, wie lange können Sie die Luft anhalten?«, fragte er unvermittelt.

»Was?« Nadia starrte ihn an, richtete den Blick dann rasch wieder nach vorn auf die Straße. »Was soll das?«

»Die Frage ist rein hypothetisch.«

»Was für eine merkwürdige Frage. Na ja, zwei Minuten, schätze ich. Plus oder minus. Aber was hat das damit zu tun, dass Sie sich verbrennen und hinterher den Schmerz genießen?«

»Es gibt Menschen, die ihren Körper darauf trainiert haben, seine natürlichen Reaktionen zu unterdrücken. Beim Tauchen ist es eine Frage der Lungenkapazität, aber nicht nur. Es geht auch darum, eine Stimme im Innern zu ignorieren, die die ganze Zeit Alarm schlägt und einen anfleht, wieder zu atmen, wenn die Zeit abläuft und das Ersticken droht, nicht wahr? Es ist aber nicht so sehr der Mangel an Sauerstoff, der einen veranlasst, atmen zu wollen, es liegt an der erhöhten Konzentration von Kohlendioxid.«

»Wollen Sie damit sagen, dass Sie eine Toleranz gegen Schmerz aufgebaut haben so wie Taucher eine Toleranz gegen den Atemreflex? Dass Sie gelernt haben, diese Stimme in Ihrem Innern zu ignorieren?«

»In gewisser Weise«, antwortete Ackerman. »Schmerz ist wie ein Lichtschalter, den man umlegen kann. Man kann es lernen, wenn man übt. Und glauben Sie mir, ich habe sehr viel Übung, dafür hat schon mein Vater gesorgt. Man kann Teile des Gehirns aber auch umstrukturieren, gewissermaßen neu verdrahten. Sie wissen ja, dass mein alter Herr den Traum hatte, das Innenleben eines Serienkillers zu erforschen. Dieses Ziel wollte er erreichen, indem er mich entsprechend präparierte, unter anderem durch chirurgische Eingriffe. Er wollte beweisen, dass er ein ganz normales Kind in einen mörderischen Psycho verwandeln kann, indem er dessen Hirn manipuliert und die Regionen, die für Angst und Schmerz zuständig sind, stilllegt. Tja, mein Vater konnte das so gut, dass Schmerz für mich sogar einem Vergnügen gleichkommt.«

Mit leiser Stimme fragte Nadia: »Bedeutet das auch andersherum, dass Dinge, die andere als angenehm empfinden, Ihnen Schmerz bereiten?«

Er lächelte. »Nun ja, das hängt vom Standpunkt ab, der die Wahrnehmung der Realität bestimmt. Rumi, ein islamischer Gelehrter und Dichter des dreizehnten Jahrhunderts, hat es ganz nett ausgedrückt: ›Die Welt existiert so, wie du sie wahrnimmst. Sie ist nicht, was du siehst, sondern wie du sie siehst. Sie ist nicht, was du hörst, sondern wie du sie hörst. Sie ist nicht, was du fühlst, sondern wie du sie fühlst.‹ Ich persönlich habe gelernt, den Schmerz wenn nicht zu lieben, so doch zu umarmen, und das habe ich zu *meiner* Realität gemacht. Wie gesagt, es hängt von der Betrachtungsweise ab und davon, was man zu erkunden bereit ist und wie viel man dafür opfern kann und will.«

Nadia schüttelte den Kopf. »Hören Sie sich manchmal an, was Sie alles so von sich geben? Wirklichkeit ist nicht subjektiv. Wirklichkeit ist die ganz konkrete Realität, an der es nichts zu rütteln gibt.«

»Finden Sie? Ich glaube eher, es hängt von der Perspektive des Betrachters ab. Stellen Sie sich jemanden mit Rotgrünblindheit vor. Er sieht und interpretiert die Welt anders als Sie und ich. Aber bedeutet das, dass seine Sicht auf die Welt unrealistisch ist? Dass seine Sichtweise weniger stichhaltig wäre? Was ist mit Menschen, die unter Synästhesie oder Schizophrenie leiden? Ihre Wirklichkeiten können sich von denen anderer sehr unterscheiden. Was ist mit ihren Perspektiven?«

»Die individuelle Sicht einer Person auf die Welt verändert nicht, wie die Welt wirklich ist.«

Ackerman lächelte. »Es gab mal eine Zeit, als man glaubte, die Welt sei flach. Um solche Irrtümer aufzudecken, muss an in der Lage sein, die Dinge objektiv zu sehen. Man muss fähig sein, die Welt aus der Perspektive eines anderen zu sehen, sie aus seinen Augen zu betrachten. Das geht aber nicht, wenn man überzeugt ist, dass das, was man sieht, die alleingültige Wahrheit ist. Glauben Sie mir, ich habe mich schon als Junge mit der Wahrnehmung der Realität befasst, als mein Vater mich durch Welten schickte, die der pure Horror waren. Hätte ich diese Höllen für die Wirklichkeit gehalten, hätte ich unrettbar den Verstand verloren.«

»Was Ihr Vater Ihnen damals angetan hat …«, begann Nadia, stockte dann und sagte: »Es tut mir leid, was Ihnen passiert ist.«

Ackerman zuckte mit den Schultern. »Manchmal können wir nur durch den Schmerz lernen.«

Nadia wechselte das Thema. »Was haben Sie vorhin am Feuer gesehen, an dem verbrannten Wagen?«

»Es war keine Bombe an der Unterseite, wie ich es erwarten hatte. Der Benzintank war nach außen gedrückt worden und völlig zerfetzt. Irgendein gewaltiger Druck auf der Innenseite des Tanks hat ihn zerrissen. *Das* war die Quelle der Detonation.«

Nadia fuhr einen Moment lang schweigend. »Was für eine Bombe passt in einen Benzintank und sprengt einen Wagen mit solcher Wucht, dass er sich in der Luft überschlägt?«

»Gute Frage. Aber irgendetwas muss es ja geben«, sagte Ackerman. »Eine chemische Substanz, die mit dem Benzin reagiert. Vielleicht gibt es sogar eine Möglichkeit, dafür zu sorgen, dass diese Reaktion zu einem bestimmten Zeitpunkt eintritt oder dass sie sich eine Zeit lang verzögern lässt. Soweit wir wissen, sind die beiden Männer ungehindert eine ziemlich lange Strecke gefahren, bevor der Wagen explodierte. Könnte sein, dass jemand für die zeitgesteuerte Abgabe irgendeiner Chemikalie in den Benzintank gesorgt hat, auf welche Weise auch immer, und dabei ist der Wagen dann in die Luft geflogen.«

»Und was bedeutet das für unsere Ermittlungen?« Nadia verließ den vierspurigen Highway und schlug den Weg zum Schauplatz der letzten Entführung ein, dem Haus der Familie Delacruz. »Was meinen Sie, Frank?«

Ackerman zuckte mit den Schultern. »Wir sind noch immer in der Phase des Datensammelns. Ich spare mir meine Schlussfolgerungen auf, bis wir mehr Informationen haben.«

»He, was ist los, Frank? Trauen Sie mir nicht genug, um ein paar Ihrer Theorien mit mir durchzugehen?«

Sein Gesicht wurde hart. »Nein, ich traue Ihnen nicht.

Ich traue Ihnen keinen Fußbreit über den Weg, denn ich kenne Sie nicht. Ihrem Vorgänger, Agent Westlake, habe ich wichtige Informationen anvertraut. Sie wissen ja, was aus ihm geworden ist.«

Carter hatte Nadia die Akte über Westlake gezeigt. Sie hatte Fotos seiner schrecklich zugerichteten Leiche gesehen, der die Augen herausgeschnitten worden waren. Sie schauderte bei dem Gedanken, dass auch ihr so etwas zustoßen könnte.

»Ich bin nicht Westlake«, sagte sie.

»Stimmt. Sie haben mehr drauf als er. Aber machen Sie keine große Sache daraus. Ich habe Sie am Hals, und das muss ich akzeptieren. Ich muss allerdings fairerweise hinzufügen, dass Sie faszinierender sind als alle meine bisherigen Babysitter.«

»Oh, vielen Dank«, spöttelte Nadia.

»Aber Westlake hat mir andauernd Fragen gestellt, genau wie Sie, und ich habe mein Wissen mit ihm geteilt. Ich habe meine Mutmaßungen mit ihm durchgesprochen, wie ich es mit meinem Bruder getan hatte, als wir noch zusammenarbeiteten. Aber Westlake fand, wir sollten die Dinge anders angehen. Er wollte sich an die Vorgehensweise des FBI halten.« Ackerman schüttelte den Kopf. »Die Einzelheiten sind nicht wichtig. Wichtig ist nur, dass er sich für cleverer hielt, als er war. Das war ein Fehler. Statt zwei Schritt hinter mir zu bleiben, drängte er sich vor, zog auf eigene Faust los und schaffte es, sich umbringen zu lassen.«

»Ich habe die Berichte gelesen«, sagte Nadia leise. »Es war nicht Ihre Schuld.«

»Er war ein großer Junge und traf seine Entscheidungen allein. Über so etwas habe ich keine Kontrolle. Jeder muss für sich selbst entscheiden, was er mit seinem Wissen und seinen Information anstellt. Alles andere liegt außerhalb unseres

Einflusses. Wir müssen die Dinge nehmen, wie sie kommen. Aber wenn Sie, Nadia, durch eine Information von meiner Seite auf Abwege geraten könnten, die Sie möglicherweise in den Tod führen, fühle ich mich als Ihr Partner verpflichtet, besagte Information zurückzuhalten.«

»Ich brauche Ihren Schutz nicht«, erwiderte Nadia, als sie den Anweisungen des Navis folgte und auf einen Feldweg einbog, der zu Jillian Delacruz' Haus führte. »Ich kann selbst auf mich aufpassen.«

Ackerman schüttelte den Kopf. »Das hat Westlake auch gesagt. Besonders gut gefahren ist er damit nicht. Sie sollten in Erwägung ziehen, aus den Fehlern der Vergangenheit zu lernen, Nadia. Falls nicht – die großen Lehrmeister Schmerz und Tod sind immer auf der Suche nach passenden Schülern.«

29

Der Feldweg, der zum Delacruz-Haus führte, war mehrere Meilen lang. Ackerman blieben ein paar Minuten, um die Augen zu schließen und das monotone Summen der Reifen auf der Fahrbahn zu genießen, bevor das Haus von Jillian und Greg in Sicht kam. Es sah aus, als bestünde es aus vier riesigen Büchern, von denen drei als Basis dienten, ein viertes war quer darüber gelegt. Jede Stelle, an der bei dem überdimensionalen Buch Papier zu sehen gewesen wäre, bestand aus Glasflächen. Die Dächer waren flach und mit bunten Steinen gedeckt – vermutlich sollten sie die Hitze der Wüstensonne absorbieren. Im Südosten wurde ein Teil des Hauses durch eine große Felswand beschattet.

Es war ein seltsames Gebäude, aber noch seltsamer wirkte das Fahrzeug, das davor parkte. Ackerman erkannte den allradgetriebenen Pick-up mit dem goldenen Stern und der Aufschrift *Roswell Sheriff's Office* als Haskins' Wagen. Ein Umstand, der durch den Sheriff selbst bestätigt wurde, der auf der Ladefläche des Pick-ups saß und sich an einem Burrito in gelbem Einwickelpapier gütlich tat. Er hatte seinen Hut in den Nacken geschoben; das platinblonde Haar lugte darunter hervor.

Ackerman stieg aus dem Impala. »Na, Sheriff, wie ist die Lage auf der dunklen Seite der Macht? Wie haben Sie es geschafft, vor uns hier zu sein?«

»Es geht Sie zwar nichts an, aber ich habe eine Abkürzung genommen.«

»Gratuliere. Und warum haben Sie uns diese Abkürzung nicht verraten?«

Haskins sprang von der Ladefläche, warf das Einwickelpapier achtlos zu Boden, schloss die Klappe und erwiderte: »Weil Sie auf dieser Strecke ohne Allradantrieb verloren gewesen wären.«

»Oh, wie nett.« Ackerman lachte auf. »Schön, dass Sie an unser Wohlergehen denken. Aber Sie wollten doch herausfinden, wer die beiden Männer waren, die bei dem Unfall getötet wurden, und für wen sie gearbeitet haben.«

»Ich habe Leute für so etwas«, sagte Haskins. »Wer Boss sein will, muss delegieren können.«

»Finden Sie? Ich ziehe es vor, alles selbst zu tun. Dann kann ich sicher sein, dass es richtig gemacht wird. Meinen Sie nicht auch?«

»Sonst noch Fragen?«, entgegnete Haskins unhöflich.

»Ja. Was wollen Sie hier?«

»Ich habe mir gesagt, dass es nützlich sein könnte, wenn ich Sie am Schauplatz der Entführung von Jillian Delacruz herumführe. Genau gesagt wird mein Chefermittler die Führung übernehmen.«

Wie auf ein Stichwort hörte Ackerman das sonore Brummen eines Motors. Ein dunkelgrüner Ford Mustang Cabrio kam den Feldweg herauf und hielt neben ihnen. Ackerman war kein Autofan wie sein Bruder Marcus, kannte sich aber gut genug aus, um zu erkennen, dass dieses Modell aus den Sechzigerjahren stammte. In einem langen weißen Streifen an den Seiten des Wagens standen die Buchstaben GT und die Ziffern 350. Ackerman wusste, dass sein Bruder dieses Cabrio geliebt hätte.

Bei dem Gedanken an Marcus überkam ihn ein Gefühl, das ihn an Sehnsucht gemahnte, vielleicht auch an Bedauern, vermischt mit Wehmut und Reue – eine Mischung von Empfindungen, die Ackerman so nicht kannte. Er traute niemandem oder fast niemandem. Es gab nur eine Person auf der Welt, der er blindes Vertrauen schenkte: seinem Bruder. Der einzige andere Mensch, dem er diese Ehre – vielleicht – zuteil werden ließe, war Baxter Kincaid, der Privatdetektiv aus San Francisco. Doch Baxter war nicht nur Ermittler, er war auch eine Art Hippie-Philosoph und Straßenprediger.

Zu Ackermans Erleichterung schwanden diese ablenkenden Gedanken, als aus dem dunkelgrünen Mustang ein mürrisch blickender Mann stieg. Der Neuankömmling war groß und beeindruckend, mit kahl rasiertem Kopf und grauweißem Bart. Er trug ein Harley-Davidson-T-Shirt, auf dem ein schweres Motorrad abgebildet war, dem blaue Flammen aus dem Auspuff schossen. Ein skelettierter Reiter saß auf der Maschine. Die Arme des hünenhaften Mannes waren von oben bis unten von Tattoos bedeckt.

»Das ist meine rechte Hand, Detective Sorensen«, stellte Sheriff Haskins den Fremden vor. »Er hat den Tatort untersucht.«

Ackerman schüttelte dem Neuankömmling die Hand. »Nennen Sie mich Frank«, sagte er. »Freut mich, Sie kennenzulernen.«

30

Schon als Teenager hatte Tyrell Taylor großes Geschick beim Umgang mit Schusswaffen an den Tag gelegt, damals, als er sich einen Namen bei den Seven Mile Bloods gemacht hatte, der brutalsten Gang von Detroit.

Als Tyrell nun durch das Zielfernrohr seines Gewehrs auf das Haus des Ehepaares Delacruz spähte, dachte er daran zurück, wie er das erste Mal eine Waffe in den Händen gehalten hatte. Einer der Unterbosse seiner Gang, den Seven Mile Bloods oder kurz SMB, war mit ihm aufs Land gefahren, weit in den Süden von Detroit. An diesem Tag hatte Tyrell die Stadt zum ersten Mal verlassen. Er konnte sich nicht an den richtigen Namen seines Aufpassers erinnern, denn alle hatten ihn immer nur »Old School« genannt. Old School konnte damals nicht älter als dreißig gewesen sein – ein Alter, das Tyrell vor zwei Jahren hinter sich gelassen hatte.

Tyrell Taylor schmunzelte. Er hatte wesentlich länger gelebt, als er es je für möglich gehalten hätte.

Damals, während seiner Zeit in der Gang, hatte Tyrell den Umgang mit Waffen lernen müssen. Es war unumgänglich. Schließlich war er in einer Art Kriegsgebiet aufgewachsen, der berüchtigten Red Zone von Detroit. Schon deshalb musste er lernen, wie man eine Waffe einsetzte, um sich selbst und seine Buddys zu schützen.

Old School hatte eine kleine Auswahl an Waffen dabeigehabt – eine Schrotflinte, eine Glock vom Kaliber 9 Millimeter und schließlich eine MAC-10-Maschinenpistole, ein furchteinflößendes Ding. Tyrell erinnerte sich, dass die MAC-10 ihn anfangs am meisten fasziniert hatte, aber sie schoss ziemlich ungenau. Doch Old School hatte ihm erklärt, diese Waffe sei nun mal nicht für Qualität da, im Sinne von Zielgenauigkeit, sondern für Quantität, im Sinne einer größtmöglichen Wirkung, und was das anginge, sei die MAC-10 unschlagbar, denn sie feuere nicht weniger als einundzwanzig Kugeln pro Sekunde ab und sei deshalb besonders gut geeignet für Exekutionen und Überfälle aus dem fahrenden Auto.

Doch Tyrell hatte sich letztlich für die Glock entschieden. Jahrelang hatte er eine Pistole dieses Modells bei sich getragen; er betrachtete sie auch heute noch als vertrauten Freund.

Tyrell brachte es bis zum Hitman seiner Gang – ein Killer, der auf Befehl seiner Bosse tötete. Irgendwann aber fand er es ermüdend, Mitglieder rivalisierender Banden auszuschalten. Außerdem hielten ihn die ständigen Intrigen und Grabenkämpfe unter den SMB-Mitgliedern, ganz zu schweigen von der ständigen Gefahr durch die Cops, immer öfter aus der Red Zone fern.

Sein neues Ziel war, Sniper zu werden, ein Scharfschütze. Doch Tyrell wusste, dass es sehr viel Zeit und Übung erforderte und dass die Munition extrem teuer war. Und er war damals erst Mitte zwanzig und besaß nur das, was die Gang ihm zukommen ließ, und das war wenig genug. Um Sniper zu werden, hätte er Tausende von Dollar gebraucht und ständige Übung. Er aber hatte gerade genug, dass er sich über Wasser halten konnte. Deshalb meldete Tyler sich nach dem Tod seiner Mutter zur Army. Auf diese Weise bezahlte Vater Staat ihm die Scharfschützenausbildung.

Später, nach seiner Entlassung vom Militär, hatte er sich eine teure Langwaffe zugelegt, ein leistungsstarkes Gewehr, mit dem er die Mitglieder verfeindeter Gangs auf der Veranda oder in den Gärten ihrer Häuser abzuschießen pflegte, etwa, wenn sie ihre Burger grillten oder ahnungslos zum

Briefkasten gingen. Später dann hatte Tyrell seine Dienste ausgeweitet und war ein bezahlter Killer geworden, der für jeden Auftraggeber arbeitete, der genug auf den Tisch zu blättern bereit war.

Als er nun die Frau und die drei Männer beobachtete, die neben ihren Fahrzeugen vor dem Delacruz-Haus standen, wusste er, dass seine speziellen Fähigkeiten in naher Zukunft wieder zum Einsatz kommen würden. Im Geiste ging er die Bewegung von einer Zielperson zur nächsten durch, entschied sich für eine Reihenfolge und überlegte, wie einfach es wäre, allen vieren die Köpfe wegzuschießen, bevor einer von ihnen auch nur den ersten Schuss hörte.

Aber das war nicht seine Entscheidung.

Über das Leben dieser vier Personen entschied Tyrells Kunde – ein Mann, dem er noch nie begegnet war, den die Zeitungen aber das *Alien* nannten.

Mit einer unmerklichen Bewegung schaltete Tyrell ein Mikrofon ein, das in seinem Scharfschützenanzug verborgen war, und sagte: »Gray anrufen.«

Während er wartete, dass das Gespräch entgegengenommen wurde, spürte Tyrell, wie der alte Blutdurst, die alte Leidenschaft, die alte Lust am Töten wieder in ihm aufwallten.

Er hoffte sehr, dass er seine vier Zielpersonen noch heute töten durfte.

31

Als Ackerman das Haus der Delacruz' betrat, fiel ihm als Erstes auf, wie herkömmlich es im Inneren aussah – ganz anders als das Äußere mit seiner eigenwilligen Architektur. Er vermutete, dass das Gebäude vom Ehemann, einem Architekten, und seiner Ehefrau Jillian, der Schriftstellerin, gemeinsam entworfen worden war – der Architekt war für das Äußere verantwortlich gewesen, die Schriftstellerin für das Innendesign.

Was Ackerman besonders seltsam erschien, war die Deckenhöhe, die er auf dreieinhalb Meter schätzte. Die großen Glaswände, die hohen Decken und eine Reihe von Spiegeln riefen die Illusion hervor, als setze sich das Hausinnere bis in die Unendlichkeit fort.

Detective Sorensen stand neben Ackerman und bemerkte dessen Blicke. »Warten Sie mal ab«, sagte er. »Gleich wird es erst richtig schräg.«

Ackerman schaute ihn an. »Wie meinen Sie das?«

Sorensen wies auf eine große Kochinsel mitten in der Küche. »An allen anderen Entführungsschauplätzen ist das Opfer spurlos verschwunden. Es gab keine Hinweise auf einen Kampf, keine Spuren, rein gar nichts. Aber hier ist es anders.«

Erst jetzt sah Ackerman, was der Detective meinte. Auf der Arbeitsplatte aus Granit stand eine seltsame Struktur, die an die berühmte Doppelhelix erinnerte. Ackerman runzelte die Stirn, als er das Ding genauer betrachtete. Das eigenartige Gebilde bestand aus Küchenbesteck. Jedes Messer, jede Gabel, jeder Löffel war kunstvoll in Passform gebogen und verlötet.

Als Ackerman näher herantrat, sah er die perfekt ausgeführten Lötnähte.

Er schaute Sorensen an. »Lassen Sie mich raten – die Besteckschublade ist leer.«

»Bingo.« Sorensen nickte.

Ackerman bemerkte Brandflecken an der Decke über der Skulptur und versengte Stellen an einigen Besteckteilen.

»Wir haben Mrs. Delacruz' Handy hier gefunden«, erklärte Sorensen. »Es sah aus, als wäre es gegrillt worden. Außerdem fanden wir eine Pistole vom Derringer-Typ auf dem Fußboden. Die Patronen waren geplatzt, und die Waffe schien explodiert zu sein – möglicherweise, als Jillian Delacruz sie noch in der Hand hielt.«

Sheriff Haskins trat näher, schob seinen Cowboyhut in den Nacken und musterte die seltsame Skulptur kopfschüttelnd. Fast wie im Selbstgespräch meinte er: »In solchen Augenblicken frage ich mich immer wieder …«

Er verstummte.

Neugierig hakte Ackerman nach: »Was meinen Sie?«

Mit einem Mal verlegen, antwortete der Sheriff nur widerwillig. »Ob es wirklich sein könnte … Sie wissen schon, die kleinen grünen Männchen.«

Ackerman zog eine Braue hoch. »Sie meinen, dass Außerirdische für das hier verantwortlich sind? Ist das Ihr Ernst?«

Der Sheriff hob die Hände und trat einen Schritt zurück. »Ich will damit nur sagen, dass das alles hier ausgesprochen seltsam ist. Ich habe so etwas noch nie gesehen oder auch nur davon gehört.« Er suchte Beistand bei Sorensen, seinem Untergebenen, der Ackerman aber eher wie der Vorgesetzte erschien. »Sie vielleicht, Sorensen? Haben *Sie* eine Erklärung dafür?«

»Nein, Sir«, antwortete der Ermittler, schaute zu Ackerman und Nadia und fügte hinzu: »Ein Glück, dass wir Mulder und Scully dabeihaben.«

Nadia lachte auf. »Tut mir leid, Sie enttäuschen zu müssen, Detective, aber das FBI jagt nur irdische Killer. Wenn E. T. für diese Sache hier verantwortlich ist, geben wir den Fall ab, und Sie bekommen es mit einer anderen Bundesbehörde zu tun.«

»Bitte nicht.« Zum ersten Mal hellte sich Sorensens Miene auf. Er lächelte die hübsche Agentin an. »Ich bin sicher, wir haben die richtige Behörde hier.«

Haskins erklärte kopfschüttelnd: »Ich glaube sowieso nicht an Aliens. Wie ich der Presse schon gesagt habe, steckt viel eher ein fremdartiger Erdling hinter der Sache als ein außerirdischer Fremder.«

Sorensen warf ein: »Nun ja, es gibt Leute, die würden die Beteiligung eines Wesens von einer anderen Welt nicht ausschließen. Speziell in Roswell und der Umgegend.«

»Sie glauben doch nicht etwa an Aliens?«, fragte Nadia.

»Das nicht, aber eins steht fest: Dieser Fall hat unbestreitbar seine Besonderheiten. Und wenn wir ehrlich sind – wir haben noch keinen Beweis, der einen Besuch Fremder gänzlich ausschließen würde.«

Nadia schaute ihn verwirrt an. »Also, damit hätte ich nun wirklich nicht gerechnet, dass Sie mit so etwas kommen.«

Der Sheriff meldete sich zu Wort. »Nun ja, es gibt da tatsächlich eine Story, die zu der hier passen könnte – die Geschichte von Jesse Long. Haben Sie schon mal davon gehört?«

Nadia und Ackerman verneinten.

»Dieser Long behauptete, 1957 im Alter von fünf Jahren von Außerirdischen entführt worden zu sein«, fuhr Haskins fort. »Bei der Begegnung mit den Aliens wurde ihm irgendetwas ins linke Schienbein implantiert. Vierunddreißig Jahre später entfernten Ärzte chirurgisch den Gegenstand und schickten ihn zur Untersuchung an das South West Research Institute, eines der größten Forschungsinstitute in den Vereinigten Staaten. Die Wissenschaftler dort bescheinigten dem Gegenstand eine ungewöhnliche Zusammensetzung und Oberflächeneigenschaften, die sich jeder Erklärung entziehen, was immer das bedeuten soll. Die Sache wurde nämlich geheim gehalten.«

»Dieser Junge behauptete also, von Besuchern aus einer anderen Welt entführt und beringt worden zu sein wie ein Vogel?«, fragte Nadia. »Und die Ärzte entfernten sozusagen den Ring und fanden etwas, das mit dem wissenschaftlichen Kenntnisstand von damals nicht zu erklären war?«

Haskins nickte. »Guter Vergleich.«

»Also, für mich ist das kein sonderlich überzeugender Beweis dafür, dass solche Entführungen möglich sein könnten.«

»Immerhin haben die Besucher von damals offenbar darauf verzichtet, Menschen zu frittieren, anders als bei unseren Aliens«, meinte Ackerman trocken.

Haskins erklärte: »Trotzdem, mich würde es irgendwie reizen, von Außerirdischen entführt zu werden. Kann man sich ein faszinierenderes Erlebnis vorstellen?«

Ackerman murmelte: »Ja. Ein Einsatz an der Seite von Agentin Shirazi.«

Nadia warf ihm einen undeutbaren Blick zu.

Der Sheriff wandte sich Sorensen zu. »Machen wir mit der Führung weiter.«

Sorensen nickte und blieb am unteren Absatz der gewundenen Treppe stehen, die ins loftartige Obergeschoss des Hauses führte. Der grauhaarige Detective zeigte auf von Absperrband umschlossene Blutspuren auf der linken Seite der Stufen, die mit Beweisnummernschildchen versehen waren. »Anders als an den anderen Entführungsschauplätzen haben unsere Techniker hier etliche solcher Hinweise entdeckt.«

»Wurden Fingerabdrücke oder Haare gefunden, die zum Killer gehören könnten?«, fragte Nadia.

»Leider nicht«, antwortete Sorensen.

»Kommt, Leute, gehen wir nach oben«, sagte der Sheriff.

Aus dem Loft im Obergeschoss hatte man den Blick auf ein riesiges Wohnzimmer mit Ledermöbeln und einem großen Fernsehbildschirm. Die gesamte Rückwand, gut fünf Meter hoch, bestand aus Glas und gewährte den Ausblick auf den Garten hinter dem Haus.

Ackerman trat an das Geländer des Lofts und schnüffelte. In der Luft hing ein feiner, seltsamer Geruch. In der Küche hatte es nach Pulverrauch, Gewitter und Kabelbränden gerochen, hier oben aber roch es, wenn auch kaum wahrnehmbar, nach sich zersetzenden Körperflüssigkeiten, nach Tod und Verwesung. Zum Glück war der abscheuliche Geruch nicht sehr stark, und Ackerman bemerkte ihn nur von Zeit zu Zeit, aber er war nicht zu verkennen.

Sorensen folgte der Blutspur ins Schlafzimmer. Ackerman hörte, wie er zu Nadia sagte: »Wir wissen nicht, wieso die Pistole explodiert ist, aber es sieht so aus, als hätte jemand, vermutlich Jillian, die Waffe in der Hand gehalten und als wären bei der Explosion die Wunden entstanden, von denen die Blutspur stammt. Was immer hier geschehen ist – Jillian ist die Treppe hinaufgerannt und ins Bad geflohen, möglicherweise, um sich die Hand zu verbinden. Wie es aussieht, hat sie die Tür von innen abgeschlossen und sich im Bad versteckt. Ihr Mann hat die Polizei verständigt, nachdem er Jillians panische Anrufe erhalten hatte, aber wie Sie sehen, ist das Haus hier sehr abgelegen. Wir vermuten, Mrs. Delacruz hat im Bad abgewartet und gehofft, dass die Polizei eintrifft, bevor das, was immer unten im Haus vorgefallen ist, auch auf die obere Etage übergreift.«

Sie drängten sich zu viert in dem kleinen Badezimmer. Nadia stellte weitere Fragen, was die forensischen Untersuchungen des bisher gesicherten Beweismaterials betraf – das

Handy, die Reste der explodierten Pistole und ein Stück der Bestecksskulptur. Alles sei auf Fingerabdrücke untersucht worden, erklärte Sorensen, doch man habe keinen einzigen Abdruck gefunden, der nicht Jillian Delacruz oder ihrem Mann zugeordnet werden konnte.

Ackerman hörte nur mit einem Ohr zu, während er auf ein Gitter in der Wand blickte. Dahinter schien ein Luftabzug für die Dusche zu sein, nichts Bemerkenswertes. Nur unterschieden sich die Köpfe der Schrauben an diesem Gitter von allen anderen im Haus.

Ackerman unterbrach Sorensen mitten im Satz. »Haben Sie oder einer Ihrer Leute in die Lüftungsschächte geschaut?«

Sorensen schüttelte den Kopf. »Nein. Das tun wir normalerweise nur, wenn wir einen Durchsuchungsbeschluss haben und nach Rauschgift, einer Mordwaffe oder dergleichen suchen.«

»Will es denn der Zufall«, fragte Ackerman grinsend, »dass einer von euch strammen Landleuten einen Schraubendreher bei sich hat, damit ich hier mal nachsehen kann?«

Sorensen zückte ein Multitool und klappte den Schraubendreher heraus.

»Wie einfallsreich«, sagte Ackerman.

»Wozu brauchen Sie den?«, wollte Sorensen wissen.

»Als wir durchs Haus gingen, ist mir aufgefallen, dass die Delacruz die Lüftungsgitter in jedem Raum in der Zimmerfarbe gestrichen haben, statt sie weiß zu streichen oder in der Farbe des Lieferzustands zu belassen.«

»Und?«, fragte Sorensen.

»Für uns hat das den Vorteil, dass wir auf diese Weise leicht erkennen können, ob ein Lüftungsschacht manipuliert wurde.« Er hob die Hand und zeigte auf die Risse im Lack rings um die Schrauben des Gitters.

»Sie haben recht.« Sorensen nickte, stieg in die Wanne und entfernte mit dem Werkzeugtool die Abdeckung. Er stellte das Gitter beiseite, sah in den Schacht und sagte: »Hier ist nichts.«

Ackerman stellte sich neben ihn und schaute selbst in den Schacht. »Stimmt«, meinte er, »aber da war etwas.«

Er zeigte Sorensen den Abdruck im Staub an den Seitenwänden und in der Mitte des Schachtes, die darauf hindeuteten, dass sich dort ein zylindrischer Gegenstand befunden hatte.

»Was war das?«, fragte Sorensen. »Könnte es eine Überwachungskamera gewesen sein?«

Ackerman schüttelte den Kopf. »Kameras sind heutzutage so klein wie ein Knopf. Ich vermute eher, dass dort eine Druckgasflasche deponiert wurde, die mit einem Zeitschalter oder einer Fernsteuerung versehen war. Der Entführer lockte sein Opfer ins Bad, der letzten vermeintlich sicheren Bastion, und verabreichte ihr Lachgas oder Ähnliches. Zumindest wäre das meine Vermutung.«

Sheriff Haskins schnüffelte, als könne er noch eine Spur des Gases in der Luft wahrnehmen. »Ich rieche nichts.«

»Lachgas ist geruch- und geschmacklos, Sheriff«, sagte Ackerman kopfschüttelnd und stieg aus der Wanne. »Okay. Gibt es hier sonst noch etwas, das uns Hinweise liefern könnte?«

»Die Glasscheibe da drüben«, sagte Haskins und streckte den Arm aus. Er führte die anderen zu einer hohen Glasschiebetür mit zwei Flügeln, die auf einen winzigen Balkon führte, von dem man auf den Garten schaute. Der Platz auf dem Balkon reichte gerade für zwei Sessel und einen Tisch dazwischen. Der Sheriff wies auf vier Stellen im Glas, kleine Brüche, die mit Klebeband eingerahmt und mit Beweisnummern gekennzeichnet waren.

Ackerman trat näher und betrachtete eine der markierten Stellen. Es sah aus, als hätte jemand mit einem Luftgewehr auf die Scheibe geschossen. Der Bruch ging nicht durch, doch die Kugel hatte einen erkennbaren Aufschlagpunkt hinterlassen, von dem feine Risse ausgingen. Das Geschoss, das ihn verursacht hatte, war jedoch viel größer als eine Luftgewehrkugel gewesen, eher vom Durchmesser einer Paintball-Kugel. Als Ackerman die anderen Einschlagstellen betrachtete, bemerkte er an einer davon einen Farbklecks.

»Sobald wir neue Scheiben haben, werden wir die beschädigten Teile herausschneiden und analysieren lassen«, erklärte der Sheriff.

Ackerman, der genug gehört und gesehen hatte, wandte sich dem Gesetzeshüter zu. »Haben Sie jemals einen Menschen getötet, Haskins?«

Der Sheriff lachte auf. »Was soll die blöde Frage?«

Ackerman fixierte ihn mit eisigem Blick. »Geben Sie Antwort, Kumpel.«

Der Sheriff, noch immer verwirrt von der eigentümlichen Frage und eingeschüchtert von der plötzlichen Veränderung Ackermans, sagte schließlich: »Nein, habe ich nicht.«

Ackerman nickte. »Töten ist mit Sicherheit keine Disziplin für Empfindsame. Ich habe im Laufe der Jahre viele Menschen getötet. Früher habe ich es sogar sehr genossen.«

Der Sheriff riss angesichts dieser Offenbarung den Mund auf. »Waren Sie beim Militär?«

Ackerman schüttelte den Kopf. »Nein. Ich habe ein Problem mit Autoritäten im Allgemeinen und Vorgesetzten im Besonderen. Geben Sie mir Ihre Hand, Sheriff.«

Haskins war dermaßen verwirrt, dass er gehorchte, ohne darüber nachzudenken.

Ackerman ergriff die Hand, drehte sie um und betrachtete die Linien auf der Handfläche des Sheriffs. »Haben Sie schon mal auf jemanden geschossen, Haskins?«

»Nein. Ich habe öfters die Waffe gezogen, aber abdrücken musste ich nie.«

Ackerman blickte auf die Linien in der Handfläche und zog sie mit dem Zeigefinger nach. »Das kann ich sehen. Ihnen sollte aber klar sein, dass der Mann, den wir jagen, sich nicht kampflos festnehmen lassen wird. Wenn Sie ihm begegnen, wird er Sie töten, ohne zu zögern. Diese Mordserie ist nicht seine erste. Er ist ein Profi.«

»Woher wollen Sie das wissen?«

Ackerman schien Haskins' Frage nicht gehört zu haben und zeichnete weiter dessen Handlinien nach. »Oh, die hier ist interessant. Ihre Lebenslinie.«

»Was ist damit?«, fragte Haskins.

»Sie verrät mir etwas.«

»Und was?«

»Wenn Sie nicht endlich tun, was ich sage, könnte die Linie sehr plötzlich abgeschnitten werden.«

Er bohrte seinen Daumennagel fest in die Tasche neben dem Daumen des Sheriffs und traf exakt den Druckpunkt. Während er weitersprach, verstärkte er den Druck. »Wissen Sie, was im Römischen Reich die Strafe für Desertation oder Pflichtvernachlässigung war? Der verurteilte Soldat wurde gesteinigt oder mit Knüppeln totgeprügelt. Die Strafe wurde von den Kameraden des Verurteilten ausgeführt – denselben Männern, deren Leben der Verurteilte durch sein vorschriftswidriges Verhalten gefährdet hatte.«

Der Sheriff verzog schmerzerfüllt das Gesicht. »Sie sind ja wahnsinnig! Lassen Sie mich los!« Er versuchte, seine Hand zurückzuziehen, konnte sie aber nicht aus Ackermans eisernem Griff befreien.

»Was soll dieser Unsinn, Frank? Hören Sie auf!«, verlangte Nadia.

Ackerman ignorierte sie, konzentrierte sich ganz auf Haskins. »Zu Ihrem Glück«, fuhr er fort, »liegen die Tage dieser drakonischen Strafen weit zurück. Damals hätte man Sie totschlagen können, weil Sie die Ermittlung und das Leben eines Entführungsopfers gefährden. Sie, Sheriff, und Ihr Detective werden uns jetzt verlassen. Kehren Sie in Ihr Büro zurück. Diesmal aber nicht, um sich auf den Hintern zu setzen und Donuts in sich hineinzustopfen, sondern um Ihren Job zu tun. Irgendwo in dieser Gegend wird eine Frau gefoltert, und schon bald wird sie tot sein. Es sei denn, wir finden sie und ihren Entführer innerhalb der nächsten vierundzwanzig bis sechsunddreißig Stunden. Um das zu bewerkstelligen, muss ich wissen, für welche Firma die beiden Männer im explodierten Auto gearbeitet haben, und ich muss so schnell wie möglich in die Büros dieser Firma. Das schaffe ich aber nur, wenn Sie genau das tun, was ich sage. Sollten Sie meine Befehle missachten, solange wir dieses Alien verfolgen, werden Sie sterben. Ihre Männer werden sterben. Und ganz sicher wird Jillian Delacruz sterben, die entführte Frau.«

Ackerman presste den Daumennagel mit voller Kraft auf den Druckpunkt. Haskins ging wimmernd in die Knie. In seinen Augen schimmerten Tränen des Schmerzes und der Wut.

»Kann ich auf Sie zählen, Sheriff?«, fragte Ackerman.

Mit angespannter Stimme presste Haskins hervor: »Ja. Ja!«

Ackerman ließ ihn los. »Gut. Und jetzt verschwinden Sie.«

Haskins stand einen Moment lang benommen da, rieb sich die Hand und starrte seinen Bezwinger an, als wollte er zurückschlagen. Doch er wusste genau, welche Folgen das hätte.

Erst jetzt kam Sorensen aus dem Badezimmer an die gläserne Schiebetür. »Alles okay hier?«

»Ich hoffe«, sagte Ackerman.

Haskins war rot angelaufen und biss die Zähne zusammen, aber er nickte. »Wir fahren, Detective. Wir haben einiges zu tun, Sie und ich.«

Der Sheriff stapfte zur Tür.

Sorensen schaute Nadia und Ackerman fragend an, dann folgte er seinem Vorgesetzten.

32

Nachdem die Lokalmatadore abgerückt waren, kehrte Ackerman ins Schlafzimmer zurück und begutachtete die Schäden an den Fenstern von der anderen Seite. Dabei fragte er sich beiläufig, wie lange es dauern würde, bis Nadia ihm wegen der Auseinandersetzung mit Sheriff Haskins an die Gurgel ging.

In diesem Augenblick erschien Nadia auch schon in der Schlafzimmertür und fuhr ihn an: »Was zum Teufel sollte das?«

»Ich habe dem Sheriff lediglich den Ernst seiner derzeitigen Situation vor Augen geführt.«

»Wir können von Glück reden«, entgegnete Nadia, »wenn er keine formelle Beschwerde einreicht oder versucht, Sie wegen tätlichen Angriffs und Körperverletzung festnehmen zu lassen.«

Ackerman seufzte. »Gütiger Himmel, Weib, hört das auch einmal auf?«

»Ich weiß ja, dass Sie ein richtig fieser großer Killer sind, aber wenn Sie mich noch einmal ›Weib‹ nennen, erwürge ich Sie!«, stieß Nadia hervor.

Er lächelte und verbeugte sich wie ein Höfling im königlichen Thronsaal. »Ich räume mein Verschulden ein und bitte um Verzeihung.«

Nadia reckte trotzig das Kinn vor und sagte mit mühsam erzwungener Ruhe: »Wir vom Bureau versuchen, Vertrauen herzustellen, und wir streben eine gute Zusammenarbeit mit den örtlichen Strafverfolgungsbehörden an. Wir begehen keine tätlichen Angriffe oder gar Körperverletzung an ihren Vertretern!«

Ackerman neigte den Kopf, als würde er über ihre Worte nachdenken. »Das ist eine faszinierende Taktik, die Ihnen in den meisten Umständen gut dienen wird, nur haben wir diese Umstände hier gerade nicht. Für Situationen wie die unsere gibt es kein Handbuch, keine Übungsmission, keine Taktik und keine Strategie, die Sie in der Bibliothek von Quantico nachlesen können.«

»Sie können nicht einfach tun, wonach Ihnen ist, Frank. Sie arbeiten noch immer für das FBI.«

»Ich arbeite für niemanden, deshalb hat auch niemand Macht über mich.«

Nadia schüttelte den Kopf. »Das ist Unsinn. Der Sheriff ...«

»Ich habe dem Sheriff keine Verletzung zugefügt. Schlimmstenfalls hat er einen schmerzenden Daumen und ein ramponiertes Ego. Er wird es überleben.«

Mit drohendem Blick trat Nadia auf ihn zu. Entweder hatte sie die Angst vor ihm überwunden, oder sie war so wütend, dass ihr Zorn nicht einmal mehr von einer gesunden Dosis rationaler Furcht gezügelt werden konnte. »Mir ist es egal, ob Haskins Sie mag oder nicht, aber es wäre nett, wenn wir vermeiden könnten, dass jemand Anzeige gegen Sie erstattet. Außerdem hatte es gar nichts mit dem Fall zu tun, dass Sie sich Haskins vorgenommen haben, stimmt's? Sie haben es nur deshalb getan, weil es Ihnen Spaß macht, andere zu schikanieren. Sie genießen es, der härteste Bursche weit und breit zu sein, und Sie wollen sicherstellen, dass es jeder weiß.«

Ackerman schüttelte den Kopf. »Es macht die Dinge leichter, wenn alle Beteiligten begriffen haben, wozu jemand imstande ist. Angriff ist oft die beste Verteidigung. Wenn man frühzeitig klarstellt, dass man der Bessere ist, hat man später seine Ruhe und wird nicht mehr gestört. Das spart

Zeit und Nerven. Außerdem hat dieser Penner von Sheriff keine Ahnung.«

»Wie meinen Sie das?«

»Der große Meister hat entscheidende Hinweise übersehen.«

»Und welche?« Nadia runzelte die Stirn. »Was sehen *Sie*, das wir anderen übersehen haben?«

Ackerman zwinkerte ihr zu. »Das ist die richtige Einstellung.« Er wies auf die Einschlagstellen in den Fensterscheiben. »Meiner Theorie zufolge handelt es sich um die Einschläge einer Drohne.«

Nadia zog eine Braue hoch. »Wie die Drohnen, die das Militär und die CIA benutzen, meinen Sie? Um Terroristen auszuschalten?«

»Nicht ganz. Eher die kleinere Sorte, die man frei kaufen kann. Ich glaube, unser Gesuchter hat eine Drohne mehrmals gegen das Fenster gelenkt, um Jillian dazu zu bringen, dass sie sich an einen vermeintlich sicheren Ort zurückzog, den er selbst ausgesucht hatte.« Ackerman schaute aus dem Fenster auf die kleine Oase im Garten, wo es ein Schwimmbecken gab und eine Betonterrasse, auf der verschiedene Wüstengewächse in Pflanzkübeln wuchsen. Sein Blick schweifte über den Garten hinweg auf den Berghang. Er dachte nach, versuchte abzuschätzen, wo der Killer gesessen haben könnte, um alles zu beobachten.

»Machen wir einen kleinen Spaziergang«, sagte er.

33

Wer Tyrell Taylor hieß, brauchte nicht lange zu warten, bis jemand ihm einen Spitznamen wie »T-Bone« verpasste. Aber Taylor nahm es hin und machte den Scherz zu seinem.

Als er Profikiller wurde und für Organisationen außerhalb der Gang arbeitete, in der er seinen Aufstieg begonnen hatte, behielt er den Namen. Potenzielle Auftraggeber mussten eine Nummer auf Tyrells Visitenkarte anrufen, die sie nur mit seiner Einwilligung erhielten, und er meldete sich mit: »T-Bones Steakhouse. Was dürfen wir für Sie auf den Grill legen?« Er hatte eine Speisekarte, auf der jede Gewalttat stand, die er zu begehen bereit war, mit einer detaillierten Beschreibung, wie er sie ausführte. Am beliebtesten war das »New York Club Steak Medium-Rare«, was bedeutete, dass er jemandem mit dem Gewehr eine Kugel durch den Kopf jagen sollte. Für ihn war es die bevorzugte Methode, weil sie ihm gestattete, Abstand zu wahren und Spuren zu vermeiden. Er hatte aber auch keine Angst, sich die Hände schmutzig zu machen.

Als das Dark Web aufkam, verlagerte Tyrell sein Geschäft in den Big Apple, und nun florierte es erst richtig. Er weitete seine Aktivitäten landesweit aus. Seine Preise stiegen mit seinem Können, und die Schwierigkeit der Aufträge stieg, doch seine Website behielt den Namen »T-Bones Steakhouse« und die »Speisekarte« bei.

Tyrell arbeitete vornehmlich für Organisationen, aber auch zahlreiche Einzelpersonen nahmen seine Dienstleistungen in Anspruch. Allerdings konnte er sich nicht erinnern, jemals von einem so bizarren Kunden engagiert worden zu sein wie seinem derzeitigen Auftraggeber.

Während er beobachtete, wie Bundesermittler und Ortspolizei sich dem Schauplatz näherten, hatte Tyrell den Auftraggeber per Kehlkopfmikrofon gefragt, ob er wünsche, dass eine dieser Personen eliminiert wurde. Da Körperschall übertragen wurde, aber kein Luftschall, waren seine Worte kaum mehr als ein Flüstern.

Der Auftraggeber hatte die Entwicklung der Dinge durch Tyrells Zielfernrohr verfolgt – im Grunde ein kleiner Computer, der visuelle Daten sammelte und per Satellit an den Auftraggeber übertrug. Auf diese Weise erhielt Tyrell live Anweisungen, während er vor Ort war.

Die Antwort des Klienten war sehr schnell gekommen und eindeutig ausgefallen. »Weiter beobachten. Nicht angreifen, aber bereithalten.«

Als die beiden Bundesermittler nun das Haus verließen und sich Tyrell näherten, fragte er sich, ob er diese Anweisung missachten musste. Wenn sie sich seinem Versteck auf weniger als zwanzig Fuß näherten, würde er beide mit seiner Pistole ausschalten. Schließlich war er ausgebildeter Scharfschütze und konnte sie auf diese Distanz so mühelos in den Kopf treffen, wie er in einen Apfel biss.

Die beiden ungleichen Feds blieben etwa dreißig Meter von ihm entfernt stehen und begannen ein Streitgespräch.

Über das Kehlkopfmikro nach außen unhörbar, fragte Tyrell den Klienten noch einmal: »Soll ich zuschlagen?«

Diesmal zögerte der Klient, der über eine Mobilfunkverbindung zugeschaltet war und eine Stimmverzerrungssoftware benutzte.

Dann aber sagte das Alien: »Ja. Töten Sie sie. Aber ich habe es mir überlegt mit dem Steak. Ich möchte doch lieber die Kalbsrippchen.«

34

Ackerman ging durch die Tür des Delacruz-Hauses und blickte auf die atemberaubende Wüstenlandschaft – ein großartiges Panorama, das das Paar jeden Tag genießen konnte und um das Ackerman die beiden beneidete. Die Temperaturen waren von fünfzehn Grad am Morgen auf mittlerweile über zwanzig Grad gestiegen – typisch für einen Oktobertag in diesem Landstrich. Im hellen Licht der Mittagssonne erschien alles wärmer und freundlicher.

Ackerman hatte die Wüste immer geliebt. Sie hatte etwas Erhabenes und zugleich Düsteres an sich. Für einen Moment dachte er an die Zeit zurück, als er in dieser weiten und stillen Landschaft Gräber ausgehoben und die Sterne beobachtet hatte. Oh ja, in seinen dunklen Jahren hatte er mehr als eine Leiche in der Wüste begraben.

Leise Schritte hinter ihm unterbrachen seine Gedanken, dann trat Nadia neben ihn.

Ackerman ließ sich einen Moment Zeit, um sie bewundernd anzuschauen. Sie besaß eine zeitlose Schönheit, die alle Grenzen und Nationalitäten überwand. Mit ihrer olivfarbenen Haut und dem dunkelbraunen Haar, in dem sich goldbraune Glanzlichter zeigten, hätte sie eine Latina sein können oder eine Südländerin aus dem Mittelmeerraum, aus Italien vielleicht. Ackerman fragte sich, ob ihre Haare von Natur aus glatt waren oder ob Nadia sie in diese Form gebracht hatte.

In diesem Moment geschah es.

Hinter Nadia erschien der Schemen eines Mannes.

Ackerman beobachtete, wie der geisterhafte Neuankömmling Nadia eine durchscheinende Hand auf die Schulter legte und an ihrem Haar roch.

Sie standen vor dem Haus der Delacruz auf dem Gehweg und wollten zu ihrem Mietwagen. Es war keine Stelle, die sich für einen Hinterhalt eignete. Doch Ackerman wusste auch so, dass es kein Hinterhalt war. Es war eine Halluzination – das optische und akustische Trugbild seines Vaters, das ihn seit langer Zeit immer wieder heimsuchte. Im Laufe der vergangenen Jahre waren die Halluzinationen stärker und realer geworden. Ackerman vermutete, dass es an dem allmählichen Verfall seiner Hirnsubstanz lag, der auf die chirurgischen Eingriffe seines Erzeugers zurückzuführen war.

Das Trugbild seines Vaters raunte ihm zu: *Was ist los mit dir? Überleg doch nur, was wir Schönes mit der Kleinen hier anstellen könnten. Sie ist genau dein Typ, Junior! Das dunkle Haar, der bronzene Teint, die hübschen Beine, die schlanke Taille. Genau deine Kragenweite, gib's doch zu. Also, bedien dich.*

»Sei endlich still, du alter Mistkerl«, raunte Ackerman.

Nadia warf ihm einen raschen, verwunderten Blick zu. »Was haben Sie gesagt?«

»Oh, nichts. Waren bloß Selbstgespräche.«

Ackerman versuchte, die geisterhafte Erscheinung des Psychiaters und Serienmörders, der als Thomas White bekannt war, zu ignorieren und sich ganz auf Nadias ausdrucksvolle, katzenhafte Augen zu konzentrieren. Das Phantom seines Vaters, das wie aus dem Nichts hinter Nadia erschienen war, war bloß eine Erscheinung, ein körperloses Gespenst.

Anfangs hatte Ackerman lediglich die Stimme seines Vaters in seinem Kopf gehört. Diese Stimme hatte in Sätzen gesprochen, die Ackermans Erinnerungen entstammten. Doch mit der Zeit schien die Stimme ein eigenes Bewusstsein zu entwickeln, eigene Gedanken, eigene Erinnerungen und eigene Gefühle.

Und irgendwann war Thomas White dann in körperlicher Gestalt erschienen, ein Schreckgespenst aus Fleisch und Blut – zumindest war es Ackerman so vorgekommen.

White umschlich Nadia, schnüffelte, sog ihren Duft in sich auf. *Dir war so viel mehr bestimmt als das hier, Francis,* raunte er Ackerman zu. *Du warst zu Großem bestimmt, nicht aber dazu, unerkannt im Dunkeln zu vegetieren wie jetzt. Einst warst du der meistgesuchte Mann dieses Landes, der vielleicht gefährlichste Mensch auf diesem Planeten. Sieh dich jetzt an! Offiziell existierst du nicht einmal mehr. Was ist nur aus meiner wundervollen, abscheulichen Schöpfung geworden? Offenbar wurdest du durch einen Jammerlappen ersetzt, der seinen wahren Daseinszweck bestreitet.*

»Es wird Zeit, dass Sie mir sagen, was Ihrer Meinung nach hinter diesem Fall steckt, Frank«, nahm die ahnungslose Nadia den Faden wieder auf. »Ich kann ja verstehen, wieso die Einheimischen glauben, dass das alles von kleinen grünen Männchen getan wurde, aber was steckt wirklich dahinter?«

Ackerman bekämpfte das Verlangen, auf die Bemerkung Thomas Whites zu reagieren, und konzentrierte sich auf Nadias Worte.

»Sie reden von den kleinen grünen Männchen«, entgegnete er, »weil die Entführten an den vorhergehenden Tatorten so spurlos verschwunden sind, als hätten sie sich in Luft aufgelöst oder als wären sie von Außerirdischen entführt worden?«

»Genau.« Nadia nickte. »Von daher wäre ich sogar geneigt, den hiesigen Cops zustimmen, dass eine Beteiligung Außerirdischer zumindest denkbar ist.«

»Aber kleine grüne Männchen verstecken keine Druckgasflaschen in Lüftungsschächten«, sagte Ackerman.

»Ein bisschen Staub ist kein hinreichender Beweis für die

Annahme, dass eine Druckgasflasche im Spiel war, Frank. Das ist reine Spekulation.«

»Zugegeben. Eine andere Erklärung habe ich im Moment allerdings nicht. Sie?«

Nadia schüttelte den Kopf.

»Aber da ist noch etwas«, fuhr Ackerman fort. »Da ist irgendetwas zwischen Jillian Delacruz und diesem Alien, das man nicht richtig greifen kann …«

»Der Entführer hat mit Jillian gespielt«, meinte Nadia. »Die Entführung hier war anders als die anderen. Sie hat etwas Persönliches. Dieses *Alien* hat Jillian gekannt. Und wie es aussieht, hegt es eine Abneigung gegen sie.«

Ackerman stimmte ihren Schlussfolgerungen zu. »Sehr gut, Nadia. Aber ich glaube, da ist noch mehr. Wissen Sie, worauf ich anspiele?«

Ihr Gesicht verriet die Anstrengung, mit der sie nach dem Rückschluss suchte, den Ackerman erwartete. Sie erinnerte ihn an eine Schülerin, die versuchte, den Lehrer zufriedenzustellen – genau das erhoffte er sich von ihr. »Angenommen«, sagte sie schließlich, »dass wirklich ein Narkosegas in dem Lüftungsschacht gewesen ist. Es hätte zusätzliche Mühe und ein zusätzliches Risiko bedeutet, vorher ins Haus einzudringen und alles vorzubereiten. Warum sollte er das tun? Er hätte die Frau überwältigen oder mit vorgehaltener Waffe zwingen können, mit ihm zu kommen. Jillian Delacruz ist zierlich und hätte sich kaum wehren können.«

Ackerman lächelte. »Ausgezeichnet. Und worauf deutet das hin?«

Leg sie flach, mein Junge, drängte Thomas White grob. *Oder stehst du eher auf diese andere kleine Tussi, mit der du dich getroffen hast? Hübsch sind sie ja beide, aber du hast jetzt die Chance! Mach schon, nutz die Gelegenheit. Hier seid ihr allein und ungestört. Und ich möchte euch gern dabei zuschauen. Na los!*

Nadia ging auf Ackermans Frage ein. »Es deutet darauf hin, dass der Entführer geschwächt ist, vielleicht sogar gebrechlich. Er wollte Jillian nicht nur überwältigen, er wollte es auf eine Weise tun, sodass er dabei nicht in Gefahr geriet. Offenbar stand ein ausgeklügelter Plan dahinter. Wenn Sie recht haben mit der Fensterscheibe im Schlafzimmer, hat dieses *Alien* Jillian mit der Drohne ins Badezimmer gejagt und dort mit dem Gas narkotisiert, um sie dann …«

»Das Gas sollte sie nicht narkotisieren«, fiel Ackerman ihr ins Wort.

Nadia hob die Augenbrauen. »Sondern?«

»Dieser Mann ist schwächer, als Sie annehmen. Es war unmöglich für ihn, Jillian aus dem Haus zu tragen. Er musste es darauf anlegen, dass sie das Haus aus eigener Kraft verlässt. Er könnte sogar an einer Krankheit leiden, die es für ihn gefährlich macht, sich zu schneiden oder auch nur blaue Flecke zu bekommen … etwas, wodurch sein Immunsystem und seine Heilungskräfte beeinträchtigt sind. Er wollte Jillian dominieren, wollte sie einschüchtern, ihr Angst einflößen, sie glauben machen, sie würde von den Bewohnern eines anderen Planeten entführt, und das hat er auf eine Art und Weise getan, die ihn nicht in Gefahr brachte.«

»Aber warum hat er das nicht auch an den anderen Tatorten so gemacht?«

»Dieser Tatort hier kommt mir anders vor. Wie Sie schon sagten, hier wirkt die Entführung irgendwie … persönlich. Jedenfalls für einen Mann, der sich für ein Alien von einer anderen Welt hält … oder für einen Hybriden, eine Mischung zwischen Mensch und Außerirdischem.«

Nadia riss die Augen auf. »Sie glauben, er hält sich für ein Mischwesen aus Mensch und Alien?«

Ackerman zuckte mit den Schultern. »Es ist zu früh, um

das mit Sicherheit sagen zu können. Noch ist unser Freund kaum mehr als ein Schatten.«

»Wie hat er das mit dieser Besteckskulptur in der Küche gemacht?«, fragte Nadia. »Haben Sie eine Erklärung?«

»Er hat sich das gleiche Besteck gekauft und daraus die Skulptur geschaffen. Er hatte auch ein Duplikat der Einlage ihrer Besteckschublade. Als Jillian zu Bett gegangen war, hat er die Skulptur auf die Arbeitsplatte gestellt und den vollen Besteckeinsatz gegen den leeren ausgetauscht.«

Nadia lächelte ihn anerkennend an. Es gefiel ihm. Sie war wirklich hübsch, *sehr* hübsch, und obendrein verführerisch.

Wie aufs Stichwort meldete sich Thomas White wieder. *Denk an deine dunklen Jahre, als du dir einfach genommen hast, was du wolltest. Niemand konnte dich damals aufhalten, und heute wäre es noch schwieriger. Sie haben dir vieles beigebracht, mein Junge. Sie haben dir ihr Drehbuch gezeigt, ihre Geheimnisse offenbart. Das könntest du gegen sie einsetzen. Du wärst jetzt unaufhaltbar, Francis.*

Ackerman ignorierte die Stimme.

»Da sehen Sie mal, Frank, wie toll es ist, wenn wir tatsächlich zusammenarbeiten«, sagte Nadia.

Er bemerkte, dass er schief grinste. Er hoffte nur, dass er nicht errötete. Er musste zugeben, dass es ihm gefiel, wenn Nadia mit ihm umging wie mit einem normalen Partner. Seine bisherigen Babysitter hatten ihn behandelt, als wären sie ihm überlegen – nicht an Intelligenz, Kraft und Können, sondern in ihrer schlichten Menschlichkeit. Sie hatten ihn für eine Art Freak gehalten, für eine Mutation, in gewisser Weise unnatürlich und unter ihnen stehend. Der Ausdruck in Nadias Augen aber ließ erkennen, dass sie ihn vollkommen anders betrachtete – ganz so, wie eine normale junge Frau einen gutaussehenden Mann anschaute. Es kam außerordentlich selten vor, dass jemand, der wusste, wer Francis

Ackerman jr. war und was er getan hatte, dennoch in der Lage war, ihn zu mögen.

Ackerman wollte Nadia gerade vorschlagen, auf die andere Seite des Felskamms zu gehen und nach der genauen Stelle zu suchen, von der aus der Entführer das Haus beobachtet hatte, als er den leisen, dumpfen Knall eines schallgedämpften Gewehrs hörte.

»Autsch!«

Nadia schlug die Hand an den Hals. Ihr hübsches Gesicht verzerrte sich vor Schmerz, und sie fiel haltlos zu Boden.

35

Ackerman hatte mehr als einmal erlebt, wie jemand in den Hals geschossen wurde. Manchmal hatte er selbst abgedrückt. Seiner Erfahrung nach griff sich dann aber niemand an die Wunde und rief: »Autsch!« Vor allem deshalb nicht, weil die Luftröhre, der Kehlkopf und der Großteil des übrigen Sprachapparats durch den Einschlag der Kugel meist zerstört wurden. Nadia aber hatte »Autsch« gesagt; deshalb gab es nur zwei schlüssige Erklärungen: Entweder war sie von einem Betäubungspfeil getroffen worden, oder sie beide wurden von einem Schwarm Killerbienen angegriffen, die hier im Süden der Vereinigten Staaten heimisch waren. Ackerman war sich nicht sicher, ob sie es in diesem Fall zurück zum Haus schaffen konnten, denn anders als normale Bienen attackierten bei den Killerbienen im Fall einer Bedrohung fast alle Bienen des Volkes den oder die Angreifer; in manchen Fällen verfolgten sie sogar ihr Opfer. Außerdem wusste er nicht, ob Nadia allergisch auf das Bienengift reagierte. Killerbienen wären ein großes Problem. Mit einem Heckenschützen ließ sich leichter fertigwerden.

Einen Wimpernschlag nachdem Nadia getroffen worden war, spürte Ackerman selbst den scharfen Schmerz zweier Einschläge am Hals. Er verzog keine Miene, machte sich nicht einmal die Mühe, zum Hals zu greifen, um festzustellen, was ihn getroffen hatte. Jetzt galt es, schnell zu handeln. Er durfte keine Sekunde vergeuden.

Ackerman sah den Pfeil mit der Ampulle in Nadias Hals und beobachtete, wie ihre Lider flatterten, als das Betäubungsmittel zu wirken begann. Wut erfasste ihn, vor allem auf sich selbst, weil er den heimtückischen Schützen nicht vorher schon gewittert hatte.

Er zog seine Glock, ließ sich auf ein Knie sinken und zielte in die Richtung, aus welcher der Angriff gekommen sein musste. Angespannt ließ er den Blick in die Runde schweifen, über die Wüstenlandschaft mit ihrer kargen, halb verdorrten Vegetation und die kahlen Felsspitzen hinweg, die aus der sandigen Einöde ragten. Viele Verstecke gab es hier nicht.

Mit zusammengekniffenen Augen hielt Ackerman Ausschau nach dem Heckenschützen.

Allmählich spürte Ackerman, wie der höllische Cocktail, den der Unbekannte ihm in die Halsvene gejagt hatte, zu wirken begann, auch wenn die meisten Substanzen bei ihm höher dosiert sein mussten als bei normalen Menschen. Dennoch fiel es ihm zunehmend schwer, einen klaren Gedanken zu fassen, während er vergeblich nach dem heimtückischen Schützen spähte. Weit und breit war niemand zu sehen. Verbarg der Unbekannte sich hinter einem Jagdschirm? Trug er einen Tarnanzug?

Ackerman spürte, wie sein Herzschlag sich unter der Wirkung des starken Sedativums immer mehr verlangsamte. Um Kraft zu sparen, ließ er sich auf den Wüstenboden sinken. Wieder warf er einen raschen, besorgten Blick auf Nadia, die vier oder fünf Schritte von ihm entfernt lag. Sie hatte das Bewusstsein verloren.

Ackerman fluchte lautlos, als er spürte, wie auch ihm schneller die Sinne schwanden. Schwarze Punkte tanzten vor seinen Augen, und die Umgebung verschwamm. Wenigstens dämmte der verminderte Herzschlag den Blutfluss ein und verlangsamte dadurch die Ausbreitung des Toxins in seinem Körper. Es kam hinzu, dass er im Lauf der Jahre eine erhöhte Widerstandskraft gegen die verschiedensten Drogen und Gifte entwickelt hatte, doch auch er konnte die Wirkungen von Sedativen nur verlangsamen, nicht aufhalten. Vor seinen Augen flimmerte es; kalter Schweiß brach ihm aus. Er wusste, dass ihm nur noch wenig Zeit blieb, bis auch er das Bewusstsein verlor.

Sosehr Ackerman es verabscheute – ihm war klar, dass es in seiner Situation keine andere Lösung gab, als Sheriff Haskins um Hilfe zu bitten, ausgerechnet den Mann, dem er vorhin erst die Meinung gegeigt hatte.

Ohne Zeit zu vergeuden, stemmte er sich seitlich hoch und zog das Handy aus seiner linken Jackentasche. Er wählte die Nummer des Sheriffs, drückte den Freisprechknopf, ließ sich wieder auf den Wüstenboden sinken und legte das Handy neben sein erhitztes Gesicht.

Noch einmal ließ er den Blick in die Runde schweifen. Entweder hatte der Heckenschütze sich verzogen, oder er war sich seiner Beute sicher, denn nichts rührte sich in der Stille und Einsamkeit der Wüstenlandschaft. Doch es war eine trügerische Ruhe, wie Ackerman nur allzu gut wusste.

Der Sheriff antwortete beim zweiten Klingeln.

Ackerman verschwendete keine Zeit mit Höflichkeiten oder Entschuldigungen. »Haskins? Hier Frank Stone. Sie müssen so schnell wie möglich zurück zum Haus der Delacruz. Meine Partnerin und ich werden angegriffen. Beeilen Sie sich!«

Ackerman machte sich nicht erst die Mühe aufzulegen. Er antwortete auch nicht, als der Sheriff Fragen stellte. Er war zu schwach, wollte keine Energie verschwenden. Vielleicht brauchte er sie noch. Denn es war gut möglich, dass der Heckenschütze ihn und Nadia lebend fassen wollte. Und wenn die näher kommende Sirene dem Unbekannten verriet, dass binnen kurzer Zeit Cops auf der Bildfläche erschienen und sein Plan gescheitert war, beschloss er womöglich, sie beide zu töten. In ihrem Zustand, das wusste Ackerman, war das keine große Herausforderung, schon gar nicht für den Heckenschützen, den Ackerman für einen Profi hielt.

Über die offene Verbindung hörte er, wie der Wagen des Sheriffs mit wimmernden Reifen auf dem Asphalt des Highways wendete. Der schwere Motor des Pick-ups brüllte auf. Eine Sekunde später heulte die Sirene.

Ehe Ackerman in die Bewusstlosigkeit sank, glaubte er, auch die Sirenen anderer Fahrzeuge in der Ferne zu hören, aber sicher sein konnte er sich nicht. Der Schall und das Licht nahmen in der Wüste oft seltsame Wege, wie er nur zu gut wusste, und täuschten die Sinne.

Bisweilen glaubte man sogar, in den Felsspalten und Höhlen der Wüstenlandschaft das Flüstern der Toten zu hören.

36

Ackerman erwachte mit mörderischen Kopfschmerzen. Sein Mund fühlte sich an, als hätte er einen Staubwedel verschluckt. Als er sich aufsetzte, bemerkte er trotz seiner Benommenheit mehrere erstaunliche Dinge.

Was ist denn das?

Als Erstes erkannte er, dass er auf dem Bett im Schlafzimmer des Hauses von Greg und Jillian Delacruz lag. Und die langen Schatten im schwindenden Licht des Tages lieferten ihm einen Hinweis, wie viel Zeit verstrichen war, seit er von den Geschossen des Heckenschützen getroffen worden war: vier bis fünf Stunden.

Und schließlich bemerkte er, dass Deputy Director Carter wenige Fuß vom Bett entfernt auf einem Stuhl saß.

»Carter …?«

Der dunkelhäutige Mann lächelte. »Gut beobachtet.«

Ackerman beugte sich vor, zog eine schwarze Nike-Socke vom Fuß, knüllte sie zusammen und warf sie nach dem Deputy Director. Carter fing die Socke auf und schleuderte sie zu Ackerman zurück.

»Ich weiß, dass Ihr Dad nie mit Ihnen Ball gespielt hat oder mit Ihnen zum Angeln war, wie ein normaler Vater es getan hätte«, sagte er. »Ihre Beziehung war von ganz anderer Art. Aber jetzt ist wohl kaum der richtige Zeitpunkt, um das nachzuholen.«

»Ich wollte mich nur vergewissern, dass ich keine Fata Morgana vor mir habe. Wie lange war ich weg?«

»Ein paar Stunden. Sheriff Haskins hat Sie hergebracht. Sie beide sind nicht gerade dicke Freunde, was?«

»Stimmt. Und wie kommen Sie so schnell hierher?«

Carter stand auf und kam ans Bett. Dann zückte er ein Handy, wischte über das Display und sagte: »Später. Wir haben viel zu bereden. Aber sprechen wir zuerst über das hier.«

Er hielt das Mobiltelefon hoch.

Ackerman blickte auf das Display, auf dem ein Video mit dem Titel *Furchtloser Mann geht ins Feuer* lief.

Das Video konnte nicht mehr als ein paar Stunden alt sein, aber der Aufrufzähler stand bereits im sechsstelligen Bereich.

»Gratuliere, Frank«, sagte Carter. »Sie sind viral.«

Das Video trug als Wasserzeichen das Logo einer lokalen Nachrichtenstation und war aus der Vogelperspektive gefilmt. Ackerman wusste nicht genau, ob die Nachrichtensender noch immer Hubschrauber einsetzten. In den vergangenen Jahren hatte sich extrem viel verändert, und die Drohnentechnik machte es leichter, ein Auge am Himmel zu haben. Die Szene zeigte den Highway nach White Sands mit dem auf dem Dach liegenden Wrack des explodierten Autos der beiden Männer. Die Kamera zoomte näher heran, richtete sich dabei auf einen Mann, der sich dem brennenden Schrotthaufen näherte. Der Mann hatte den Arm vorgestreckt und schien geradewegs ins Feuer zu gehen. Die Bildqualität war beeindruckend. Ackerman sah, wie von seinem Arm schwarzer Rauch aufstieg. Er konnte ein leicht verschwommenes Gesicht erkennen, in dem sich keine Furcht zeigte, wie man es hätte erwarten können, sondern Faszination, sogar ein Hauch von Heiterkeit. Als der Mann immer näher ans Feuer kam, lag kein Zögern, keine Unsicherheit in seinen Bewegungen.

Das Video kehrte zum Anfang zurück und zeigte das gleiche Material in Zeitlupe. Währenddessen kommentierten fassungslose Nachrichtensprecher den hochgewachsenen Mann, der keinen Schmerz und keine Furcht zu kennen schien.

»Ich dachte«, sagte Carter, »Sie hielten sich ein wenig bedeckt. So etwas wie das hier wollten wir eigentlich vermeiden.«

Ackerman bemerkte erst jetzt, dass sein linker Unterarm, den er sich am Feuer verbrannt hatte, bandagiert war. Er gab auf Carters herausfordernde Bemerkung keine Antwort, zuckte nur mit den Schultern.

»Ich hatte mit einer Ihrer schnodderigen Erwiderungen gerechnet«, fuhr Carter fort. »So etwas wie ›Gut, dass die Kameras meine Schokoladenseite erwischt haben‹ oder ähnlichen Schwachsinn.«

Ackerman schmunzelte. »So würde ich mich niemals ausdrücken. Es würde implizieren, dass ich eine nicht so gute Seite habe, obwohl sie in Wahrheit beide gleich beeindruckend sind.«

»Und da geht es auch schon los«, sagte Carter. »Ich hatte mir schon Sorgen gemacht, dass die Pferdemedikamente in Ihrem Kreislauf Sie ein bisschen langsamer werden lassen.«

»Darüber sollte Sie sich niemals Sorgen machen. Aber wie sind Sie so schnell hergekommen? Und warum? Sagen Sie mir jetzt nicht, der Grund Ihres Kommens hinge mit dem Video zusammen. Ich habe den Zeitstempel gesehen. Wenn Sie nicht teleportieren können, waren Sie bereits unterwegs, als das Video seine Reise ins Web angetreten hat.«

»Sie haben recht. Von dem Video habe ich gerade erst erfahren. Der Grund meines Kommens ist ein Anruf von Roland Greene, unserem alten Freund von der CIA. Er weiß etwas über den Fall und möchte sich morgen früh mit mir treffen.«

»Sagten Sie Greene?«, fragte Ackerman erstaunt.

»Ja, wieso?«

Der Mann, der mit den beiden verunglückten Burschen in Verbindung stand, die Nadia und mich observiert haben, dachte Ackerman, antwortete jedoch: »Vielleicht ist morgen früh zu spät. Bis dahin könnten wir noch eine Leiche mehr haben.«

»Greene kommt aus Übersee. Die Verzögerung ist unumgänglich.«

»Wir könnten mit ihm reden, während er in der Luft ist, ein Videotelefonat oder so etwas. Ich bin sicher, die CIA hat die Technologie des Bord-WLANs bereits entwickelt. Wo wir von Flugreisen sprechen – Sie haben doch gesagt, das FBI hätte keine Privatflugzeuge. Auf keinen Fall können Sie mit einem Linienflug so schnell hierhergekommen sein.«

Carter lächelte. »Ich habe gesagt, dass das Bureau Sie nicht in einem Privatflugzeug durch die Weltgeschichte kutschiert. Bei mir ist das etwas anderes, und ich bin nicht nur wegen Greene hier. Die Entführung von Mrs. Delacruz hat einiges verändert. Sie war prominent, eine persönliche Freundin des Gouverneurs von New Mexico. Der politische Druck hat um etliche Bars zugenommen. Ich weiß, dass Ihnen so etwas nicht liegt, deshalb dachte ich, ich komme heraus und übernehme die Medien.«

Ackerman deutete auf das Handy. »Wieso? Die Medien lieben mich offensichtlich.«

Carter machte ein finsteres Gesicht. »Das haben wir schon besprochen. Wenn jemals herauskommt, wer Sie wirklich sind, wandern Sie entweder in eine Knastzelle oder bekommen eine Kanüle in den Arm. Höchstwahrscheinlich wird man Sie einfach erschießen und Ihre Leiche der CIA zum Sezieren überlassen. Von jetzt an versuchen Sie bitte, nicht aufzufallen, okay? Spazieren Sie nicht vor laufender Kamera in ein Feuer.«

Ackerman zog sich aus dem Bett und stieg in seine

Schuhe. »Finden Sie es nicht ein bisschen geschmacklos, mich in das Bett des Entführungsopfers zu legen?«

»Sie benutzt es gerade nicht. Und wenn man bedenkt, dass Sie der Mann sind, der ihr das Leben retten wird, glaube ich nicht, dass es ihr auch nur das Geringste ausmachen würde.«

»Das heißt, es ist noch mein Fall?«

»Absolut«, sagte Carter. »Nadia und Sie sind offensichtlich ein bisschen zerzaust, nachdem Sie um ein Haar von unserem nicht ganz so außerirdischen Besucher entführt worden sind.«

»Das war nicht er«, entgegnete Ackerman. »Das war höchstwahrscheinlich jemand, den er für die Schwerstarbeit engagiert hat.«

»Wir haben es also mit mehr als einem Mann zu tun. Wie viele?«

»Es gibt nur einen Hintermann«, erwiderte Ackerman. »Aber wer das Töten genießt, gehört einem einsamen Menschenschlag an. Über seine Obsessionen kann er mit niemandem sprechen, zumindest mit keinem von euch Normalos. Aber manchmal findet so jemand eine merkwürdige Geborgenheit in der Gesellschaft anderer Mörder. Das hat mein Vater mir beigebracht. Er hatte ein recht umfangreiches Netz von Leuten zusammengebracht, mit denen er durch kodierte Nachrichten korrespondierte, die per Post oder Faxgerät verschickt wurden. Er hat mir eingeschärft, wir bekämen Hilfe von außen, falls ein Zeuge ausgeschaltet werden muss oder wenn einer von uns aus einer Gefängniszelle befreit werden müsste. Der eine oder andere Bekannte meines Vaters würde uns zur Seite stehen. Ich bin oft mit dabei gewesen, wenn mein guter alter Daddy solche Gefallen auf die eine oder andere Art erwidert hat.«

»Das verkompliziert die Sache«, sagte Carter, »zumal wir

unter Zeitdruck stehen. Tun Sie, was Sie tun können, um die Frau zurückzuholen und ihren Entführer zu fassen. Dafür zahlen wir Ihnen eine hübsche Stange Geld.«

»Offen gestanden habe ich keine Ahnung, was Sie mir zahlen, aber ich bin mir sicher, dass es keine hübsche Stange Geld ist. Außerdem wäre ich schon sehr viel dichter an der Festnahme unseres Hintermannes, müsste ich mich nicht mit der Babysitterin abplagen, die Sie mir aufgezwungen haben.«

»Wieso? Leistet Agentin Shirazi keine gute Arbeit? Bewährt sie sich nicht so, wie ich gehofft hatte?«

Ackerman zögerte. Er ließ sich einen Augenblick Zeit, als er über Carters Frage nachdachte. Sollte er ehrlich sein, war er sich seiner Antwort nicht ganz sicher. Er hatte keinen ganzen Tag im Einsatz mit Nadia erlebt und kannte sie kaum. Dennoch – wenn er sie loswerden wollte, wäre nun der ideale Zeitpunkt, um die Situation in seinem Sinne zu beeinflussen.

»Sie ist eine gute Agentin, das steht außer Frage, aber sie ist nicht gerade die Speerspitze«, sagte Ackerman. »Vielleicht liegt ihr die technische Seite einer Ermittlung mehr. Unterstützung aus der Ferne wäre wohl eher ihr Ding.«

Carter nickte. »Richtig, ihr technischer Hintergrund bei Cybercrime ist einer der Gründe, weshalb ich der Meinung war, dass Shirazi Sie gut ergänzen könnte.«

Mit dieser Antwort hatte Ackerman nicht gerechnet. Er zog eine Augenbraue hoch. »Ich bin mir nicht sicher, wie ich das verstehen soll. Ich kann so ziemlich jede Maschine bedienen, von der Mondfähre der Apollo-Missionen vielleicht abgesehen, aber ...«

Carter hob beide Hände, eine Geste der Kapitulation, und unterbrach Ackerman, bevor dieser sich veranlasst sah, sämtliche Maschinen und elektronischen Geräte, die er bedienen konnte, alphabetisch aufzuzählen. »Tut mir leid, wenn das falsch bei Ihnen angekommen ist. Ich weiß selbst, dass Sie mit fast jeder Technik umgehen können. Vergessen Sie nicht, Frank, ich gehöre zu Ihren Unterstützern.«

Ackerman kniff die Augen zusammen. Führte Carter etwas im Schilde? Er mochte Carter, traute ihm aber nur bis zu einer gewissen Grenze; es war kein blindes Vertrauen wie zu seinem Bruder Marcus.

Carter sagte rasch: »Ich wollte damit nur andeuten, dass Agentin Shirazi die technischen Einzelheiten für Sie übernehmen kann, sodass Sie tun können, was Sie am besten beherrschen.«

Ackerman kniff die Augen noch mehr zusammen. Es machte ihn misstrauisch, wenn Carter so hilfsbereit daherkam. Es vermittelte ihm den Eindruck, dass man ihn in eine Falle locken wollte. »Ich gebe Ihnen an dieser Stelle recht, Carter«, sagte er. »Nadia bringt mit Sicherheit Fertigkeiten mit, die ich nicht besitze, aber sie hat keinerlei Einsatzerfahrung. Und dieser Auftrag könnte extrem gefährlich werden, da möglicherweise Söldner und paramilitärische Vereinigungen involviert sind. Ich kann nicht für Shirazis Sicherheit garantieren.«

Carters Antwort bestand aus einem Lächeln.

»Was ist?«, fragte Ackerman.

»Ich weiß, wie sehr Sie Jungfrauen in Nöten mögen.«

Ackerman kniff die Augen so sehr zusammen, dass sie beinahe geschlossen waren. Mehrere Sekunden hing Schweigen in der Luft. Schließlich sagte er: »Mit Nadia und ihren Fertigkeiten hat das alles nichts zu tun. Aber wäre ich nicht auf Schritt und Tritt von einer Babysitterin begleitet worden, wäre ich jetzt wahrscheinlich dabei, Mrs. Delacruz vor einem vorzeitigen Ende in den Händen eines Mörders mit Wahnvorstellungen zu bewahren.«

Carter zog beide Brauen hoch. »Sind Sie sicher? Wie kommt es dann, dass Sie einem Heckenschützen vor die Flinte gelaufen sind? Sie wurden betäubt. Ohne die örtliche Polizei wären Sie und Ihre Babysitterin in ernsthaften Schwierigkeiten.«

Ackerman nickte. »Natürlich, so müssen Sie es sehen. Aber wäre ich nicht für Agentin Shirazis Schutz verantwortlich gewesen, hätte ich mich gefangen nehmen lassen. Glauben Sie mir, ich habe mich schon aus hoffnungsloseren Situationen befreit. Ich hätte den Heckenschützen ausgeschaltet und die Jungfrau, wie Sie sich so einfallslos ausdrücken, aus ihren Nöten errettet.«

Carter zuckte mit den Schultern. »Mag sein, aber man hätte Sie und Nadia auch auf der Stelle töten können.«

»Sicher, aber der Heckenschütze hätte sich wohl kaum die Mühe gemacht, uns zu betäuben, wäre es seine Absicht gewesen, uns umzulegen.«

»Trotzdem«, widersprach Carter. »Es gibt keine Garantie, dass der Schütze auch der Mann ist, nach dem wir suchen. Wie Sie selbst sagten, war er mit ziemlicher Sicherheit ein Söldner, ein Profikiller. Selbst wenn Sie davongekommen wären – wer weiß, was er mit Agentin Shirazi angestellt hätte.«

Ackerman war froh, dass Carters Gedanken in diese Richtung liefen. »Ja, eben. Wie Sie sehen, bin ich dazu bestimmt, allein zu arbeiten. Ich bin ein einsamer Wolf. Und das bin ich eben nicht, wenn ich nicht allein auf weiter Flur bin.«

Carter schwieg und blickte ihn nachdenklich an.

»Hätte ich die Freiheit, ohne die Hemmschuhe zu agieren, die Sie mir anziehen, könnte ich bessere Arbeit leisten, und wir wären alle glücklicher. Verdammt, man hat mir einen Chip ins Rückgrat implantiert und kann mich auf Knopfdruck eliminieren, das wissen Sie doch. Das ist eine ständige Gefahr, nicht nur für mich, auch für andere, die in meiner Nähe sind. Warum also muss Agentin Shirazi mir folgen wie ein Schoßhündchen, das sich verlaufen hat?«

Carter schüttelte entschieden den Kopf. »*Ich* wäre es nicht, der Sie per Fernbedienung ausschaltet, Frank, sollte es je so weit kommen. Aber darum geht es gar nicht.«

»Sondern?«, fragte Ackerman.

»Es kommt absolut nicht infrage, dass Sie allein agieren, ohne Aufpasser, Babysitter, Partner oder wie immer Sie es nennen möchten. Die Entscheidung liegt nicht bei mir, und wir müssen uns daran halten.«

Ackerman knirschte mit den Zähnen.

»Sie können darüber so sauer sein, wie Sie wollen, Frank, aber wir wissen beide, dass Sie es letztendlich schlucken werden. Sie müssen die Partner akzeptieren, die wir Ihnen zuteilen.«

»Ihnen ist aber klar, dass ich genauso gut mit einem Baby auf dem Arm auf Löwenjagd gehen könnte? Es ist eine unnötige Behinderung, die früher oder später nur dazu führen wird, dass jemand stirbt – überflüssigerweise.«

Carter seufzte. »Das mag ja alles sein, Frank, und ich habe Verständnis für Ihre Einwände. Aber wenn Sie weiterhin in die Welt hinausziehen und böse Jungs verdreschen wollen, statt in einem dunklen Loch zu sitzen oder im kühlen Grab zu liegen, müssen Sie Agentin Shirazi als Partnerin akzeptieren und es gut sein lassen.«

37

Ackerman blieb misstrauisch. Er akzeptierte Carters Argumente, aber eine wichtige Frage blieb: Wie kam es, dass der Deputy Director so plötzlich von seinem Thron in Quantico gestiegen war und ihn mit seiner Anwesenheit beehrte?

Aber dass Carter sich nun um den für Ackerman schlimmsten Teil der Ermittlungen kümmerte, war für ihn von Vorteil: Der Deputy Director befasste sich mit der Presse und den örtlichen Behörden, so, wie sich damals Ackermans Bruder Marcus um diese Dinge gekümmert hatte. So etwas war einfach nicht Ackermans Ding. Er war ein Einzelgänger; er gehörte nicht zu denen, die von den Leuten Weihnachtskarten geschickt bekamen – ganz anders als Marcus.

Doch es gab außer seinem Bruder noch einen Ermittler, zu dem Ackerman ziemlich engen Kontakt hielt. Er hoffte sehr, Lieutenant Liana Nakai von der Navajo Tribal Police sehr bald wiederzusehen. Ihre Heimat Roanhorse in New Mexico lag zwar mehrere Autostunden im Norden des Staates, aber es ging immer noch weitaus schneller als ein Flug von Quantico.

Während der ersten Hälfte der Autofahrt überdachte Ackerman, was Carter gesagt hatte. Er verabscheute es, wenn jemand ihn mit Vernunft und Logik schlug, doch Carter war einer der wenigen Menschen, für die Ackerman echten Respekt empfand. Der Deputy Director lag definitiv richtig, wenn er die Meinung vertrat, dass es viel schlechtere Partner gab als die hübsche junge Frau, die Ackerman zugeteilt worden war.

Nadia saß am Lenkrad. Sie hatte ihm gedankt, dass er ihr

das Leben gerettet hatte, aber viel weiter war das Gespräch nicht gegangen. Nun waren sie auf halbem Weg zu dem Motel, das sie als Operationsbasis benutzen würden, solange sie sich in Roswell aufhielten – das Counting Stars Motor Inn, wie Ackerman von Nadia erfahren hatte.

Sie hatte ein paar Einwände gehabt, was die Sonderwünsche betraf, die Ackerman hinsichtlich ihrer Unterkunft hatte, doch ihm war nicht danach, Nadia oder sonst wem seine taktischen und strategischen Entscheidungen zu erläutern, die sich auf die Erfahrung vieler, von gewalttätigen Begegnungen geprägter Jahre gründeten.

Ackerman war klar, dass ihr Angreifer jetzt, wo sie das Hornissennest aufgestöbert hatten, die Sache zu Ende bringen wollte – jetzt, wo Ackerman sich seinem Gegner offenbart hatte. Jetzt, nachdem sie das erste Blut vergossen hatten. Der Anschlag auf ihn und Nadia schien nahezulegen, dass die Auseinandersetzung sich in nächster Zukunft zuspitzen würde.

Ackerman brach das Schweigen als Erster. »Wenn Sie unbedingt möchten, können Sie das Radio einschalten.«

Sie warf ihm einen erstaunten Blick zu. »Sind Sie sicher? Ich dachte, Sie mögen keine Musik.«

»Wer redet hier von Musik? Ich wollte die Quizsendung hören, bei der man ein Abo dieser Männerzeitschrift mit den heißen Fotos gewinnen kann.«

Nadia seufzte. »Sie sind unmöglich, wissen Sie das? Was haben Sie eigentlich gegen Musik?«

»Nichts. Aber bei mir bringt sie ein paar ungute und unerwünschte Erinnerungen zurück. Und wie heißt es bei Jesaja? Gedenkt nicht an das Frühere und achtet nicht auf das Vorige ... oder so ähnlich.«

Nadia streckte die Hand nach den Knöpfen des Radios aus. »Beeindruckend, wie Sie aus der Bibel zitieren, aber Ihnen ist schon klar, dass ich Muslima bin?«

»Na klar.« Ackerman nickte. »Steht in Ihrer Dienstakte. Wir sind ein echtes Multikulti-Team, was?«

Nadia wechselte das Thema. »Also, was sollen wir uns anhören?«

Er zuckte mit den Schultern. »Die Art der Folter überlasse ich Ihnen.«

Ackerman wollte sich lieber nicht vorstellen, was Nadia auswählen würde. Vermutlich kam das Grauen, das er spürte, als ihre Hand sich den Suchlauftasten näherte, der Empfindung von Furcht so nahe, wie es bei ihm möglich war. Aber er hatte es ja selbst so gewollt, also musste er jetzt mit den Folgen leben. Fragte sich nur, was auf ihn zukam. Irgendein Pop-Gedudel, das in ihm den Wunsch weckte, sich spitze Gegenstände in die Gehörgänge zu rammen? Ein Swamp-Donkey-Country mit ähnlicher Wirkung? Diese Musikrichtungen hatten für Ackerman eine Gemeinsamkeit: Es hörte sich alles gleich an, von der Grundmelodie bis hin zum Beat.

Nadia suchte Ewigkeiten, wie es ihm schien, bis sie sich für einen Sender entschieden hatte. Als ein Song aus den Lautsprechern des Leihwagens drang, nickte Ackerman. Es war *Wheel in the Sky* von Journey.

Er merkte, dass Nadia ihn aus den Augenwinkeln beobachtete, und begegnete ihrem Seitenblick. »Scheint okay zu sein, oder sehe ich das falsch?«, fragte sie.

Ackerman schüttelte den Kopf. *Wheel in the Sky* endete, und *Don't Stop Believing* begann. »Nein. Von den vielen Sendern, die Sie hätten aussuchen können, dürfte das hier der am wenigsten belästigende sein.«

Sie musterte ihn erstaunt. »Ich hätte Sie nie für einen Journey-Fan gehalten.«

»Mein Vater hasste diese Band. Und ich neige nun mal dazu, alles toll zu finden, was mein Vater verabscheut.«

»Er konnte diese Band nicht leiden?«, fragte Nadia. »Das wundert mich. Sie hatten doch gesagt, er sei Musiker. Ich habe immer gedacht, dass Journey allgemein als musikalisch anspruchsvolle Gruppe gilt – mit Songs, die nicht gleich wieder in der Versenkung verschwinden. Steve Perry ist allein schon ein beeindruckender Sänger.«

»Mein Erzeuger sieht das anders«, erwiderte Ackerman. »Er hat mal gesagt, für ihn sei Journey der Tiefpunkt der seelenlosen, sinnlosen, im Vorstandszimmer komponierten Rockmusik.«

»Du meine Güte.« Nadia lachte auf. »Ihr Vater war ein ziemlich strenger Kritiker, was?«

Ackerman verzog das Gesicht. »Sie machen sich keine Vorstellung. Mein guter alter Dad hat mich oft gezwungen, stundenlang am Klavier zu sitzen.«

»Das ist nicht Ihr Ernst.«

»Es ist die reine Wahrheit. Ich musste Stücke einstudieren, die er ausgewählt hatte. Alles Mögliche, bis hin zu Beethovens Mondscheinsonate.«

Nadia riss die Augen auf. »Sie wollen mich auf den Arm nehmen. Sie können Klavierspielen? Sogar klassische Stücke?«

Ackerman zuckte mit den Schultern. »Ich kann sogar Blockflöte. Haben Sie zufällig eine dabei? Dann könnte ich es Ihnen beweisen.«

»Nein, danke, lieber nicht«, sagte Nadia. »Dann schon lieber Journey.«

»Sie wissen nicht, was Ihnen entgeht.«

»Doch. Ein Hörsturz.«

»Nicht übel.« Ackerman lachte auf.

»Ihr Vater mochte also keine Seattle-Bands wie Nirvana, Pearl Jam, Soundgarden oder Alice in Chains?«, fragte Nadia.

»Eher nicht. Er nannte sie ›talentlose Kommerzstümper‹.«

»Ihr Vater hat wirklich keinen Geschmack. Haben Sie persönlich denn eine Lieblingsband, Frank?«

»Am ehesten Nirvana. Mein Alter hat diese Band aus tiefster Seele gehasst ... Falls er eine Seele hat, was ich stark bezweifle.«

Nadia schaute ihn an, als sähe sie ihn zum ersten Mal. »Sie sind Nirvana-Fan? Nirvana ist meine absolute Lieblingsband!«

Er zuckte mit den Achseln und rutschte aus irgendeinem unterbewussten Grund von ihr weg. »Ich würde mich nicht als Fan bezeichnen. Und vergessen Sie nicht – ich bin nicht gerade der große Musikliebhaber. Aber es ist vielleicht ganz gut, wenn wir ein paar Interessen teilen, denn ich fürchte, für eine nicht absehbare Zeit werde ich mit Ihnen zurechtkommen müssen.«

Nadia neigte den Kopf. »Wer weiß schon, was das Morgen bringt. Wir haben nur die Gegenwart. Das Heute. Diesen Augenblick.«

Ackerman kicherte. »Sie sind ja eine kleine Philosophin, Agentin Shirazi.«

Der Sender wechselte zu *Anyway You Want It*, einem weiteren Hit von Journey.

Nadia betrachtete Ackerman noch immer mit dem seltsam veränderten Ausdruck. »Ihr Vater muss zu den schlimmsten Menschen gehören, die es gibt.«

Ackerman lachte leise. »Ach, so schlimm ist der alte Mistkerl gar nicht. Er kann sogar ziemlich charmant sein, wenn es sein Ego nährt. Ich muss Sie ihm irgendwann einmal vorstellen.«

Nadia runzelte die Stirn. »*Was* sagen Sie da?«

»Sie haben ganz richtig gehört.«

»Aber ... ich dachte, Ihr Vater wäre tot!«

»Oh, der ist nicht so leicht totzukriegen, genau wie ich. Er hatte das Pseudonym Thomas White angenommen und war als Serienmörder sehr aktiv und erfolgreich. Wir haben ihn in Kansas City festgenommen.«

»Thomas White? Meine Güte, ich habe von diesem Mann gehört, aber ich wusste nicht, dass er Ihr Vater ist.«

»Tja, ist aber so. Von ihm habe ich alle meine guten Eigenschaften. Die Launenhaftigkeit, die Ungeduld, die Bösartigkeit, den Hang zur Ungerechtigkeit ...«

»Das sind seit langer Zeit die ersten wahren Worte, die ich von Ihnen höre, Frank.«

»... das fantastische Aussehen, die sagenhafte Intelligenz ...«

»Welche Intelligenz?«

»Werden Sie nicht unverschämt, Agentin Shirazi. Mein Alter hieß ursprünglich Francis Ackerman. Jetzt sitzt er in einer Betonzelle im bestgesicherten Gefängnis der USA. Er ist ein Monster übelster Sorte, aber manchmal glaube ich, dass selbst er eine Chance verdient hat. Ja, wirklich, ich hoffe noch immer für ihn, denn er ist nun mal mein Vater, ob ich will oder nicht. Außerdem ...«

Er zögerte.

»Was wollten Sie sagen, Frank?«

»Man könnte es vielleicht so ausdrücken, dass es meine Mission ist, Männer wie meinen Erzeuger aus den Tiefen des Abgrunds zurückzuholen, in den sie gefallen sind. Ich weiß, wovon ich rede, Nadia, denn mir selbst ist es nicht anders ergangen.« Er zögerte kurz; dann sagte er ungewohnt ernst: »Aber wie es scheint, hat irgendeine höhere Macht mich aus meinem ganz persönlichen Abgrund herausgeholt. Und vielleicht hat diese höhere Macht mir aufgetragen, das auch für andere zu tun, die so sind, wie ich gewesen bin. Vielleicht hat diese Macht mich deshalb überleben lassen. Vielleicht ist das meine Mission.«

»Sie reden von einer höheren Macht, Frank. Sie meinen Gott, nicht wahr?«

»Schauen Sie mich doch an, Nadia. Denken Sie daran, wer ich gewesen bin. *Was* ich gewesen bin. Und ein Gutteil davon schlummert noch immer in mir – so dicht unter der Oberfläche, dass sogar ich manchmal Angst bekomme, obwohl ich gar keine Angst empfinden dürfte.«

»Wovon reden Sie, Frank? Was schlummert bei Ihnen unter der Oberfläche?«

»Tod und Verderben, Nadia. Wenn man alles Böse, allen Schmerz, alles Leid und alle Schlechtigkeit, die ein Mensch ertragen kann, in jemanden einpflanzt, wie mein Vater es bei mir getan hat, kommt eine Kreatur wie ich dabei heraus, ein Wesen, das erfüllt ist von einer Dunkelheit, vor der sich jeder normale Mensch fürchtet. Aber niemand ist so weit weg vom Licht, dass er nicht erreicht werden könnte und nicht mehr imstande wäre, sich zu ändern oder es zumindest zu versuchen. Vielleicht klingt es kitschig, aber die höhere Macht, von der ich geredet habe, hat mich auf den Weg geführt, den ich jetzt gehe, davon bin ich fest überzeugt.«

In Nadias Augen schimmerten Tränen, als sie ihn erneut mit einem seltsamen Blick bedachte, in dem sich zum ersten Mal so etwas wie Zuneigung spiegelte. Sie räusperte sich; dann sagte sie: »Ich finde es schön, dass Sie den Glauben gefunden haben, Frank, und dass er Ihnen hilft. Doch so, wie ich erzogen wurde, gäbe es keine Erlösung für Sie oder Ihren Vater. Andererseits … ich glaube ohnehin nicht mehr daran.«

Beide schwiegen eine Zeit lang. Nur die Fahrgeräusche und die Musik aus dem Radio waren zu hören. Schließlich sagte Ackerman: »Jeder kann sich ändern, Nadia. Ich fürchte allerdings, dass mein Vater seine letzte Chance ungenutzt verstreichen lässt. Und das stimmt mich traurig, obwohl er sich so ziemlich aller Sünden schuldig gemacht hat, die man sich nur vorstellen kann, dieser alte Mistkerl. Aber ich hasse ihn nicht. Ich hasse ihn nicht einmal für das, was er mir angetan hat. Ich bemitleide ihn.«

»Das ist wie bei Kaiphas«, murmelte Nadia.

»Kaiphas?« Nun war es an Ackerman, erstaunt die Augenbrauen zu heben. »Was hat der denn mit meinem Alten zu tun?«

»Sie wissen, wer Kaiphas war?«

»Na klar. Der alte Halunke trug mit die größte Verantwortung dafür, dass Christus am Kreuz gestorben ist, indem er ihn an die Römer ausgeliefert hat – sofern es stimmt, was in den Evangelien steht. Angeblich war es Kaiphas, der Jesus der Gotteslästerung bezichtigt hat, was letztendlich sein Todesurteil bedeutete.«

»Sie wissen eine Menge. Aber wissen Sie auch von den archäologischen Entdeckungen bei den Ausgrabungen in den Neunzigerjahren des vorigen Jahrhunderts?«

»Ausgrabungen?« Ackerman schüttelte den Kopf. »Keine Ahnung. Da muss ich gefehlt haben.«

»Hey, ich weiß tatsächlich etwas, das Ackerman nicht weiß! Mensch, wie sich das anfühlt … Dieser Gedanke, dass man schlauer ist als die anderen! Ich könnte mich glatt daran gewöhnen.«

»Was ist denn nun mit Kaiphas?«, fragte Ackerman.

»1990 entdeckten Archäologen ein Grab aus dem ersten Jahrhundert nach Christus, in dem sich zwölf Ossuarien befanden, steinerne Knochenkästen, von denen einige kunstvoll verziert waren. In eines dieser Ossuarien war der Name ›Kaiphas der Hohepriester‹ geritzt. Allgemein wird angenommen, dass es sich um das echte Grab des Hohepriesters handelt, der nach der Kreuzigung Jesu noch einige Jahre gelebt hat.«

Ackerman kniff die Augen zusammen. »Das beweist allenfalls, dass es ihn wirklich gegeben hat, aber darüber hinaus erkenne ich keine Verbindung. Glauben Sie mir, mein Alter ist schlimmer als zehn Kaiphasse.«

»Warten Sie erst mal ab. In Kaiphas' Knochenkasten fand man Nägel, wie sie zur Kreuzigung verwendet wurden. Und sie waren verborgen – was den Archäologen zufolge bedeutet, dass sie tatsächlich bei einer Kreuzigung benutzt worden sind.«

Ackerman spürte, wie ihm ein Schauer über den Rücken lief. Waren das die Nägel, die Hände und Füße Christi durchbohrt hatten? Und was könnte es bedeuten, wenn Kaiphas diese Nägel mit ins Grab genommen hatte?

Nadia fuhr fort: »Historiker haben außerdem die Reste eines Papyrus entdeckt. Auf diesem Papyrus bedauert Kaiphas zum Ende seine Lebens, welche Rolle er beim Leidensweg Jesu gespielt hat. Möglicherweise ist er sogar zum Christentum übergetreten. Aber das alles ist Spekulation. Auch, ob es diese Nägel wären, mit denen Christus ans Kreuz geschlagen wurde. Wir werden es wohl nie erfahren.«

Ackerman zuckte mit den Schultern. »Eine interessante Geschichte – und genau das, was ich meine. Erlösung kann selbst den boshaftesten und verhasstesten Kreaturen zuteil werden. Wie schon in der Bibel steht: ›Gott ist reich an Erbarmen, hat uns seine Liebe geschenkt und uns mit dem Messias lebendig gemacht – auch uns, die ihrer Verfehlungen wegen tot für ihn waren.‹ Wie Sie sehen, gilt das besonders für mich.«

Nadia blickte ihn staunend an.

»So kenne ich Sie ja gar nicht, Frank.«

»So kennt mich kaum jemand.«

»Nicht zu fassen. Einer wie Francis Ackerman vertritt die Ansicht, dass auch der schlimmste Killer Erbarmen verdient? Selbst dieses Alien, das wir jagen?«

Ackerman nickte. »Ich denke schon. Die höhere Macht, von der ich vorhin geredet hatte – nennen wir sie Gott –, hat eine Brücke errichtet, und jeder von uns kann über diese Brücke gehen. Selbst ich, sogar mein Vater. Auch der Mann, den wir jagen, dieses Alien. Vielleicht werde ich das Werkzeug seiner Verwandlung sein, selbst wenn es schmerzhaft werden sollte und mich mein Blut kostet. Aber wenn das mein Daseinszweck sein sollte, meine Mission, muss ich sie erfüllen.«

38

Dorian verspürte einen Anflug von Schuld, dass er es so sehr genoss, Jillian in ihrer Angst und Panik zu beobachten. Wesen wie er sollten objektive Wissenschaftler sein, über jedes Gefühl erhaben, über jedes sadistische Vergnügen, das sie daraus zogen, das Fleisch anderer zu zerschneiden und dabei zuzuschauen, wie die Züge des Probanden sich vor Schmerz und Todesangst verzerrten.

Nein, Empfindungen gleich welcher Art waren nicht angebracht. Seine Entfremdung von den Menschen musste sachlich dokumentiert werden. Falls die Experimente klappten und er, Dorian, die Aufmerksamkeit seiner außerirdischen Stammeltern erringen konnte, würden sie von ihm, dem Mensch-Alien-Hybriden, einen detaillierten Bericht über seine Zeit auf Erden und seine Interaktionen mit den Menschen erwarten.

Der Gedanke, seine wahre Heimat zu sehen, trieb ihn an, als er den chirurgischen Eingriff an Jillian Delacruz' Arm abschloss. Ihre furchtbaren Schreie waren verstummt, als das Narkotikum seine Wirkung entfaltet hatte, nur das Zucken ihres Körpers schien nicht enden zu wollen.

»Ich weiß gar nicht, warum du so zappelst«, sagte Dorian. »Eigentlich dürftest du nichts spüren.«

Jillian hielt den Kopf von ihm weggedreht. Tränen liefen ihr über die Wangen, und ihre Lippen bebten. Hin und wieder gab sie ein leises Stöhnen von sich wie ein verwundetes Tier. Wie dieses Monster versprochen hatte, war sie mit einem Narkotikum dafür belohnt worden, dass sie die Namen und Adressen jener Personen preisgab, die sie für ihre Bücher interviewt hatte. Das Narkosemittel, das die grauenhaften Schmerzen betäubte, war eine Gnade, wie sie bislang keinem anderen Probanden erwiesen worden war. Jillian wusste es nicht, aber sie war die Erste, der dieses kostbare Geschenk gemacht wurde.

Dorian hatte bei jedem seiner bisherigen Opfer darauf gehofft, dass die außerirdischen Schöpfer auf ihn aufmerksam wurden, aber dieser Fall war nie eingetreten. Deshalb hatte er jedes Mal davon ausgehen müssen, dass das jeweilige Opfer ein Betrüger war, und so hatte er mit dem nächsten Kandidaten auf seiner Liste weitergemacht.

Doch tief im Innern wusste er, dass er am Ende jemanden finden würde, der *wirklich* von den himmlischen Wohltätern entführt worden war – jenen übernatürlichen Wesen, die ihnen allen das Leben geschenkt hatten.

Vielleicht war Jillian Delacruz diese Person – die Frau, die durch ihre Bücher die Ufologie neu belebt hatte.

Allerdings wusste Dorian nun, dass Jillian keinerlei journalistische Integrität besaß. Ihre persönliche Sicherheit ging ihr über alles. Es hatte nur eines winzigen Einschnitts bedurft, und sie hatte ihre Quellen preisgegeben, um von Dorian das Narkotikum zu erhalten.

Vielleicht war das der Grund für ihre Schreie – Jillian Delacruz wusste, was all denen bevorstand, die sie verraten hatte.

Dorian hatte erklärt, es sei nach wie vor eine gründliche Untersuchung Jillians erforderlich, um sicherzustellen, dass sie keine Implantate oder sonstigen technischen Vorrichtungen im Körper trug, die verraten konnten, wo sie beide sich befanden. Außerdem hatte er Jillian versprochen, dass sie nach Ende der Untersuchung so gut wie unversehrt sei, von ein paar Narben vielleicht abgesehen.

Als Dorian dann offenbart hatte, dass er mit den Eingriffen fortfahren würde, war Jillian trotz des gewährten Narkotikums durchgedreht, hatte gejammert und gekreischt und sich auf jede erdenkliche Weise gewehrt. Immer wieder hatte sie geschrien, dass sie eine Betrügerin sei, eine Lügnerin, und dass er keine Implantate in ihrem Körper finden würde, weil sie nie entführt worden sei.

Dorian hatte ihr mit ruhiger Stimme erklärt, dass es keine Rolle spiele. Seine wissenschaftliche Neugier verlange von ihm, dennoch nachzuschauen, um ganz sicher zu sein.

Danach hatte Jillian sich geweigert, mit ihm zu sprechen.

Dorian verzog das Gesicht. Es war eine Schande.

Trotzdem fuhr er mit der Arbeit fort, zumal noch viel mehr zu erledigen war. Vor ihm lag ein weiter Weg, bevor er sich ausruhen konnte.

Also machte er weiter mit dem Aufschlitzen und Durchforschen dieses Organismus, dieser fleischlichen Maschinerie namens Jillian Delacruz, ihren Organen, den Muskeln, dem Fettgewebe – all jenen Stellen, an denen die Besucher gern ihre Peilmechanismen implantierten.

Dorian hatte stets befürchtet, dass die Peilsender, die von Extraterrestriern eingesetzt wurden, biomechanischer Natur sein und womöglich eine rudimentäre Intelligenz besitzen könnten, vielleicht sogar einen primitiven Überlebensinstinkt. Ein solcher Peilmechanismus wäre möglicherweise imstande, bei Gefahr einer Entdeckung in einen anderen Körperteil zu wandern oder sich einen Weg dorthin durch das Fleisch des Wirtskörpers zu fressen. Noch schlimmer aber war die Wahrscheinlichkeit, dass bei den Peilmechanismen Nanotechnik zum Einsatz kam.

Dorian fluchte unhörbar. Wären sie in seinem Labor in White Sands gewesen, einer Firma namens Thermodyne Industries, die fast ausschließlich für die CIA-Abteilung Forschung und Technologie tätig war, hätte er ein paar Scans vornehmen und feststellen können, ob sich in Jillians Körper etwas bewegte. Aber da sie beide in diesen Bunker eingesperrt waren, mussten die hier vor Ort möglichen Untersuchungen ausreichen.

Bevor er den nächsten Einschnitt ansetzte, blickte Dorian in Jillians Gesicht. Es war noch immer halb von ihm weggedreht, doch er sah, dass Tränen ihre Wangen nässten. Er streckte die Hand aus, zog ein Papiertuch aus einer Box und tupfte Jillian die Tränen ab.

»Bitte, ich flehe Sie an … hören Sie mit diesen Untersuchungen auf«, jammerte die Probandin. »Sie müssen doch wissen, dass es Wahnsinn ist, was Sie tun …«

Dorian würdigte sie keiner Antwort.

In ihrer Verzweiflung und Hoffnungslosigkeit versuchte Jillian, sich auf die Umgebung zu konzentrieren. Sie blickte hinauf zur Betondecke des Bunkers, kniff die Augen zu und versuchte, sich gedanklich an einen anderen Ort zu versetzen, um sich aus dieser albtraumhaften Situation zu lösen, sich aus dem Hier und Jetzt zu befreien und zu vergessen, was dieser Irre mit ihrem Körper anstellte.

Natürlich waren Jillians Bemühungen von vornherein zum Scheitern verurteilt. Zu schrecklich war das Grauen, das sie gepackt hielt.

»Wie ich sehe«, sagte Dorian, »bewunderst du das Gebäude. Nun, ich will dir gern sagen, wo wir hier sind. Wir befinden uns nördlich von Roswell in einer aufgegebenen Basis der Army. Ich weiß nicht, wozu sie verwendet wurde, aber ich konnte einen Hinweis auf diesen Stützpunkt im Tagebuch eines Captains finden. Der Mann hat Andeutungen gemacht, dass es sich hierbei um genau die Basis handelt, in die man damals, in der Nacht des Ufo-Absturzes, die Leichen der Außerirdischen gebracht hat. Später wurden sie in einen besser gesicherten Stützpunkt verlegt, vermutlich Walker

Air Force Base, bevor sie schließlich an ihre letzte Ruhestätte gebracht wurden. Wie du siehst, ist diese Anlage hier seit einem halben Jahrhundert nicht mehr in Betrieb und deshalb verfallen und vergessen. Du kannst beruhigt sein. Niemand wird deine Schreie hören, und niemand wird uns entdecken. Ich war ein wenig besorgt, dass vielleicht Teenager hier hereinkommen, um gewissen … Vergnügungen nachzugehen, du weißt schon, was ich meine, aber das Problem habe ich dank eines Helfers aus der Welt geschafft.«

»Sie haben … einen Helfer?«, stieß Jillian fassungslos hervor.

»Oh ja. Einen Wachhund. Brutus heißt er, ein Rottweiler. Bei mir führt er sich auf wie ein Welpe, aber allen anderen geht er sofort an die Kehle und zerfetzt sie.«

»O Gott«, wisperte Jillian, »o Gott …«

Dorian sah nicht von der Arbeit auf, während er weiter das Fleisch der Probandin zerschnitt und inspizierte, um endlich die Verbindung zu seinem wahren Volk zu finden. »Keine Angst, es ist nur eine Vorsichtsmaßnahme. Die Basis ist so sehr überwuchert, dass seit Jahren keine Jugendlichen oder Vandalen hier gewesen sein können. Aber ich bin lieber vorbereitet, denn ich arbeite gern ungestört.«

Als er die »Arbeit« erwähnte, schrie Jillian ihre namenlose Angst heraus.

Dorian wartete, bis die Hysterie seines Opfers abgeklungen und die Schreie verstummt waren. »So ist es besser. Ich schätze es gar nicht, wenn du während des Eingriffs herumkreischst oder mir Beleidigungen an den Kopf wirfst. Aber ich muss gestehen, bei meinen Experimenten bekomme ich es immer wieder damit zu tun. Es war noch bei jedem meiner Probanden so. Nun ja, ich kann es in gewisser Weise nachvollziehen, denn die anderen haben im Unterschied zu dir sehr schlimme Schmerzen erdulden müssen. Schmerzen, wie du sie dir nicht einmal vorstellen kannst. Dir aber ist die Gnade des Narkotikums zuteil geworden. Aber wenn es dir lieber ist, kann ich das Mittel weglassen, sobald ich mich der nächsten Körperzone zuwende …«

Jillian schrie wieder los. Dorian sah die animalische Angst in ihren Augen, während sie so verzweifelt den Kopf hin und her warf, dass die Tränen von ihren geröteten Wangen flogen. »Bitte nicht«, schluchzte sie. »Ich tue alles, was Sie wollen. Aber ich habe Ihnen doch schon gesagt, was ich weiß. Bitte, lassen Sie mich …«

Dorian unterbrach sie. »Du solltest lieber weiterhin so tun, als würde das alles hier gar nicht geschehen. Mir würde es nämlich gar nicht gefallen, wenn ich mir die Kopfhörer aufsetzen müsste, statt unser nettes Gespräch fortzusetzen. Hat du mich verstanden? Oder soll ich das Narkosemittel weglassen?«

»Um Himmels willen, nein!«, kreischte Jillian. »Bitte nicht. Ich werde auch ganz still sein …«

»Fein«, freute sich Dorian.

Sie setzten die Operation und ihr Gespräch fort.

Irgendwann strich Dorian der Probandin über die Wange und sagte beruhigend: »Keine Sorge, das Schlimmste ist vorbei.«

Es war eine Lüge.

Dorian sparte sich das Schlimmste immer für den Schluss auf. Es war eine Stelle, an der oft außerirdische Implantate gefunden wurden – die Nasenhöhle. Sie zu öffnen, hatte Dorian festgestellt, war ein äußerst strapaziöser Eingriff, wenn der Proband wach und bei Bewusstsein war.

39

Nadia lenkte den Leihwagen über die New Mexico State Road 2 nach Dexter, wo jemand aus Carters Team ihnen Zimmer in einem verdreckten Motel namens Counting Stars Motor Inn gebucht hatte, das zwanzig Autominuten südlich von Roswell lag. Nadia gefiel es gar nicht, sich so weit vom Brennpunkt der Ereignisse zu entfernen. Doch Ackerman hatte darauf bestanden, Abstand zu halten, und er war es nun mal, der diese Ermittlung leitete.

Ackerman.

Einmal mehr musste Nadia sich eingestehen, dass sie den Serienkiller, der zum Jäger von Serienkillern geworden war, immer mehr mochte. Er war auf eine brutal ehrliche und ungeschliffene Art charmant, doch hinter seinem Machogehabe spürte sie seine faszinierende Persönlichkeit und sein von Natur aus freundliches Wesen, das ihn geprägt haben musste, bevor er seinem Vater in die Hände gefallen war. Und es gefiel ihr, dass sein Wille ungebrochen war, dass er sich trotz seiner schrecklichen Vorgeschichte nicht aufgab und sich noch immer vehement gegen seine Vernichtung wehrte, egal, wie viele dahingehende Versuche schon unternommen worden waren. In vielerlei Hinsicht bewunderte sie ihn.

Und in vielerlei Hinsicht fürchtete sie ihn.

Immerhin hatte er zugelassen, dass die Musik wieder Einzug in ihr Leben hielt, auch wenn es nur ein paar Rockbands waren, die im Satellitenradio spielten, Bands wie REO Speedwagon oder Foreigner. Trotzdem war es ihr lieber als das monotone Summen der Straße. Die Stille lockte jedes Mal die bitteren Erinnerungen an früher hervor. Es waren Erinnerungen, die Nadia nur wenigen anderen Menschen anvertraut hatte. Ackerman hatte keine Ahnung von den Schatten ihrer Vergangenheit. Wie jedes Mal verspürte Nadia Trauer, Schmerz und hilflose Wut, als sie an das Ungeheuer dachte, das sie auf brutalste Weise missbraucht hatte. Und dieses Monster hatte man nie gefasst. Der Kerl lief noch immer frei herum und tat anderen Frauen womöglich das Gleiche an.

Nicht womöglich, ging es Nadia durch den Kopf. *Ganz sicher.*

Jetzt lenkte die Musik sie ein wenig von dem Schmerz ab, den sie bei diesem Gedanken verspürte. Als sie den Blinker zum Parkplatz des Counting Stars Motor Inn setzte, sang der Leadsänger von Journey:

When the lights go down in the city
And the sun shines on the bay
I want to be there in my city

Doch Nadia wurde nicht von den Lichtern der Stadt empfangen, sondern von Lichtern ganz anderer Art: dem Blaulicht eines Streifenwagens der Navajo Nation Police. Neben dem Fahrzeug stand eine junge, schlanke Beamtin mit einer Flinte in der Hand – direkt vor den beiden Zimmern, die für Ackerman und Nadia gebucht worden waren.

Als Nadia und ihr Partner näher heranfuhren, richtete die uniformierte Polizistin die Flinte auf sie und winkte sie zu einer Parktasche in der Nähe.

»Was hat die für ein Problem?«, fragte Nadia.

»Ich erledige das«, sagte Ackerman.

Nadia befolgte die Anweisungen der Beamtin und lenkte den gemieteten Impala zwischen die weißen Begrenzungslinien. »Vielleicht sollte ich mit ihr reden«, wandte Nadia ein. »Ich bin definitiv die Diplomatischere von uns beiden.«

»Ich weiß, ich weiß. Ich bin ungefähr so diplomatisch wie eine Kettensäge, aber jetzt ist weder für Diplomatie noch für Passivität der richtige Moment.«

Ohne auf ihre Warnungen zu achten, stieg Ackerman aus dem Impala und schritt auf die bewaffnete Beamtin zu. Nadia unterdrückte einen Fluch, stieß die Fahrertür auf und eilte im Bogen um den Wagen herum. Sie wollte bei Ackerman sein, bevor der irgendwelche Dummheiten beging. Womöglich hatte das Auftauchen des weiblichen Cops gar nichts mit ihnen zu tun. Vielleicht waren sie in einen Zugriff geraten oder einen Schusswechsel. Nadia kannte Ackerman inzwischen gut genug. Er würde hart und unnachgiebig vorgehen.

Sie holte ihn ein, als er sich der jungen Frau bis auf vier, fünf Schritte genähert hatte. Die Frau legte die Flinte an und sagte: »Keinen Schritt näher!«

Gerade rechtzeitig, um die Warnung zu hören, erreichte Nadia ihren Partner und legte ihm eine Hand auf die Schulter, um ihn zurückzuhalten.

Ackerman blickte auf Nadias Hand, doch statt eine wütende Miene aufzusetzen, legte sich ein spitzbübisches Lächeln auf sein Gesicht. Er zwinkerte ihr zu. »Keine Bange«, sagte er. »Ich habe alles unter Kontrolle.«

Er trat auf die junge Navajo-Polizistin zu – sie war, wie Nadia jetzt erst bemerkte, eine Schönheit – und fragte: »Wo liegt das Problem, Officer?«

Die Miene der jungen Indianerin war wie aus Stein gemeißelt, als sie antwortete: »Ich schaue hier nach einem steckbrieflich gesuchten Mann. Ein flüchtiger Verbrecher, der sich der Justiz schon allzu lange entzogen hat.«

Nadia gefror das Blut in den Adern. Die Härchen auf ihren Unterarmen richteten sich auf. *Das kann nichts mit uns zu tun haben,* beruhigte sie sich. *Die Frau kann unmöglich wissen, wer Ackerman ist oder wie sie ihn finden kann.*

Nadia wartete atemlos, beobachtete Ackerman und die hübsche Indianerin.

Die Flinte noch immer im Schulteranschlag, das Gesicht nach wie vor unbewegt, sagte die junge Frau: »Ich suche nach einem extrem gefährlichen Verbrecher, der geflüchtet ist.«

»Wie heißt er?«, wollte Ackerman wissen.

»Francis Ackerman junior.«

40

Special Agent Nadia Shirazi konnte nicht fassen, was vor ihren Augen ablief. Wie hatte diese Frau sie finden können? Vielleicht hatten sie beide die Macht der neuen Medien unterschätzt, und Ackerman war es immerhin gelungen, im Internet verbreitet zu werden. Alle möglichen Leute konnten ihn erkannt und hierher zurückverfolgt haben.

Aber das Gesicht des Mannes, von dem sie wusste, dass er Ackerman war, entsprach nicht dem Gesicht, das in den Nachrichten gezeigt wurde. Also blieb die Frage, wie ein weiblicher Cop von der Navajo Nation Police sie hier hatte finden können. Die Polizistin hatte möglicherweise das Video im Internet gesehen. Aber Roswell und Umgebung lagen außerhalb ihres Zuständigkeitsbereichs. Was also wollte sie hier?

Doch Nadia nahm an, dass diese Fragen keine Rolle spielten, solange die Frau eine Flinte auf sie richtete, die mit schwerer Munition geladen war.

Als Diplomatin vor Ort trat sie auf die hübsche Indianerin zu und sagte: »Tut mir leid, Ma'am. Ich weiß nicht, für wen Sie sich halten, aber *ich* bin Bundesagentin. Also nehmen Sie die Waffe runter.«

»Ich bin vielleicht keine schicke Bundesagentin wie Sie«, erwiderte die indianische Polizistin, »aber ich weiß, wie man einen Abzug betätigt.« Sie richtete die Flinte auf Ackerman.

»So hören Sie doch«, fuhr Nadia beschwichtigend fort. »Ich glaube, das ist ein großes Missverständnis ...«

In diesem Moment rief Ackerman: »Ich gestehe, Officer Liana. Ich bin der Gesuchte. Ich bin Francis Ackerman. Ich weiß nicht, wie viele Leute ich ins Jenseits befördert habe, vielleicht ein ganzes Stadion voll, aber genau weiß ich es nicht mehr, ich habe meine Strichliste verloren. Nehmen Sie mich fest, ich gebe auf. Nehmen Sie sich meinen Skalp. Gegen Sie ist sowieso kein Kraut gewachsen.«

»*Sie* sind Ackerman?«, entgegnete die junge Navajo-Polizistin. »Wow, welche Ehre.«

»Tja«, sagte Ackerman, »so spielt das Leben, Blume der Prärie.«

»Und ausgerechnet ich bin es, der Sie zur Strecke bringt.«

Nadia beobachtete fassungslos das Geschehen. Sie hatte das Gefühl, im falschen Film zu sein.

Ein breites Lächeln legte sich auf Ackermans Gesicht. Er trat einen weiteren Schritt vor. »Oh ja, bringen Sie mich zur Strecke. Greifen Sie zu, wo immer Sie wollen. Bedienen Sie sich.«

»Zwischen Flirt und Aufdringlichkeit liegt ein schmaler Grat, Mr. Ackerman«, sagte Nakai. »Obwohl ich spüre, dass Sie mit mir flirten wollen, nerven Sie mich einfach nur zu Tode.«

Sein Lächeln wurde breiter. »Mann, ich fahre total drauf ab, wenn Sie derbe Reden schwingen, Officer Nakai.«

Noch während er das letzte Wort sagte, glitt Ackerman geschmeidig und mit der ihm eigenen Schnelligkeit auf die junge Indianerin zu.

Nadia versuchte, ihn aufzuhalten, doch er bewegte sich blitzartig und überwand den Abstand zwischen ihm und Nakai mit zwei, drei gleitenden Schritten. Mit der linken Hand packte er die Flinte am Vorderschaft und drückte sie nach oben. Mit der Rechten umfasste er die Waffe oberhalb des Abzugsbügels und nutzte die Hebelkraft, um die Flinte in Nakais Richtung zu drehen. Er drückte ihr den Lauf gegen den Hals und schob sie mit dem Rücken bis an den Streifenwagen.

Mit einer fließenden Bewegung nahm er ihr die Waffe aus der Hand und warf mit blitzschnellen Bewegungen des Vorderschafts alle sechs Patronen in Nakais Richtung.

Die junge Navajo-Polizistin stemmte sich vom Streifenwagen weg, trat auf Ackerman zu und schimpfte: »Sie brauchen nicht gleich eine Sauerei anzurichten.«

»Oh, das ist mein Spezialgebiet, Rose der Navajos.«

Sie lächelte. »Ich weiß zufällig, dass Sie auf vielen Gebieten sehr gut sind.«

Unvermittelt packte er sie bei den Hüften, zog sie an sich und küsste sie leidenschaftlich. Die junge Frau legte die Hände in seinen Nacken, hielt ihn fest und erwiderte den Kuss voller Hingabe, als wäre sie halb verdurstet durch die Wüste geirrt und nun auf eine rettende Oase gestoßen.

Was geht denn hier ab?

Nadia stand da und starrte. Schließlich räusperte sie sich so laut, dass das Pärchen sie hören musste.

Sie reagierten beide nicht. Stattdessen setzten sie die unangebrachte öffentliche Zurschaustellung ihrer gegenseitigen Zuneigung fort.

Nadia räusperte sich erneut. Diesmal bemerkte es Nakai und löste sich von Ackerman, schien ihre Augen aber nicht von ihm losreißen zu können.

»Sie beide kennen sich?«, wollte Nadia wissen, immer noch verwirrt und ein wenig verlegen.

»Wie kommen Sie darauf?«, fragte Ackerman. »Ich habe diese Frau noch nie gesehen.«

Die junge Indianerin kicherte. »Blödmann.«

»Lieutenant Liana Nakai von der Navajo Nation Police«, sagte Ackerman, »darf ich dir Special Agent Nadia Shirazi vom FBI vorstellen. Nadia ist meine neue ...« Er zögerte.

Nadia spannte sich unwillkürlich an. Sie war sich nicht sicher, was er sagen würde.

»Partnerin«, beendete Ackerman den Satz.

Die Frauen schüttelten einander die Hand. Wieder musste Nadia sich eingestehen, dass Officer Nakai wunderschön war.

»So viel Schönheit macht mich hungrig, Mädels.« Ackerman schaute zum Büro des Motels und dem kleinen angebauten Diner. »Holen wir uns was zu essen, okay? Lieutenant Nakai hat mich total geschafft.«

»Sie wollen schon wieder essen?«

Ackerman lächelte die Indianerin an. »Ehrlich gesagt will ich im Moment ganz was anderes, aber das muss warten.«

Wieder wurde Nadia rot. »Aber … warum essen wir ständig, statt unsere Arbeit zu tun?«

»Mörder fängt man nicht mit leerem Magen«, sagte Ackerman. »Das heißt, manchmal schon, aber man sollte es nicht tun, wenn es auch anders geht. Beziehen wir unsere Zimmer. In einer Stunde treffen wir uns im Restaurant wieder.«

Nadia wusste, dass sie sich jeden Widerspruch schenken konnte. Außerdem konnte sie wirklich eine Dusche vertragen. Vor allem ein paar Minuten ohne ihren neuen *Partner*.

»In einer Stunde«, griff sie Ackermans Vorschlag auf. »Na gut.«

Mit müden Schritten machte sich auf den Weg zu Zimmer Nummer 4 im Counting Stars Motor Inn.

41

Dorian beugte sich über die nackte Jillian, berührte ihre Schenkel und die blutige Wunde vom Eingriff und kippte dann den selbst konstruierten, x-förmigen Operationstisch nach vorn, um sich die Bewegung zu erleichtern, als er nun das Lokalanästhetikum applizierte, das die Probandin am Schreien hindern sollte. Beim Anblick von Jillians Blöße musste er unwillkürlich an seine Schwester Danica denken: Die Festigkeit der Muskeln unter der hellen, bloßen Haut war auf gespenstische Weise ähnlich.

Dorian wurde durch das Vibrieren eines Mobiltelefons unsanft aus den Erinnerungen an Dania gerissen. Das Gerät lag in Reichweite auf einem anderen OP-Tisch. Natürlich bekam er hier, mitten im Nirgendwo, kein brauchbares Mobilfunksignal; deshalb hatte er ein eigenes, satellitengebundenes drahtloses Netzwerk errichtet, mit dem das Gerät verbunden war.

Dorian ergriff das Mobiltelefon und schaute auf das Display. Die SMS lautete: *Zielpersonen sind im Counting Stars abgestiegen.*

Die Nachricht stammte von befreundeten Bikern, echten Outlaws, die sich bei diesem Unterfangen bereits als nützlich für Dorian erwiesen hatten.

Er schrieb zurück: *Wartet auf einen günstigen Moment und schnappt sie euch.*

Es gibt ein Problem, lautete die Antwort. *Ein Navajo-Cop ist aufgetaucht.*

Dorian tippte ein: *Schnappt sie euch alle drei und schafft sie zu eurem kleinen Clubhaus.*

Das kostet extra. Dazu brauche ich mehr Männer.

Erledigt es einfach, schrieb Dorian.

Er schüttelte den Kopf, als er das Mobiltelefon weglegte. Während seiner Zeit bei der CIA hatte er ein hübsches Sümmchen beiseitelegen können, das er mit seinen schändlichen wissenschaftlichen Entdeckungen verdient hatte. Leider war der Löwenanteil dieses Geldes an Ärzte und Krankenhäuser geflossen; einen großen Teil der Restsumme hatte die Gruppe von Bikern kassiert, die er über das Dark Web kennengelernt hatte. Die Mitglieder des Motorradclubs fungierten als seine Hände und Füße.

Jetzt, auf der Zielgeraden, benötigte er die Hilfe der Biker nur noch einen einzigen Tag. Welchen Unterschied machte es da noch aus, wie viel etwas kostete? Dorian hatte nicht die Absicht, den Zahltag noch zu erleben.

Er stach der Probandin in den Schenkel, um sicherzugehen, dass die Betäubung wirkte. »Tut mir leid wegen der Unterbrechung. Das waren Mitarbeiter, die dafür sorgen, dass wir nicht gestört werden.«

»Warum tun Sie das? Bitte, sagen Sie es mir doch! Vielleicht kann ich Ihnen helfen …«

Er machte sich nicht die Mühe zu antworten. Der Versuch, seine Motive einem schlichten Menschen zu erklären, der nicht das Gleiche durchgemacht hatte wie er, wäre fruchtlos gewesen. Jillian würde niemals begreifen, welche Geißel, welchen Pesthauch die Spezies Mensch darstellte.

Statt zu antworten, nahm er sich nun Jillians Oberschenkel vor, schnitt und suchte. Jillian schrie so laut, dass Dorian den Eingriff unterbrach. Er schaute sie an. »Ich habe gelesen, du wurdest adoptiert, so wie ich. Ist das wahr, Jillian?«

Sie brauchte einen Moment, bis sie die Kraft hatte, dem Wahnsinnigen zu antworten. »Ja«, flüsterte sie. »Meine Eltern kamen bei einem Autounfall ums Leben, als ich noch klein war. Ich wurde in staatliche Obhut gegeben, bis eine nette Familie mich aufnahm.«

Ihre Stimme bebte. Sie glaubte, dass sie trotz des Lokalanästhetikums etwas von dem spürte, was das Ungeheuer mit ihr anstellte.

»Meine Geschichte ist ein bisschen anders als deine«, sagte Dorian. »Meine Eltern haben mich und meine Zwillingsschwester im Stich gelassen. Vermutlich, weil wir Freaks waren. Wir sind beide mit *Alopecia universalis* auf die Welt gekommen, was ein hochgestochener Begriff dafür ist, dass uns am ganzen Körper kein Haar wächst.«

Während er seine blutige Arbeit fortsetzte und in Jillians Fleisch nach irgendetwas suchte, das nicht dort sein durfte, dachte Dorian zurück an die Zeit in Übergangsheimen und bei Pflegeeltern.

Er war als Junge zur Welt gekommen. Leider waren die anderen Jungen nicht sehr freundlich zu ihm gewesen. Sie fürchteten sich vor ihm, vor seiner blassen Haut und dem haarlosen Körper, behandelten ihn wie eine Missgeburt und nannten ihn auch so. Er wurde verprügelt und gezwungen, demütigende Dinge zu tun.

Doch diese Qualen waren nichts verglichen mit dem, was er erdulden musste, nachdem er und seine Schwester adoptiert worden waren.

Dorian und Danica hatten geträumt, dass Eltern kämen und sie aus dem New Mexico Children's Home holten, dem Waisenhaus in Albuquerque. Sie wollten zu einer Familie, in ein Haus, wo sie einen Garten hatten, einen Hund und ein Badezimmer mit Dusche, das sie nicht mit zwanzig anderen Kindern teilen mussten. Sie wollten an einem Tisch in einem Esszimmer essen und nicht in einer schmuddeligen Cafeteria. Es waren schlichte Wünsche, schlichte Dinge. Dinge, die alle anderen Kinder hatten.

Dorian und Danica hatten eine Zeit lang geglaubt, diese Träume wären in Gestalt eines Ehepaars namens Oscar und Tabatha Lang in Erfüllung gegangen. Oscar war ein kleiner, unscheinbarer Mann, aber er wirkte freundlich, zumindest zu Anfang. Tabatha war älter, hatte ein derbes, wie mit einer Axt gehauenes Gesicht und rote Locken.

Dorian wollte die möglichen Retter vom ersten Augenblick an umarmen, während Danica, die von beiden immer die klügere und vorsichtigere gewesen war, die neuen Pflegeeltern nicht zu mögen schien. Dorian erinnerte sich noch sehr gut daran, wie Oscar sich die Hände gerieben hatte, als er sie beide abholte, aufgeregt wie ein Kind am Weihnachtsmorgen.

Es dauerte noch eine Weile, bis Dorian begriffen hatte, was der wahre Grund für Oscars Freude war. Er erinnerte sich noch heute, wie ihr Pflegevater zu seiner Frau gesagt hatte: »Schau sie dir an, Tabatha. Diese blasse Haut, diese haarlosen Körper – haarlos nicht nur jetzt, sondern für immer.«

Die neue Pflegemutter hatte gleichgültig reagiert, die Nase hoch erhoben. Dann aber hatte sie genickt, und der Anflug eines Lächelns war auf ihrem derben Gesicht erschienen. Mit ihrer unangenehm hohen Stimme hatte sie erklärt: »Ja, sie sind perfekt. Wie kleine Engel. Als wären sie von den Sternen zu uns gekommen.«

Von den Sternen, dachte Dorian und lächelte.

42

Ackerman betrat Lianas Zimmer im Counting Stars Motor Inn. Das Dekor war in Schwarz-Weiß und Lindgrün gehalten; überall wiederholte sich das Sternenmotiv. Viel Zeit, um seine Umgebung zu bewundern, blieb ihm jedoch nicht, denn kaum hatte er die Tür geschlossen, drückte Liana ihn von innen dagegen und fuhr ihm mit den Händen über die Brust. In ihrer Polizeiuniform sah sie umwerfend aus.

»O Gott, ich hab dich so sehr vermisst«, stieß sie hervor.

Er lächelte auf sie hinunter. »Wo ist Theodore?«

Ackerman meinte seinen Shih-Tzu-Gefährten, um den Liana sich manchmal kümmerte, wenn er unterwegs war.

»In deinem Zimmer. Ich habe ihn im Bad gelassen.«

»Danke, dass du ihn mitgebracht hat. Hoffentlich spitzt er jetzt nicht die Möbel an. Er wird unruhig, wenn er zu lange von seinem Herrchen getrennt ist.«

Er wollte an ihr vorbei und seinen Rucksack aufs Bett werfen, doch sie drückte ihn wieder gegen die Tür. »Nicht so schnell. Hast du mich denn nicht auch vermisst?«

Sein Lächeln wurde breiter. »Das weißt du doch ganz genau.«

»Wie sehr?«

Er beugte sich vor und küsste sie, legte die linke Hand an ihren Hinterkopf und löste die Haarsträhnen in der Farbe von Rabenfedern, sodass sie ihr auf die Schultern fielen.

Nachdem er sich von ihr gelöst hatte, stand Liana Nakai mit geschlossenen Augen da, die Wangen gerötet. »Oh Mann, du scheinst mich wirklich *sehr* vermisst zu haben.«

»Aber nicht so sehr, dass ich den außerehelichen Beischlaf

vor die Pflicht stelle, falls das dein nächstes Ziel sein sollte. Außerdem möchte ich nicht, dass Theodore uns hört. Er ist jung und ein bisschen schüchtern und wartet noch auf die Dame seines Herzens.«

»Er hatte noch nie eine Freundin?«, fragte Liana.

»Nun ja, er hatte mal was mit einem Mops-Mädchen, aber die Tusse hat ihn wegen eines dahergelaufenen Affenpinschers sitzen lassen. Seitdem lebt Theodore wie ein Mönch.«

»Armer Theodore«, sagte Liana. »Wie traurig.«

Ackerman ging an ihr vorbei und entdeckte die große Reisetasche, die mitzubringen er sie gebeten hatte. Zufrieden öffnete er den Reißverschluss und nahm die Bewehrungsstäbe und anderen Teile heraus, die er benötigen würde.

»Ich kann noch immer nicht fassen, dass du das FBI herumgekriegt hast, deinen Hund von einem Agenten im Flugzeug nach New Mexico bringen zu lassen«, sagte Liana. »Warum hast du ihn nicht selbst mitgenommen?«

Ackerman kramte in der Reisetasche, ohne aufzusehen. »Ich hatte die Befürchtung, dass wir uns unverzüglich ins Getümmel stürzen müssen. Dabei wäre Theodore nur im Weg gewesen. Außerdem lasse ich das FBI gern nach meiner Pfeife tanzen.«

Liana knöpfte ihr Uniformhemd auf und zog es aus dem Gürtel. Sie zeigte auf die Reisetasche. »Das Ding da drin bräuchten wir nicht, würden wir uns ein Zimmer teilen.«

»Es ist wichtig für die operative Sicherheit.«

Sie kicherte. »Operative Sicherheit – oh Mann! Hast du das bei einem SWAT-Team-Typen aufgeschnappt?«

»Bitte vertrau mir. Wenn du während eines Einsatzes in meiner Nähe bist, soll dir nichts geschehen. Das ist Teil der Abmachung.«

Liana blickte seufzend zur Decke und nickte. »Okay. Aber kann das nicht bis später warten?«

»Es dauert ja nur einen Moment«, entgegnete Ackerman, »und dann bin ich bereit für … später.«

Sie warf ihr Koppel mit der Pistolentasche und das Hemd aufs Bett. »Ich hatte so sehr gehofft, dass wir uns vor dem Essen vielleicht ein paar schöne Minuten machen.«

»Tut mir leid, Liana, aber ich kann dir nicht mal garantieren, dass wir auf diesem Trip überhaupt Zeit zusammen verbringen. Ich bin auf der Jagd nach einem ganz auserlesenen und sehr aktiven Scheusal. Deshalb brauche ich etwas Zeit, um hin und wieder in meinem mentalen Palast zu verschwinden und eine Weile mit unserem Übeltäter reden zu können.«

Enttäuscht sagte Liana: »Du möchtest den ganzen Abend in deinem Man Cave verbringen?«

»Man Cave?«

»Bei uns Navajos ist das ein Raum, in dem Männer Männersachen machen.«

»Jagd *ist* Männersache.« Er richtete sich auf und trug sein Material zur Tür. Dabei merkte er, wie Liana hinter ihm den Kopf schüttelte und ihn enttäuscht und wütend anstarrte. Dann verschwand sie im Bad und schloss sich ein.

Ackerman ging zur Eingangstür und drehte zwei große Ösenschrauben ins Holz. Er schob zwei Bewehrungsstäbe waagerecht durch die Ringe und bildete damit einen stählernen Riegel, der direkt im Türpfosten verankert wurde. Das eine Ende des Riegels beklebte er mit Panzerband, damit der Bewehrungsstab nicht herausgeschüttelt oder verschoben werden konnte. Das andere Ende würde er fixieren, bevor sie beide ins Bett gingen. Außerdem würde er die Verbindungstür zwischen seinem und Lianas Zimmer mit einem Spannschloss sichern, sodass niemand, der in sein Zimmer eindrang, in Lianas Zimmer gelangen konnte.

Er hatte die erste Sperre halb eingebaut, als Liana wieder aus dem Bad kam. »Frank, komm mal her«, sagte sie. »Du musst dir was anhören. Bei dem Song musste ich neulich an dich denken.«

Er hielt inne und wandte sich zu ihr um. »Song? Du weißt doch, dass ich nicht auf Musik stehe.«

»Ich möchte nur, dass du es dir anhörst – den Text, die Bedeutung. Komm schon, nur eine Sekunde.«

Er setzte sich neben sie aufs Bett. »Okay, bringen wir es hinter uns.«

»Hast du je von einem Song namens *Desperado* gehört?«

»Nein, aber das hört sich ganz nach einem Lied über mich an.«

»In gewisser Weise ist es das auch.« Sie schenkte ihm einen verführerischen Blick.

»Beim Manitu.« Ackerman lächelte sie an. »Gehst du jetzt auf den Kriegspfad, oder was?«

In diesem Moment sah Liana so schön und verlockend aus, dass es ihm nichts ausmachte, sich ihren Song anzuhören. In ihrer Gegenwart empfand er Regungen, die er früher nicht für möglich gehalten hätte – was umso häufiger der Fall war, je öfter sie zusammen waren.

Zu Ackermans Erleichterung sprang Liana gleich zu den Stellen des Songs, die er hören sollte.

»Kann ich an der Sperre weiterarbeiten, während ich zuhöre?«, fragte er.

»Nein. Bleib sitzen. Hör doch mal!«

Oh, you're a hard one,
but I know that you've got your reasons,
your prison is walking through this world all alone

»Allein durch die Welt zu gehen, das ist mein Gefängnis?«, murmelte Ackerman. »Na ja, ich hab immerhin Theodore.«

»Frank, bitte. Sei doch mal ernst.«

Als der Song endete, schaltete sie das Gerät ab. »Bei dem Text musste ich an dich denken.«

»Schön und gut, aber ich bin weder im Knast noch allein. Ich sitze mit einer sehr hübschen Frau in einem sehr schmierigen Motelzimmer, das ich mit einem sehr kleinen Hund teile, auf einem sehr ungemachten Bett. Mir scheint, dass es mir sehr gut geht.«

Ihr Gesicht wurde ernst. »Theodore ist dir anscheinend wichtiger als ich.«

»Um ehrlich zu sein ... ja.«

»Frank!« Sie drängte sich verlangend gegen ihn. »Oh, Frank.«

»Möchtest du, dass ich dir einen Heiratsantrag mache? Dass wir beide uns ein hübsches kleines Haus in der Vorstadt kaufen, uns einen Minivan zulegen, zwei Kinder und vielleicht einen Chihuahua?«

»Ich finde nicht, dass du und dein Shih Tzu ein Recht habt, schlecht über Chihuahuas zu reden.«

Ackerman lachte. »Na hör mal. Theodore stammt aus einer langen Linie brutal gefährlicher Kampfhunde. Er ist ein Vetter des Wolfs. Ein Chihuahua ist ganz niedlich, aber bloß ein Nagetier.«

Liana schüttelte den Kopf. »Hör zu, Frank, ich möchte etwas Wichtiges mit dir besprechen.«

Ackerman war sich nicht sicher, aber bei dem Gefühl, das er in diesem Moment verspürte, konnte es sich um eine harmlose Art von Furcht handeln. Es war in etwa die gleiche Empfindung, die Kinder überkam, wenn sie gezwungen wurden, ihren Spinat zu essen.

»Ich höre«, sagte er.

»Meine Großmutter möchte dich unbedingt kennenlernen. Um genau zu sein, kommt sie nach Roswell, und ich hatte gehofft, dass wir zusammen zu Abend essen und ...«

Er hob die Hand. »Ich bin nicht der Typ, den man seinen Eltern vorstellt. Ich dachte, das wüsstest du.«

»Ja, schon, aber ihr ist es wichtig. *Ich* bin ihr wichtig. Sie hat gehört, wie ich von dir erzählt habe, und sie kennt natürlich die Geschichten über die Geschehnisse im Tal mit dem Taker und den Drogenschmugglern. Sie möchte dich kennenlernen.«

»Nun ja, im Prinzip habe ich nichts gegen ein solches Treffen. Ich meine, ich fürchte mich ja nicht vor der Matriarchin der Familie Nakai, aber …«

Aber die Sache hat etwas an sich, fuhr er in Gedanken fort, *das eine normale Zukunft mit mir impliziert, die unmöglich ist.*

Auf der andern Seite wusste er, dass Liana und ihre Großmutter einander sehr nahestanden. Liana hatte sogar die Stadt wieder verlassen und war nach Roanhorse zurückgekehrt, einem kleinen Nest in der Navajo Nation, um sich um die alte Dame zu kümmern. Dafür hatte sie die Hoffnung auf eine Karriere als Bundesermittlerin aufgegeben.

Nachdem Ackerman noch einen Moment lang nachgedacht hatte, sagte er: »Okay. Machen wir Oma die Freude.«

Liana schien überrascht von seiner Antwort. »Wirklich?«

Er nickte. »Na klar. Ich würde mich freuen, sie kennenzulernen.«

Das Lächeln, das sie ihm schenkte, wäre zehntausend Peitschenhiebe wert gewesen. Sie beugte sich vor, küsste ihn und schob die Hand an seinem Oberschenkel hoch bis zu seinem Schritt.

»Wow«, machte Ackerman. »Du legst es aber darauf an.«

In diesem Moment drehte Liana sich um, ging zurück ins Bad und schloss die Tür hinter sich.

Ackerman blickte ihr verwirrt hinterher. »Erst baggert sie mich an«, murmelte er, »dann lässt sie mich im Regen stehen.«

Er machte sich wieder an die Arbeit und beendete sie nach kurzer Zeit. Schließlich trat er einen Schritt zurück und bewunderte sein Werk. Als er hörte, wie sich die Badezimmertür erneut öffnete, drehte er sich um.

Da stand Lieutenant Liana Nakai von der Navajo Nation Police.

Nur trug sie keine Uniform mehr, sondern nur noch knappe, durchsichtige Reizwäsche.

43

Nadia Shirazi hatte ihre geistigen Energien auf die Kornkreise konzentriert, die der Killer hinterließ, und auf die
Nachrichten, die diese Gebilde zu enthalten schienen. Andere Kornkreise, die in Europa, speziell in Großbritannien erschienen waren, hatte man in großen Weizen- oder
Maisfeldern entdeckt, aber die Muster und Formen waren
genauso kompliziert. Ihres Wissens nach waren in diesen
Kornkreisen allerdings nie verkohlte Leichen zurückgelassen
worden.

Das FBI hatte ein Team von Mathematikern mit der
Entschlüsselung der »fraktalen, auf Julia- und Mandelbrot-
Mengen beruhenden Muster« beauftragt, sie wusste nur, dass
diese Muster wunderschön aussahen, manche wie ein Ster-
nenhimmel, andere wie Seepferdchen, wieder andere wie geheimnisvolle Bilder aus einem Rohrschach-Test. Doch nichts
davon verstand Nadia wirklich. Außerdem gab es noch andere Muster, die einen völlig anderen Code zu bilden schienen. Die Experten des FBI mussten erst noch herausfinden,
was diese Zahlen bedeuteten. Nadia war sie immer wieder
durchgegangen und hatte vergeblich zu begreifen versucht,
was das Alien damit sagen wollte.

Das kleine Diner am Counting Stars Motor Inn hieß
Gloria's. Nadia hatte den Verdacht, dass es nach der Inhaberin benannt war, einer herzlichen älteren Dame mit Haaren von der Farbe eines Kürbisses. Nadia hörte das Klingeln,
mit dem sich die Vordertür des kleinen Restaurants öffnete.
In Anbetracht der Tatsache, dass keine weiteren Wagen auf
dem Parkplatz standen und niemand sonst angekommen

war, wusste sie genau, wer hereinkam. Jemand, der sich um eine Viertelstunde verspätet hatte.

Sie sah nicht auf von dem, was sie tat, und nahm weder Ackerman noch seine indianische Freundin zur Kenntnis.

Ackerman verkündete natürlich seine Ankunft, indem er lauthals etwas für sich und Liana bestellte. Ein Steak, blutig, und ein Chicken-fried Steak. Als das Pärchen sich setzte, sagte Nadia: »Ich dachte, Sie wären Ovo-Lacto-Vegetarier.«

Ackerman lächelte. »Nur montags, mittwochs und freitags.«

Der weibliche Lieutenant von der Navajo Police neben ihm beugte sich vor. »Er isst Fleisch nur auf der Jagd, besonders, wenn die Beute nahe ist.«

»Ich wüsste nicht, dass wir irgendetwas nahe gekommen wären«, erwiderte Nadia. »Oder irre ich mich da, Frank?«

»Der Fall wird in den nächsten vierundzwanzig bis achtundvierzig Stunden abgeschlossen sein«, antwortete er.

Nadia schnaubte ungläubig. »Und was genau bringt Sie auf diese Idee?«

»Ich habe es im Gefühl. Dieses Alien wird immer brutaler. Er hat Ermittler angegriffen. Wir haben es mit einem Mörder zu tun, der ein hohes Maß an Paranoia zeigt und sich mit allen Mitteln Zeit zu erkaufen versucht, die er braucht, um sein Meisterwerk zu vollenden.« Er wies auf die Luftaufnahmen der Kornkreise und die Anmerkungen des Teams der FBI-Mathematiker. »Haben Sie den Code schon geknackt?«

Liana schüttelte den Kopf. »Nein. Ich dachte, ich sehe mir die Sache an, weil eine andere Perspektive vielleicht etwas Offensichtliches zutage fördert, aber das alles sagt mir nichts.«

Ackerman legte den Kopf schief und betrachtete die Unterlagen. »Nun ja, um die Spiralmuster auf eine Weise zu zeichnen, damit sie alle so adrett aussehen wie hier, hat unser Täter Mandelbrot- und Julia-Mengen benutzt.«

»Was ist das?«, wollte Liana wissen.

»Wundervolle künstlerische Darstellungen von Zahlen«, antwortete Ackerman. »Fantastische Beispiele dafür, wie das Einfache das Großartige hervorbringen kann. So wie der Schöpfer alles in Bewegung gesetzt hat, indem er die Naturgesetze festlegte. Durch computergenerierte Bildgebung kann man die Mandelbrot- und Julia-Mengen einsetzen, um komplizierte Muster und Welten innerhalb von Welten zu schaffen. Unser Killer nutzt sie nur, um seine Kornkreise besonders hübsch aussehen zu lassen.«

»Sie meinen, jemand hat diese Bilder mit komplizierten Zahlensystemen erstellt, nur zum Spaß? Als eine Art Ablenkung, die hübsch aussehen sollte?«

»Möglich. Und er brauchte gar nicht viel dafür zu tun. Ein Computer hat ihm die Arbeit abgenommen. Die wirkliche Information aber, die Sie sich ansehen sollten, befindet sich hier in der Scheibe im Zentrum.« Ackerman deutete auf die Mitte des Kornkreises, wo die Leiche entdeckt worden war. »Dort fand sich auch ein weiteres interessantes Puzzlestück – eine Scheibe ähnlich der, auf die man im August 2002 in einem Kornkreis im englischen Hampshire gestoßen ist. Diese Scheibe enthielt in einer labyrinthischen Struktur mehrere Stopps und Starts. Dieser Code ist entschlüsselt worden, konnte aber nur als Abfolge unzusammenhängender Zahlen gedeutet werden.«

»Sie wissen offenbar alles darüber«, sagte Nadia. »Aber was bedeutet das?«

Ackerman warf einen Blick auf den Ausdruck und zeigte auf die Zahlen am unteren Ende. »Das hier sind partielle Koordinaten.« Er deutete auf einen anderen Abschnitt der Ziffernfolge. »Und das sind partielle Zeit- und Datumsangaben.«

Nadia sah sich die Ziffern an, begriff aber nicht, was

Ackerman ihr zu zeigen versuchte. Sie schaute wieder in den Bericht aus Quantico. Niemand hatte dort entdeckt, was Ackerman aufgefallen war.

Sie hob den Blick, schaute ihn fragend an.

»Ich habe mir nicht groß den Kopf darüber zerbrochen«, sagte er. »Aber ich erkenne auf den ersten Blick, dass die Antwort in der Feinstrukturkonstante liegt.«

»In der *was?*«

»Ein berühmter Physiker hat sie mal als Mysterium beschrieben, als eine magische Zahl, die uns zufällt, aber von niemandem verstanden wird, so, als hätte die Hand Gottes diese Zahl geschrieben, und wir wissen nicht einmal, wie er den Bleistift gehalten hat.«

»Nettes Zitat. Aber wie hängt das mit unseren Zahlen zusammen?«

»Die Feinstrukturkonstante hat in allen Einheitensystemen den gleichen Zahlenwert – annähernd 1/137. Die Zahl selbst ist eine physikalische Konstante, die die Stärke der elektromagnetischen Wechselwirkung angibt. Wir können sie messen, aber wir können sie nicht erklären. Aber jetzt kommt's. Würde diese Zahl sich um einen winzigen Betrag ändern, würde die Kernverschmelzung im Zentrum von Sternen nicht zur Bildung von Kohlenstoff führen. Und das wiederum würde das kohlenstoffbasierte Leben auf der Erde unmöglich machen, also auch uns. Für viele gilt das als Beweis für das direkte Eingreifen eines intelligenten Schöpfers.«

Nadia fühlte sich überfordert und hob eine Hand. »Das ist ja alles schön und gut, aber ich verstehe nicht, wieso diese Zahl der Schlüssel zum Knacken des Codes sein soll.«

»Ihnen ist aber schon klar, dass die Nachricht nicht für uns bestimmt ist?«, entgegnete Ackerman. »Das Alien versucht, mit Hilfe seines Codes eine fortgeschrittene Zivilisation zu kontaktieren, deren Welt Lichtjahre von der Erde entfernt ist. In unserer Dimension ist die Zahl 137 eine grundlegende Konstante, wie ich eben schon erwähnt habe. Außerirdische würden sie ebenfalls erkennen und vielleicht als Zeichen von Erleuchtung betrachten. Ich weiß nicht, wie die FBI-Eierköpfe es übersehen konnten, aber in Ihren geheimnisvollen Zahlen kommt 137 gleich dreimal vor. Ihre Freunde in Quantico sollten die ›unzusammenhängenden Zahlen‹, wie sie es nennen, mal durch die Linse der Feinstrukturkonstante betrachten, um den Code zu entschlüsseln. Aber vergessen Sie nicht, dass die Botschaft des Aliens sich an ein außerirdisches Publikum richtet. Sie ist sein Brief an eine Spezies, die theoretisch größeres Wissen und höhere Intelligenz besitzt als wir. Vielleicht versucht unser Alien, die Verständnisschwierigkeiten an das Intelligenzniveau anzupassen, das ihm vorschwebt.«

Nadia schüttelte nur den Kopf. »Woher haben Sie diesen ganzen Quatsch?«

»Aus Büchern, was sonst. Alles, was wissenswert ist, kann man aus Büchern oder durch ein gewaltsames Verhör erfahren, aber die meisten Bücher sind mit Sicherheit weniger schmerzhaft.«

44

Nadia war erstaunt, wie rasch Liana und sie gut miteinander zurechtkamen.

Nach der Diskussion über die Kornkreise und die Codes hatte sich das Gespräch alltäglicheren Themen zugewandt. Liana schilderte knapp ihre Vorgeschichte und erwähnte den nach wie vor bestehenden Wunsch, zum FBI zu gehen. Nadia nahm an, dass sie und Liana annähernd gleich alt waren, aber die Navajo-Polizeibeamtin wirkte aus irgendeinem Grund jugendlicher als sie. Nadia hatte sich eigentlich vorgenommen, sie nicht zu mögen; vielleicht, weil Liana sie bei ihrer Begegnung mit der Waffe bedroht hatte, vielleicht auch, weil Nadia sich sagte, dass mit einer Frau, die wissentlich eine Beziehung zu Francis Ackerman jr. unterhielt, etwas ganz und gar nicht stimmen konnte. Doch obwohl sie mit solchen Vorbehalten in die Begegnung gegangen war, konnte sie nicht anders, sie genoss Lianas Gesellschaft. Die Frau hatte eine gewisse ungestüme, beherzte Energie an sich, die ansteckend wirkte. Selbst Ackerman schien davor nicht gefeit zu sein, und sie ließ jeden im Raum ein klein wenig mehr lächeln.

Als Nadia fragte, wie Liana und Ackerman einander kennengelernt hatten, antwortete Liana nur: »Mein Captain war ein Serienmörder. Eines Tages kam Frank ihm auf die Spur.«

Nadia erwartete, dass Liana oder Ackerman es näher ausführten, aber nach einigen Sekunden des Schweigens begriff sie, dass sie es nicht tun würden.

Liana war es, die das Thema wechselte. »Was ist den beiden Männern aus dem Diner zugestoßen? Glaubt ihr, dass es der gleiche Mörder war?«

»Ohne Zweifel«, sagte Ackerman. »Ich bin mir nicht sicher, weshalb er genau diesen Zeitpunkt für seinen Anschlag auswählte oder weshalb er ausgerechnet diese beiden Männer tötete. In den Antworten auf diese Fragen könnte sich der Schlüssel zu seiner Identität verstecken.«

»Vielleicht sollten wir mit dem Sheriff reden«, warf Nadia ein. »Mal schauen, ob er …«

Ackerman unterbrach sie. »Ich habe mit dem Sheriff schon gesprochen. Bislang war es nicht möglich, die wahre Identität der beiden Männer festzustellen. Ihr Fahrzeug war ein Leihwagen, bar bezahlt.«

Nadia zog eine Braue hoch. »Seit wann sind Sie und der Sheriff denn so dicke Freunde?«

Ackerman zuckte mit den Achseln. »Seit er weiß, wo er steht.«

Kopfschüttelnd sammelte Nadia die FBI-Unterlagen ein. »Sie tun immer so verdammt überlegen.«

»Solange es darum geht, dieses Alien zu fassen und Jillian Delacruz zu retten, *bin* ich überlegen.«

»Sie haben Sheriff Haskins nie eine Chance gegeben.«

»Er ist eitel und inkompetent. Aber er hat uns möglicherweise das Leben gerettet. Na ja, ein blindes Huhn findet auch mal ein Korn.«

»In jedem Menschen steckt mehr, als Sie ihm auf den ersten Blick anmerken«, sagte Nadia.

»Im Sheriff steckt vor allem eine gehörige Portion Selbstgefälligkeit. Davon abgesehen hat er mir aber eine interessante Information offenbart, was unsere Freundin Dixie angeht, die Kellnerin im Alien-Outfit.«

Ehe Ackerman das weiter ausführen konnte, brachte eine sichtlich gelangweilte Gloria das Essen und schob Ackerman das blutige Steak über den Tisch hinweg zu. Dann servierte sie Liana und Nadia das Bestellte und stapfte wortlos davon.

»Ich muss schon sagen«, meinte Ackerman, »Mrs. Spock war freundlicher.«

»Dixie?«

Ackerman nickte. »Ja. Ich werde aus der Frau nicht schlau. Ich hatte Sie nicht umsonst vor ihr gewarnt, Nadia. Dixie, falls das ihr richtiger Name sein sollte, ist älter, als sie zu sein scheint. Sie ist wie ein Raubtier oder eine Jägerin, und sie hatte Informationen, die weit über das hinausgehen, was sie eigentlich wissen dürfte, und die für den Fall von großer Bedeutung waren. Wie kann das sein?«

»Welche Infos waren das?«, wollte Liana wissen.

Ackerman erzählte ihr, was er von Dixie über die Kornkreise, die Energiewaffen und die Verbindung zum Militärstützpunkt White Sands erfahren hatte.

»In White Sands werden militärische Forschungen betrieben«, fügte er hinzu. »Aber es gibt auch Privatfirmen, die sich die Einrichtungen zu Testzwecken mieten. Die benachbarten Ortschaften sind voller High-Tech-Unternehmen, die alles Mögliche entwickeln und sich dann an White Sands wenden, um dort ihre Forschungen abzuschließen. Allzu schwer sollte es nicht sein, das Unternehmen zu finden, für das unser Alien gearbeitet hat.«

»Ein Unternehmen?«, fragte Nadia. »Sie glauben, er hat für eine Firma gearbeitet, die in White Sands ihre Entwicklungen erprobt hat?«

»Es würde Sinn ergeben. Und wir hätten eine Verbindung hier aus der Gegend zu der fortschrittlichen Technologie, die benutzt wurde, um die Kornkreise hervorzubringen. Irgendwoher muss die Technik ja gekommen sein.«

»Aber warum sollte dieser Verrückte Menschen umbringen, wenn er ein Wissenschaftler ist, der irgendeine kostspielige Supertechnik entwickelt? Zumal er offensichtlich Erfolg damit hatte.«

Ackerman zuckte mit den Schultern. »Ich weiß es nicht. Aber wie gesagt: Die Kornkreise sind keine Botschaften für jemanden hier am Boden. Sie sollen aus der Luft gesehen werden. Unser irres Alien versucht, Kontakt herzustellen und die Aufmerksamkeit von Außerirdischen zu wecken.«

Nadia lachte leise und hätte fast das Salatdressing in die falsche Kehle bekommen. »Ich will ja nicht behaupten, dass Sie sich irren«, sagte sie, »aber das klingt reichlich absurd. Die Außerirdischen, falls es sie überhaupt gibt, würden doch nicht jeden Quadratzentimeter der Erdoberfläche überwachen, ob ihnen irgendetwas ins Auge springt. Selbst wenn die Kornkreis-Botschaft so groß wäre wie ein Acker, aus dem Weltraum wäre sie nicht zu erkennen.«

Ackerman schnitt erneut von seinem Steak ab. »Stimmt, aber das versucht unser Alien ja auch nicht. Er hinterlässt eine Funkbake mit einer Botschaft. Denken Sie mal darüber nach. Wenn Sie glauben würden, dass Außerirdische von einem anderen Planeten unsere Welt besucht und Menschen von dem ganzen Globus entführt hätten, um sie in finsterer, vielleicht auch wohlwollender Absicht diversen Experimenten zu unterziehen – wie erregt man dann die Aufmerksamkeit dieser Wesen? Wie würden Sie vorgehen, um Kontakt aufzunehmen?«

»Ich habe nicht die leiseste Ahnung«, sagte Nadia nach längerem Nachdenken. »Was würden *Sie* denn tun?«

»Nun, wenn Wissenschaftler mit Tieren arbeiten, die sie in der Wildnis freisetzen, versehen sie diese Tiere mit einem Peilsender, um sie jederzeit aufspüren zu können. Deshalb nehme ich an, unser irres Alien verfährt bei seinen menschlichen Versuchskaninchen genauso. Das würde die Schnittwunden und die vernähten Körperpartien erklären, von denen immer wieder die Rede ist. Er will, dass Außerirdische die Peilsender orten, die er seinen Probanden einpflanzt, und herkommen. Dann hätte er endlich seinen Kontakt.«

»Echt abgefahren«, meinte Liana.

Ackerman nickte. »Kann mal wohl sagen. Und Jillian Delacruz ist die nächste Kandidatin, die vom Alien aufgeschlitzt und präpariert wird, um eine Nachrichtenverbindung zu den Außerirdischen aufzubauen.«

»Und wie passt Dixie mit ihrer Ufo-Begeisterung ins Bild?«, fragte Nadia.

»Wie ich schon sagte«, erwiderte Ackerman. »Sie ist nicht die, die sie zu sein scheint.«

Liana und Nadia blickten ihn neugierig an.

Ackerman gefiel es, die beiden ein bisschen zappeln zu lassen. Einen Augenblick lang ließ er seine Andeutung im Raum stehen und genoss die Verärgerung auf Nadias Gesicht. Als der Augenblick vorüber war, sagte er: »Ich habe Dixie von Sheriff Haskins überprüfen lassen. Ich habe Haskins gebeten, mit dem Inhaber des Diners zu sprechen. Erinnern Sie sich, wie Dixie uns bei der Geschichte von den Kornkreisen erzählt hat, vor ein paar Jahren sei dieser irre Wissenschaftler dort gewesen? Tja, die gute Dixie arbeitet aber erst seit einer Woche in dem Diner. Der Inhaber hat sie als Aushilfe für das TruthFest eingestellt, das morgen beginnt. Jillian Delacruz sollte dort sein und als Ufo-Expertin an der Eröffnungszeremonie teilnehmen. Das TruthFest soll die größte Tagung sein, die Roswell je erlebt hat.«

»Und was ist mit Dixie?«, fragte Nadia. »Hat der Sheriff persönlich sie vernommen?«

»Nein. Er hat überprüft, was Dixie dem Inhaber des Diners angegeben hatte, aber wie es aussieht, existiert die Person, die sie zu sein behauptet, überhaupt nicht.«

»Dann müssen wir sie sofort überprüfen!«, stieß Nadia hervor. »Sie könnte die beste Spur sein, die wir haben. Nehmen wir sie fest!«

»Aus welchem Grund?« Ackerman lachte auf. »Wir können ihr nichts beweisen. Aber sie soll angeblich zur Früh-schicht kommen. Ich würde sagen, dann reden wir mit ihr.«

»Es muss doch eine Möglichkeit geben, dass wir he-rausfinden, wo sie wohnt. Wir sollten uns diese Frau so schnell wie möglich schnappen.«

»Wir haben heute Abend andere Pläne.«

Nadia blickte ihn verwirrt an. »Welche Pläne denn?«

»Wir werden in dieser Kaschemme herumhängen. Die Dinge werden sich zuspitzen. Ich an Ihrer Stelle würde mich vorher ausgiebig ausruhen.«

Nadia kniff die Augen zusammen und schob das Kinn vor. »Warum drücken Sie sich so seltsam aus?«

Ackerman hatte sein Steak aufgegessen, legte die Servi-ette auf den Teller und schob ihn weg.

»Weil seltsame Dinge auf uns zukommen.«

»Ich geb's auf.« Nadia schüttelte den Kopf und sammelte ihre Sachen ein. »Für einen Abend reicht es mir. Ich gehe auf mein Zimmer und setze mich auf meine vier Buchstaben, obwohl Menschenleben in Gefahr sind. Ich würde Ihnen ja gern mehr Druck machen, Frank, aber das bringt wohl nicht viel.«

Sie machte auf dem Absatz kehrt und verließ das Diner durch die nervtötend laut klingelnde Tür.

Liana musterte Ackerman mit hochgezogenen Augen-brauen. »Du hättest ihr von deinem kleinen Hinterhalt er-zählen können.«

»Und wo bliebe da der Spaß? Außerdem – wenn sie es wüsste, würde sie's vermasseln.«

»Bist du sicher, dass sie es nicht erst recht vermasselt, weil sie *nicht* Bescheid weiß?«

Ackerman winkte ab. »Der Leihwagen steht vor meinem Zimmer. Wenn sie damit wegzufahren versucht, höre ich es.«

Liana schüttelte den Kopf und lächelte ihn an. »Du

möchtest doch nur, dass Nadia im Dunkeln tappt, während du die ganze Zeit die Strippen ziehst. Mit mir hast du es genauso gemacht.«

»Das hat dich nicht abgeturnt.«

Liana lachte. Ackerman liebte dieses Lachen. »Nadia versteht dich nicht so wie ich«, sagte sie. »Sie ist keine Indianerin. Sie weiß nicht, dass du vom Geist des Kojoten erfüllt bist. Der Trickster aus den alten Sagen. Es liegt in deiner Natur, Spielchen zu treiben.«

»Wo wir gerade von Spielchen reden …« Ackerman lächelte. »Gehen wir aufs Zimmer?«

45

Ackerman ließ hundert Dollar Trinkgeld auf dem Tisch liegen und zahlte an der Kasse für das Essen. Überraschenderweise stand auf der Theke neben der Tür eine Schale mit frischem Obst und einem Schildchen mit der Aufschrift: *Bedien dich, bleib froh und gesund!* In Anbetracht des Fett- und Kaloriengehalts der Gerichte auf der Speisekarte erschien es Ackerman als merkwürdig verfehlte Geste, aber der Gedanke dahinter gefiel ihm. Er nahm sich einen Apfel aus der Schale und nickte der orangehaarigen Inhaberin des Imbisses zu, als er und Liana gingen.

Den Arm um Liana gelegt, schob Ackerman sich gerade rechtzeitig durch die Eingangstür von Gloria's Diner, um noch mitzubekommen, wie ihr gemieteter Chevy Impala mit aufheulendem Motor vom Parkplatz rauschte und eine riesige Staubwolke aufwirbelte. »Verflucht!« Er zückte sein Handy und tippte Nadias Kurzwahl ein, doch wie nicht anders zu erwarten ging sie nicht ran. Ackerman schob das Mobiltelefon zurück in die Tasche.

»Na ja, eine Sorge weniger«, murmelte er.

Liana sah zu ihm hoch. »Wie meinst du das?«

»Unsere Gäste kommen vielleicht früher als erwartet«, antwortete er. »Und ich muss mir jetzt keine Gedanken mehr machen, ob unsere kleine FBI-Prinzessin mir in die Quere kommt.«

Liana musterte ihn verwundert. »Aber du weißt doch so gut wie ich, dass Nadia in großer Gefahr schwebt, wenn sie allein ist. Willst du denn nichts unternehmen? Sie sollte nicht auf eigene Faust losziehen.«

»Sie ist ein großes Mädchen und trifft ihre Entscheidungen selbst.«

Liana sah ihn verwundert an. »Wir könnten meinen Wagen nehmen, Frank«, drängte sie. »Das FBI kann ihr Smartphone mit Sicherheit orten.«

»Leider scheinst du zu vergessen, dass jeden Moment unsere Gäste kommen. Wenn wir denen keinen gebührenden Empfang bereiten, bricht unser ganzer Plan zusammen. Wenn Nadia in Schwierigkeiten gerät, hole ich sie da raus – großes Indianerehrenwort.«

46

Ackerman, der im Wandschrank seines Motelzimmers auf Lauer lag, träumte von Hernán Cortés, den Azteken und ihren blutigen Menschenopfern, als Theodore, der neben ihm schlummerte, sich versteifte und leise zu knurren begann. Theodores Reaktion konnte nur eins bedeuten: Ackermans Gäste waren vor dem Motel eingetroffen.

Er legte dem kleinen Hund die Hand auf den Kopf und kraulte ihm das Fell. »Pssst«, machte er. »Da kommen böse Männer, Theodore.«

Der kleine Hund winselte.

»Keine Bange, ich bin ja bei dir. Seite an Seite werden wir mit den Kerlen fertig.«

Theodore fiepte und zog sich tiefer in den Wandschrank zurück, wo er sich in der hintersten Ecke zusammenkauerte.

»Verdammt.« Ackerman lachte und hob verwirrt die Augenbrauen. »Hast du mich etwa verstanden, oder was?«

Doch er wurde rasch wieder ernst. Er wusste, wer da kam: In einer Fallakte hatte ein Zeuge, der zur fraglichen Zeit an einem der Kornkreise vorbeigefahren war, ausgesagt, er habe zwei Biker mit »Kutten« der Comancheros beobachtet, eine der gefährlichsten Gangs überhaupt, die einen weißen Lieferwagen eskortierten. Ackerman waren zuvor schon ein ähnliches Fahrzeug und mehrere Biker aufgefallen, als er und Nadia in Roswell eingetroffen waren; dann noch einmal, als sie vom Delacruz-Haus zurück in die Stadt fuhren.

Ackerman hatte die zuständigen Cops der Stadt und der State Police alarmiert – vergebens. Bei den Strafverfolgungsbehörden hatte niemand die Information über den Lieferwagen und die Biker beachtet. Man hielt es für unwichtig, einen puren Zufall.

Ackerman glaubte nicht an einen Zufall. Erst recht nicht, als er bemerkt hatte, wie Biker ihm von Roswell aus gefolgt waren, als er und Nadia nach Dexter fuhren, um in dem schmuddeligen Motel abzusteigen.

Ackerman hatte daraufhin eine SMS an Liana Nakai geschickt und sie gebeten, ihm bei seinen Vorbereitungen zu helfen und ihre Motelzimmer für einen möglichen Besuch der Biker zu präparieren. Liana hatte alles an Material und Werkzeug mitgebracht, was Ackerman benötigte, um die Zimmer zu sichern – dazu einige weitere ausgewählte Partyüberraschungen für die ungeladenen Gäste.

Ackermans Gedanken wanderten zu dem rätselhaften Alien.

Offenbar war dieser Irre körperlich nicht imstande, seine selbstgewählte Mission, mit Außerirdischen in Verbindung zu treten, alleine durchzuziehen. Möglicherweise war er krank oder gebrechlich und brauchte Hilfe von außen, also hatte er die Biker engagiert. Ackerman wusste aus erster Hand, wie erschreckend einfach es war, im Dark Web Dienstleistungen aller Art zu finden. Es hätte ihn nicht überrascht, wenn sowohl der Heckenschütze am Delacruz-Haus als auch die Biker-Bande über schlichte Formulare angefordert worden waren, die das Alien im Dark Web aufgestöbert hatte.

Was nun die Rolle der Comancheros anging, gab es für Ackerman nur eine schlüssige Erklärung: Die Biker transportierten die Leichen, die bei den Experimenten des Aliens anfielen, in das Zentrum der Kornkreise, wo man später ihre verbrannten Überreste fand. Hatten die Biker dann ihren Job erledigt, erschien das Alien mit dem ominösen Apparat, den es konstruiert hatte, und erzeugte die mysteriösen Muster.

Ackerman hatte keine Ahnung, wie er sich dieses Gerät

vorzustellen hatte. War es eine simple Drohne? Möglich. Es konnte aber auch etwas ganz anderes sein, von dem er noch nie gehört hatte. Er war schließlich kein Ingenieur.

Jedenfalls hatte das Alien definitiv die Biker angeheuert, damit sie ihm halfen, die Leichen seiner Opfer abzulegen – es gab keine andere Erklärung, die Sinn machte. Und da war noch mehr: Dieses verrückte Alien schien einen Spezialisten für die Entführungen engagiert zu haben. Dafür sprach allein schon das Fehlen von Spuren an allen Entführungsschauplätzen. Hier war ein Profi am Werk gewesen – mit Ausnahme des Delacruz-Hauses.

Als dann ein Team von Bundesermittlern auftauchte – Nadia und Ackerman –, sah der freischaffende Dienstleister die günstige Gelegenheit, einen gefährlichen Gegner auszuschalten, daher der Anschlag mit den Betäubungspfeilen. Weshalb waren keine tödlichen Geschosse benutzt worden? Die Antwort lag auf der Hand: Das Alien wollte sie lebend, um herauszufinden, ob und wie nahe die Behörden ihm auf den Fersen waren und ob einer seiner Pläne gefährdet war.

Als der Versuch fehlschlug, Ackerman und Nadia in die Hand zu bekommen, musste das Alien auf einen Alternativplan ausgewichen sein. Anfangs waren die Bundesermittler nur ein eher zufälliges Ziel gewesen, doch jetzt bekam der Verrückte sie nicht mehr aus dem Kopf. Er *musste* wissen, was die Bundesagenten wussten. Er *musste* wissen, ob sie ihm schon über die Schulter blickten. Und er war seinen Zielen bereits so nahe, dass er sich keine Gedanken um mögliche Gefahren durch weitere Ermittler mehr machte. Für das Alien zählte nur noch, sein Ziel zu erreichen – mit allen Mitteln.

Ein Ziel, dessen Natur Ackerman nach wie vor verborgen blieb.

Nur eines wusste er: Die Comancheros würden in Kürze

hier auftauchen. Das Alien durfte kein Risiko eingehen. Ihm blieb keine andere Möglichkeit mehr, als die Biker-Meute auf seine Gegner zu hetzen. Ackerman fragte sich, wie sie vorgehen würden. Wahrscheinlich hatten sie geplant, so lange abzuwarten, bis er, Nadia und Liana schliefen oder sich wenigstens in verwundbarer Position innerhalb ihrer Zimmer befanden. Dann würden sie entweder versuchen, sich ins Motel einzuschleichen, oder eine Blitzkriegtaktik anwenden.

In diesem Moment hörte Ackerman sie kommen.

Den kaum wahrnehmbaren Geräuschen nach, die sie verursachten, hatten die Biker sich für die heimliche Vorgehensweise entschieden. Ackerman hörte sie dennoch. Zuerst das leise Klicken und Scharren einer Sperrpistole, als das Schloss geöffnet wurde, dann die vorsichtige Bewegung der Tür für den Fall, dass es eine Kette oder andere Arretierung gab.

Natürlich gab es keine Kette. Ackerman hatte das Türschloss nur deswegen versperrt, weil es die Biker andernfalls misstrauisch gemacht hätte. Er versuchte ja nicht, sie draußen zu halten; er wollte sie im Zimmer gebührend willkommen heißen.

Ackerman hörte, wie die Comancheros die Tür vollends öffneten und dann mit leisen Schritten das Zimmer durchquerten. Vermutlich besahen sie sich die Betten und wollten dann weiter zum Bad. Es klang nach drei Einzelpersonen. Einer schien an der Tür geblieben zu sein, der Zweite war in der Mitte des Zimmer, der Dritte näherte sich dem Badezimmer.

In diesem Moment kam der Mann in der Mitte auf den Gedanken, in den Wandschrank zu sehen.

Langsam wurde die Schranktür geöffnet.

Der Biker, der Sekunden später in das schummrige Innere spähte, wo Ackerman und Theodore Posten bezogen hatten, sah den Gegner zunächst nicht, denn wie jeder andere auch suchte er zuerst in Kopfhöhe nach Personen oder Gegenständen. Ackerman jedoch lag auf dem Schrankboden, was ihm einen gebührenden Vorteil seinem Gegner gegenüber verschaffte.

Als die Tür weit genug offen stand, trat Ackerman in Aktion. Er warf sich nach vorn, stieß die Klinge des Stiletts, das er beim Schlafen stets in der Hand hielt, bis zum Griff in den linken Fuß des Angreifers und nagelte den Mann auf diese Weise am Boden fest. Im gleichen Augenblick sah Ackerman, dass eine Schusswaffe auf ihn gerichtet wurde, und warf sich zwischen den Beinen des Mannes hindurch, eines großen grauhaarigen Bikers im Karohemd. Der Kerl trug keine Kutte; offenbar wollte er von Augenzeugen nicht als Mitglied des Motorradclubs identifiziert werden.

Ackerman packte die Hand des Gegners und rammte sie gegen die Schranktür. Krachend durchschlug sie das dünne Holz. In dem Moment, als der Grauhaarige aufschrie, packte Ackerman ihn beim Kopf und knallte die Stirn des Mannes gegen den Rahmen. Der Körper wurde schlaff.

Nun blieben Ackerman zwei Möglichkeiten. Der Mann an der Tür käme zweifellos seinem Kumpan zu Hilfe. Der andere Bursche, der ins Bad verschwunden war, würde vermutlich herauskommen, um zu sehen, was der Tumult zu bedeuten hatte.

Ackerman entschied sich für das Bad, rollte sich in diese Richtung ab und überwand den Abstand zum dortigen Gegner innerhalb eines Sekundenbruchteils. Als er hochschnellte, fand er sich einem Hispanoamerikaner mit langem schwarzem Bart und einem blauen Kopftuch gegenüber.

Der Hispano hielt eine Flinte im Anschlag, doch Ackerman packte die Waffe beim Lauf und knallte sie dem Biker gegen die Nase. Mit der rechten Hand schlug er auf die Kehle des Mannes, packte ihn am Hinterkopf und nutzte den Schwung des Gegners, um diesen in den Badezimmer-spiegel zu stoßen. Mit dem Kopf zuerst prallte der flinten-führende Eindringling gegen die blank geputzte Oberfläche. Es klirrte und schepperte. Der Mann brach zusammen, auf der Stelle bewusstlos.

Ackerman huschte ins Bad und riss den Toilettensitz, ein rechteckiges Teil aus einem harten keramischen Material, so heftig aus der Halterung, dass die Schrauben durch die Luft wirbelten. Dann trat er zurück ins Zimmer, holte aus und schleuderte den Plastiksitz nach dem ebenfalls mit einer Flinte bewaffneten Biker, der an der Tür stand. Das Ding flog wie eine riesige Frisbee-Scheibe durchs Zimmer und traf den Mann voll auf den Nasenrücken. Er stürzte auf den Rücken wie jemand, der im Dunkeln durch den Garten läuft und an einer Wäscheleine hängen bleibt.

Ackerman betrachtete die drei bewusstlosen Biker und murmelte: »Die Rocker sind auch nicht mehr das, was sie mal waren.«

Er blickte zum Schrank, als er Theodores leises Winseln hörte.

»Kannst rauskommen, du Held, die Luft ist rein«, sagte er lachend. »Die bösen Männer schlafen.«

Wieder ein Winseln.

»Zu Hause hast du immer die große Klappe, und jetzt kriegst du kalte Pfoten?«

Ackerman ging zum Schrank und öffnete die Tür. Und da saß Theodore und schaute verschüchtert zu ihm hoch.

Ackerman kicherte. »Schon okay. Niemand wird je erfahren, dass du dich nicht mit Ruhm bekleckert hast, du nach-gemachter Kampfhund.«

Theodore wedelte mit dem Schwanz.

»Ah, jetzt hast du wieder Oberwasser, was?« Ackerman ging in die Hocke und kraulte dem kleinen Tier das rechte

Ohr. »Ich bin nicht gerade stolz auf dich, Theodore. Wir müssen noch viel üben.«

Ackerman streckte die Arme aus, um Theodore hochzuheben, als er aus Lianas Zimmer ein lautes Krachen hörte. Er fluchte lautlos. Wie es aussah, war es den Bikern gelungen, auch in ihr Zimmer einzudringen. Ackermans Abwehrmaßnahmen schienen versagt zu haben. Offenbar war das Holz, in das er die Ösenschrauben gebohrt hatte, zu schwach, und die Kerle hatten sie herausreißen konnten.

Wie dem auch sein mochte – Ackerman wusste in diesem Moment, dass die Angreifer es auf Liana Nakai abgesehen hatten.

47

Ackerman setzte Theodore in die Badewanne und kehrte ins Zimmer zurück. Im Moment konnte er Liana nicht helfen, sosehr es ihn dazu drängte: Nachdem sie einander eine gute Nacht gewünscht hatten, hatte Ackerman die Verbindungstür präpariert und konnte sie deshalb nicht benutzen. Und einen Kampf zu erzwingen, indem er aus dem Zimmer auf die Gegner losstürmte, hätte ihn zu angreifbar gemacht. Nein, er musste es Liana überlassen, sich entsprechend der Ladungen aufzustellen, die sie platziert hatte, wodurch die Gegner von selbst dorthin dirigiert wurden, wo Ackerman sie haben wollte – wie Fliegen im Spinnennetz.

Also ließ er zu, dass die Biker Aufstellung nahmen, und wappnete sich in der Zwischenzeit. Den Funkzünder befestigte er mit einem Handyclip hinten am Gürtel. Dann zückte er sein Bowiemesser und vergewisserte sich, dass die Klettverschlüsse der versteckten Hosentasche korrekt saßen. Einen Augenblick dachte er nach und überlegte sich die geeignetste Vorgehensweise in der gegebenen Situation. Er kam zu dem Schluss, dass er mit der blutigen Methode am besten fuhr.

Er fesselte die drei bewusstlosen Angreifer, die in seinem Zimmer lagen, mit Plastikhandschellen aus seinem Rucksack an Händen und Füßen. Dann zog er sein Hemd aus und beschmierte seinen narbigen Oberkörper mit dem Blut, das einer der bewusstlosen Biker verloren hatte – eine zugegeben unangenehme Methode, doch Ackerman hatte schon weit Unappetitlicheres auf sich genommen, um seinen Hals zu retten. Er kannte diesen Trick von einem Serienmörder, den er vor längerer Zeit zur Strecke gebracht hatte – einem Monster, das den Strafverfolgungsbehörden nur als »Demon« bekannt gewesen war. Dieser Irre hatte mit Vorliebe im Blut seiner Opfer gebadet. Ackerman war Zeuge einer solch widerlichen Szene geworden, als Demon sich im Blut eines seiner Kollegen gesuhlt hatte. Die Leiche hatte er gleich mit in die Wanne genommen. Zuzuschauen, wie ein Feind sich im Blut eines Freundes badete, bis nur noch das Weiße in den Augen zu sehen war, konnte entnervend sein, sogar für einen Mann wie Francis Ackerman.

Dennoch sagte er sich, dass ein bisschen Blut mit Sicherheit die gewünschte Wirkung hätte. Es musste ja nicht gleich auf dem Level von Mr. Demon sein.

Als die Waffen und Geräte an Ort und Stelle waren, eilte Ackerman zur Tür seines kleinen Motelzimmers. Wo ein Fenster hätte sein müssen, befand sich die Klimaanlage, als hätte man bei einer lange zurückliegenden Renovierung beschlossen, auf Fenster zu verzichten, weil die Klimageräte sie ohnehin zum größten Teil verdecken würden. Ackerman war dadurch gezwungen, den Türspion zu benutzen, der sich nicht gerade perfekt für seine Zwecke eignete.

Er beobachtete, wie sechs Männer sich vor dem mittleren Zimmer auf dem Parkplatz sammelten. Offenbar hatten sie inzwischen begriffen, dass ihre Zielperson sich nicht ganz so kooperativ verhielt wie erwartet. Einer der Kerle auf der linken Seite der Gruppe hielt Liana gepackt und drückte sie grob auf die Knie.

Sechs Männer.

Wer immer diese Operation geplant hatte – vermutlich der Präsident des Bikerclubs –, musste sich gesagt haben, dass drei Männer pro Zielperson ausreichend wären.

Unter normalen Umständen eine solide Annahme. Nur waren dies hier keine normalen Umstände.

Ackerman beobachtete, dass die Männer die spärliche Deckung, die der Parkplatz ihnen bot, geschickt nutzten. Viele Deckungsmöglichkeiten gab es allerdings nicht. Hier gab es nur das triste Motelgebäude, die verwahrlosten Parkplätze mit den Zimmernummern, eine vielleicht fünf Meter breite Schotterstraße und den Highway.

Aber die mangelnde Deckung war nicht der Punkt. Es war die Feuerkraft. Was das betraf, waren die Biker Ackerman überlegen. Er vermutete, dass sie in ihrer relativen Sicherheit verharren und beobachten würden, die Waffen schussbereit, ehe derjenige, der das Sagen hatte, ein paar von ihnen hinter das Gebäude schicken würde, um festzustellen, ob es dort Badezimmerfenster oder ähnliche Fluchtwege gab.

Wie auch immer, die Burschen mussten sich einen Plan zurechtlegen, bevor sie das Motel attackieren. Deshalb war es für Ackerman das Beste, sie jetzt sofort anzugreifen, während sie noch unschlüssig waren und sich fragten, was zum Teufel im mittleren Motelzimmer passiert sein mochte.

In diesem Moment durchfuhr es Ackerman.

Nadia.

Erst jetzt ging ihm auf, dass er in all dem Trubel zwar Liana gesehen hatte, nicht aber Nadia. Sie war noch nicht ins Motel zurückgekehrt.

Ackerman fluchte in sich hinein, als er an den schrecklichen Tod Westlakes dachte. Diesmal war er für Nadias Schicksal verantwortlich, auch wenn sie sich letzten Endes selbst in ihre Schwierigkeiten hineinmanövriert hatte. Aber das zählte nicht. Er musste sich auf die akute Bedrohung durch die Biker konzentrieren.

Also los.

Bevor Ackerman das Motelzimmer verließ, um seine Gäste zu begrüßen, ergriff er den Apfel, den er aus der Obstschale neben der Kasse im Gloria's genommen hatte. Mit einem seiner perfekt ausbalancierten Wurfmesser schnitt er eine Scheibe ab und steckte sie sich in den Mund.

Dann ging er durch die Zimmertür.

Er wurde von sechs Waffenläufen begrüßt.

Von sechs nervösen Zeigefingern sechs aufgebrachter Biker.

Ackerman konnte sich ein Lächeln nicht verkneifen. *Das wird ein Spaß.*

48

Nadia Shirazi wartete hinter dem Crashdown Cafe, dem Diner, in dem Dixie arbeitete, und behielt die Umgebung aufmerksam im Auge. Hier hinten, auf der rückwärtigen Seite dieses heruntergekommenen Schuppens, roch der Imbiss noch schlimmer. Die Küche schien ihre gesamten Fett- und sonstigen Dünste in die Gasse hinter dem Gebäude abzuleiten, und der Müllcontainer, der schon längst hätte geleert werden müssen, leistete einen eigenen Beitrag zu dem überwältigenden Gestank.

Auf der Fahrt vom Counting Stars Motor Inn hierher hatte Nadia bei Sheriff Haskins angerufen und sich aus erster Hand über den Stand der Dinge informiert; dabei hatte sie auch erfahren, dass Dixie, die zwielichtige Kellnerin, an diesem Abend bis um zehn arbeitete. Ehe Nadia hierher zum Crashdown Cafe gekommen war, hatte sie die Privatadresse Dixies aufgesucht, die der Sheriff ihr gegeben hatte. Dixie wohnte in einem kleinen Haus am Stadtrand. Nadia hatte nichts Unvorsichtiges getan, hatte kein Fenster eingeschlagen oder illegal die Zimmer durchsucht. Ackerman hätte genau das mit Sicherheit getan, das wusste Nadia, sie aber hatte nur ins Haus geblickt. Und nach allem, was sie erkennen konnte, standen lediglich ein Klapptisch und ein paar Campingstühle im Innern. Oder diente das Gebäude anderen Zwecken? Für Nadia sah es beinahe so aus, als wohnte Dixie gar nicht hier, ja als käme sie nur selten hierher. Benutzte sie das Haus als eine Art Stützpunkt, an dem sie sich mit Komplizen traf?

Nachdem Nadia gesehen hatte, was es zu sehen gab, war

sie hierher zum Diner gefahren, um auf Dixie zu warten und sie nach Möglichkeit zu beschatten, in der Hoffnung auf irgendeinen Hinweis, der einen Durchbruch in diesem zähen Fall bedeutete.

Auf dem weichen Ledersitz des Mietwagens musste Nadia darum kämpfen, wach zu bleiben. Sie wünschte, sie hätte im Gloria's noch eine Tasse Kaffee getrunken. Sie observierte nicht zum ersten Mal, war dabei aber noch nie auf sich allein gestellt gewesen. Der Gedanke, dass sie diesmal kein Team dabeihatte, das sie unterstützte, war ihr anfangs nicht gekommen. Jetzt aber vermisste sie es schmerzlich.

Wenn ich Partner hätte, könnte mich einer von ihnen mit Kaffee versorgen, dachte sie wehmütig und gähnte herzhaft. *Und mir stünden SWAT-Teams, Überwachungsexperten und Fahrzeuge zu Verfügung, mit denen ein Verdächtiger beschattet werden kann.*

Doch sie war ganz allein, hatte nicht einmal Rückendeckung durch Ackerman, ihren Partner.

Als Nadia an ihren sogenannten Partner dachte, kamen ihr einige unschöne Bezeichnungen in den Sinn. Sie vermutete, dass Ackerman den Fall als Vorwand genommen hatte, nach New Mexico zu kommen, sich mit seiner kleinen Freundin zu treffen und das zu tun, was ein Pärchen im Schlafzimmer so tat. Und das auf Staatskosten. Jillian Delacruz' Rettung oder die Festnahme des Aliens hätten Ackerman nicht gleichgültiger sein können. Ihm ging es nur um sich selbst, er konnte gar nicht anders.

Aber so sehr Nadia sich über Ackerman aufregte – er hatte Fähigkeiten, die ihr immer fehlen würden, das wusste sie. Wäre Ackerman nicht hier, wäre der Killer, dieses Alien, kaum zu fassen. Der Wahnsinn dieses Monsters bewegte sich auf einem ähnlichen Level wie der Wahnsinn des Mannes, der ihn jagte – Francis Ackerman junior.

Sie seufzte. Wenn Ackerman nur endlich sein Ego überwinden und daran arbeiten würde, das Alien zu fassen. Nadia aber war zu dem Schluss gekommen, dass Ackerman hauptsächlich redete und dumme Scherze machte.

Ja, wirklich, Franks Gerede ist manchmal zum Auswachsen, ging es ihr durch den Kopf. Widerwillig fügte sie hinzu: *Aber irgendwie nett ist er trotzdem.*

Nadia verscheuchte die Gedanken an Ackerman und versuchte, sich auf ihre Aufgabe zu konzentrieren. Und auf Dixie, die rätselhafte Kellnerin, vor der Ackerman sie gewarnt hatte.

Nadia schüttelte den Kopf. Wie Dixie in diese ganze Sache hineinpasste, war unmöglich zu sagen. Eins aber stand fest: Die Kellnerin konnte unmöglich mit den beiden Männern im Bunde gewesen sein, die auf dem Highway in die Luft gesprengt worden waren. Warum hätten die Kerle zur Überwachung ins Diner kommen sollen, wenn sie bereits jemanden dort hatten, der die Augen aufhielt, nämlich Dixie?

Rätsel über Rätsel.

Gehörte die Frau vielleicht zu den Söldnern, von denen Ackerman gesprochen hatte? War sie eine professionelle Killerin? So jemand wie der unbekannte Heckenschütze, der seine Gegner mit Betäubungspfeilen ausschaltete?

Dann kam Nadia ein noch beängstigenderer Gedanke.

Arbeitete Dixie für eine andere Behörde, die ein so reges Interesse an diesem Fall hatte, dass sie über Leichen ging?

Nadia hatte die feste Absicht, genau das herauszufinden.

Wegen der Hitze im südlichen New Mexico hatte sie beide Seitenfenster des Wagens hinuntergefahren. Deshalb hörte sie nun sofort den Tumult hinter ihrem Fahrzeug, als ein sichtlich betrunkenes Pärchen die Gasse heraufkam. Die Frau torkelte, der Mann hielt sie aufrecht. Beide trugen TruthFest-T-Shirts mit Alien-Motiv und silberne Alien-

Antennen auf dem Kopf. Sie lachten und flüsterten verschwörerisch miteinander.

Nadia rutschte tiefer in den Sitz und hoffte, von den beiden nicht bemerkt zu werden. Ehe sie ins Wageninnere abtauchte, blickte sie ein letztes Mal zum Hinterausgang des Hauses, um sich zu vergewissern, dass Dixie noch nicht wieder aufgetaucht war. Dann lehnte sie sich zurück, als wollte sie schlafen. Sie machte sich keine Sorgen wegen der beiden Betrunkenen. Mit denen würde sie notfalls fertig, falls sie nicht von allein verschwanden.

So jedenfalls hatte Nadia es sich vorgestellt.

Doch es kam anders.

Als das Pärchen an ihrem Wagen vorbeikam, stieß der Mann, dessen Arme über und über tätowiert waren, einen Revolver durch das offene Fenster und zischte: »Immer hübsch brav bleiben.«

49

So gelassen, als wäre es das Selbstverständlichste auf der Welt, schlenderte Ackerman an den verdutzten Bikern vorbei, trat hinaus auf den Parkplatz des Motels und gab sich dabei so harmlos, wie er nur konnte.

Die sechs Biker verfolgten ihn mit ihren Waffen, als er sich auf eine der Säulen zubewegte, auf denen das kleine, überhängende Dach ruhte. Erst dann fächerten sie aus, wobei sie nach weiteren Gegnern Ausschau hielten; offenbar waren sie der Meinung, der blutüberströmte Fremde, der so selbstverständlich einen Apfel aß, sei bloß eine Ablenkung.

In gewisser Weise war Ackerman das auch. Er war Ablenkung und Angreifer zugleich.

Ackerman lehnte sich gegen die Säule und schnitt mit dem kleinen Wurfmesser eine weitere Apfelscheibe ab. »Kann ich den Gentlemen helfen?«, fragte er.

Jetzt, wo er das Zimmer verlassen und bessere Sicht hatte, sah Ackerman die Motorräder und den weißen Lieferwagen; sie parkten an der kleinen Tankstelle auf der anderen Straßenseite. Er nickte kaum merklich. Der Lieferwagen konnte sich später als nützlich erweisen.

Einer der Biker, ein riesiger, kräftiger Mann mit schmutzigrotem Irokesenschnitt, trat vor. Er war älter, aber von der Sorte, die sich fithielt. Nicht des guten Aussehens wegen, sondern weil er sich die Kraft bewahren wollte, einem Mann mit der bloßen Faust den Schädel einzuschlagen – denn genauso sah der Bursche aus. Hart, brutal und verschlagen. Unverkennbar war er der Anführer der Gruppe. »Sind meine Jungs da drin noch am Leben?«, fragte er.

»Ein bisschen«, antwortete Ackerman. »Aber sie sollten durchkommen. Es hätte die drei Komiker schlimmer erwischen können. Beim nächsten Mal sollten sie aber nicht in das Haus eines Mannes eindringen, der seine Ruhe haben will.«

»Lass das Messer fallen«, verlangte der Irokese.

Ackerman kaute an seinem Apfel und schwieg.

»Mach die Sache nicht schlimmer, als es sein muss, Mann.« Der Irokese grinste herablassend. »Ich gebe dir die Chance, aus der Nummer rauszukommen, ohne dass du sämtliche Zähne verlierst. Du kommst mit uns, finde dich damit ab. Wir sind sechs, und du bist allein. Wir haben Schusswaffen, du hast nur ein Messer. Die Chancen stehen gegen dich. Also lass uns die Sache so schnell und sauber wie möglich hinter uns bringen. So, und jetzt wirf das Messer weg und leg dich auf den Boden. Dann unterhalten wir uns ein bisschen mit dem Typen, der uns bezahlt.«

Ackerman musterte ihn abschätzend, schnitt eine weitere Apfelscheibe ab und schob sie sich von der Messerklinge in den Mund.

Liana fing an zu lachen.

»Sei still, Miststück«, zischte einer der Biker links vom Irokesen und drückte ihr seine Pistole an den Kopf. Es war derselbe Mistkerl, der sie vorhin grob in die Knie gezwungen hatte. Sein Gesicht war eine Maske der Wut über Lianas vermeintlich respektloses Gelächter.

Liana schaute zu den Bikern hoch und sagte, ohne mit dem Lachen innezuhalten: »Ihr ahnt ja nicht, was euch bevorsteht. Der Mann da ist kein Mensch. Er ist der Kojote aus den alten Mythen der Diné, der Trickster-Gott der indianischen Legenden. Er ist die Nacht und der Schatten. Er ist ein dunkler Wind, und nur ein Narr versucht, gegen den Wind zu kämpfen.«

Ackerman deutete ein Lächeln an. »Ach, wie schön. An dir ist eine Poetin verloren gegangen, Liana.«

Liana entgegnete ernst: »Bring sie nicht um, Frank. Bitte.«

Der Mann hinter ihr drosch ihr den Lauf der Beretta auf den Hinterkopf. Liana stürzte haltlos nach vorn auf den Schotter, die Arme ausgebreitet. Der brutale Schlag, das wusste Ackerman, hätte sie leicht töten können.

Er fluchte lautlos. Er hatte nicht mit solcher Rücksichtslosigkeit seitens dieser Männer gerechnet. Sie waren keine Profikiller, aber so viel Brutalität zu diesem frühen Zeitpunkt hatte Ackerman nun wirklich nicht erwartet. Es brachte ihn für einen Moment aus dem Konzept.

Er schaute Liana an. Sie hatte Tränen in den Augen, und Schmerz verzerrte ihre schönen Züge. Der Ausdruck auf ihrem Gesicht erinnerte Ackerman auf schmerzliche Weise an seine kleine Schwester Maggie, bevor sie sich mit dem Wahnsinnigen, der unter dem Namen »Taker« berüchtigt gewesen war, von einer Klippe gestürzt hatte. Maggie hatte sich geopfert, um ihn, Ackerman, und ihre anderen Begleiter zu retten und jenen Mann aufzuhalten, der Jahre zuvor ihren leiblichen Bruder gekidnappt hatte. Noch heute erlebte Ackerman in düsteren Träumen immer wieder, wie Maggie über die Kante rutschte und in der gähnenden Tiefe verschwand.

Er blickte Liana fest in die Augen. Dann schaute er auf den Mann, der sie bewusstlos geschlagen hatte. Der Biker war untersetzt und hatte ein eckiges Gesicht mit einem Kinnriemenbart und stachligem schwarzem Haar.

Kinnriemen wandte sich dem Irokesen zu. »Soll ich die Schlampe abknallen? Wir brauchen die Squaw doch gar nicht. Auf den Müll mit der Schnalle!«

Als der Biker seine hasserfüllten Worte ausspie, sprang ein kleiner Schalter in Ackermans Gehirn lautlos in die »Ein«-Stellung.

»Als ich noch ein Junge war«, sagte er, »hat mein Vater mir das Messerwerfen beigebracht.«

»Wie nett«, höhnte der Biker. »Und?«

»Er hat seinen Unterricht immer mit einer Drohung verbunden, damit ich mir Mühe gab und alles lerne, was es zu lernen gibt. Beim Messerwerfen beispielsweise hat er mir jedes Mal einen Zeh abgetrennt und später wieder angenäht, wenn ich den inneren Ring der Zielscheibe verfehlt habe. Ohne Betäubung – das ist nicht besonders lustig. Es führte immerhin dazu, dass ich mir Mühe gab, jedes Mal zu treffen. Ich habe gelernt, die verschiedensten Messer zu werfen, große und kleine, schwere und leichte, und das mit einer ziemlichen Genauigkeit. Ich sage dir das«, er zeigte auf den Biker mit dem Kinnriemenbart, »damit du es kapierst. Wenn du mein Mädchen noch einmal anfasst, kriegst du mein Messer direkt in den Adamsapfel, bevor du und deine Freunde auch nur mit dem Finger zucken können. Das ist meine erste und letzte Warnung.«

»Ich mach mir gleich ins Hemd, großer Meister.« Angetrieben von maßloser Selbstüberschätzung, trat der Biker zu der am Boden liegenden Liana und rief ihr Obszönitäten und Beschimpfungen zu. »Ich bin ein Comanchero!«, brüllte er wild und unbeherrscht. »Und ich tue, was ich will, du Hure!«

In dem Sekundenbruchteil, als er Liana in den Magen treten wollte, sah er etwas Silbernes durch die Luft sirren.

Es war das Letzte, was er in seinem Leben sah.

Mit einem hässlich knirschenden Geräusch drang Ackermans Messerklinge in den haarigen Adamsapfel des Mannes. Blut spritzte, als er nach hinten auf den Schotter stürzte und sich röchelnd am Boden wand.

Alles war so unfassbar schnell gegangen, dass die anderen Biker erst jetzt bemerkten, dass ihr Kumpan in seinem Blut lag.

50

Nadias FBI- und Kampfsportausbildung übernahm augenblicklich das Kommando über ihren Verstand und ihren Körper. Sie zerrte die Waffe, die auf ihr Gesicht gerichtet war, zur Seite, indem sie mit der Rechten das Handgelenk des Mannes packte und seinen Angriffsschwung umlenkte. Doch nun ergab sich das Problem, dass der Kerl wie ein totes Gewicht auf ihr lag. Aus ihrer Lage tief im Sitz heraus konnte Nadia ihn sich nicht vom Leib halten, während er seinerseits Hebelkräfte gegen sie einsetzen konnte.

Nadia tat das Einzige, was ihr in diesem Augenblick einfiel: Sie schob die Waffe und die Hand des Mannes durch das Lenkrad, ergriff sein Handgelenk von der anderen Seite, riss daran und benutzte die Speichen als Hebel.

Der Mann versuchte, die Pistole auf sie zu richten, indem er Arm und Körper verdrehte, doch Nadia wusste es zu verhindern, indem sie den rechten Arm des Mannes fest zwischen den Speichen des Lenkrads geklemmt hielt. Dann aber attackierte der Mann sie ungelenk mit dem freien Arm. Dabei musste er über seinen rechten, unbrauchbaren Arm hinweggreifen und konnte deshalb nicht zu einem kräftigen Schlag ausholen. Mit einem wütenden Schrei krallte er nach Nadia. Sie versuchte, sein Handgelenk kräftig genug zurückzureißen, um den Kochen zu brechen, wobei ihr kurz der Gedanke kam, dass auch Ackerman so vorgegangen wäre. Nur fehlte ihr entweder die nötige Kraft, oder die Lenkradspeichen waren zu dünn, denn es schien, als würde eher das Steuer brechen als das Handgelenk ihres Angreifers.

Der Mann krallte die linke Hand in Nadias Haar, zerrte

sie vom Sitz und rammte ihre Stirn gegen die Windschutzscheibe. Für einen Moment wurde ihr schwarz vor Augen. Sie spürte, wie ihr warmes Blut übers Gesicht lief, doch mit einem wilden Aufbäumen packte sie die linke Hand des Mannes und verdrehte sie mit ihren letzten Kräften. Sie spürte, wie ihr Gegner vor Schmerz zusammenzuckte, aber er ließ einfach nicht locker.

In ihrer Verzweiflung dachte Nadia erneut für einen winzigen Augenblick an Ackerman. Was würde er jetzt tun? Irgendetwas Verrücktes, Unerwartetes, das wusste sie. Vielleicht wurde er dem Angreifer die Kehle durchbeißen, aber ihr, Nadia, fehlten für solch einen Angriff die Kraft und die Gnadenlosigkeit.

In diesem Moment kam ihr ein beängstigender Gedanke.

Die Frau!, schoss es ihr durch den Kopf.

In ihrem Kampf auf Leben und Tod hätte sie beinahe die vermeintlich betrunkene Blondine vergessen.

In dieser Sekunde wurde die Beifahrertür aufgerissen, und die Unbekannte, die so getan hatte, als wäre sie zu betrunken, um noch allein gehen zu können, warf sich in den Wagen, eine Waffe in der vorgestreckten Hand.

Nadia tat das Einzige, was ihr noch blieb: Sie trat mit dem rechten Bein nach der Frau. Dabei zielte sie auf die Pistole, verfehlte sie aber um Längen. In diesem Moment hätte die Unbekannte abdrücken und Nadia erschießen können, aber das war offensichtlich nicht ihr Ziel. Deshalb blockte die Blondine, die noch zierlicher war als Nadia, die Tritte mit der Waffe ab.

Dann tat sie etwas, womit Nadia nicht im Entferntesten gerechnet hätte. Sie riss den Sicherheitsgurt auf der Beifahrerseite zu sich heran und schlang ihn um Nadias rechtes Bein, sodass sie fast bewegungsunfähig war.

Nadia gab immer noch nicht auf. Sie trat mit dem linken

Bein zu, aber die Frau schnellte nach vor, ergriff nun auch den Sicherheitsgurt auf der Fahrerseite, wickelte ihn Nadia um den Hals und klemmte ihr die Halsschlagader ab.

Nadia wusste von ihrer Ausbildung beim FBI, dass ihr nur noch Sekunden blieben, bis sie das Bewusstsein verlor, weil der Blutfluss zum Gehirn unterbrochen war.

Was würde Frank jetzt tun?, schrie es in ihr, während ihr die Sinne schwanden.

Nadia brachte diesen Gedanken nicht mehr zu Ende, denn die Geräusche um sie wurden rasch leiser, alles Licht erlosch, und die Welt versank hinter einem schwarzen Vorhang. Nadias Gegenwehr wurde schwächer und schwächer und erlahmte schließlich ganz, als sie in tiefer Bewusstlosigkeit versank.

51

In dem Moment, als das Messer durch die Luft sirrte, be-
reute Ackerman seine Entscheidung.

Er hatte soeben einen Mann getötet, und er war kein Killer mehr, der wahllos tötete, schon gar nicht aus einem so
nichtigen Grund wie Zorn oder persönlicher Aversion. Sicher, es gab ein Berufsrisiko wie bei dem Kerl, den er mit
dem Toilettensitz niedergeschlagen und dem er möglicherweise den Schädel gebrochen hatte, aber das hier war etwas
anderes. Er hatte aus Wut gehandelt. Aus Rachsucht. Er
hatte die kalte, kalkulierte Entscheidung getroffen, einem
anderen Menschen das Leben zu nehmen.

Auf der anderen Seite war der Kerl drauf und dran gewesen, Liana umzubringen.

Allzu lange sollte Ackerman seine Impulsivität ohnehin
nicht beweinen. Es lag durchaus im Rahmen des Möglichen,
dass er noch einen oder zwei von diesen Kerlen umbrachte,
bevor alles vorüber war.

Den untersetzten Biker auszuschalten war aber auch ein
taktischer Fehler gewesen, wie Ackerman erst in diesem Moment klar wurde. Die Kerle wollten ihn lebend, denn so lautete ihr Befehl. Als er aus dem Zimmer getreten war, hatten
sie keinen Anlass gehabt, auf ihn zu schießen – nicht einmal,
dass er eine Waffe in der Hand hielt, wäre Grund genug gewesen.

Jetzt aber hatte er die Biker angegriffen, hatte sich als
tödliche Bedrohung erwiesen. Das Vernünftigste für den
Irokesen wäre es gewesen, seinen Leuten zu sagen, dass sie
noch immer im Vorteil seien, und die Situation zu entschär-

fen. Darauf aber konnte Ackerman nicht zählen. Wer wusste schon, welche Drogen und wie viel Alkohol diese Typen im Blut hatten. Er hatte längst erkannt, dass mindestens zwei der Männer unter Methamphetaminen standen, ein weiterer war schwer alkoholisiert.

Ackerman griff an den Gürtel nach dem Auslöser und drückte alle fünf Knöpfe, wodurch er die Sprengladungen scharf machte. Dann trat er auf die Biker zu und hob den Arm. »Ihr habt ins Klo gegriffen, Freunde. Das hier ist ein Hinterhalt. Ich bin die Spinne, ihr seid die Fliegen.«

Die Biker starrten ihn an, die Gewehre und Pistolen schussbereit, die Finger an den Abzügen. Ackerman genoss die Situation und das berauschende Gefühl, als Adrenalin in seine Adern strömte.

»Das Ding hier in meiner Hand«, sagte er, »ist ein Funkzünder.«

»Na und?«, höhnte einer der Biker.

»Und ihr Penner steht auf den dazugehörigen fünf Sprengladungen.«

»Blödsinn«, stieß der Irokese hervor. »Du hattest gar keine Zeit, irgendwelche Sprengladungen zu legen. Ich weiß nicht, was das Scheißding da ist, aber es ist sicher kein Funkzünder.«

»Wollen wir wetten, King Kong?«, fragte Ackerman.

Der riesige Biker lachte wiehernd. »Ein Funkzünder! Der Typ ist echt heiß.«

»Genau wie das, was jetzt passiert«, sagte Ackerman und hob den kleinen Finger, womit er die erste Sprengladung auslöste.

Die ohrenbetäubende Detonation jagte einen Geysir aus Splittern und Staub hoch in die Luft, doch es war nur eine Warnung für den Anfang.

»Das nur als kleinen Vorgeschmack«, sagte Ackerman.

»Die anderen vier Ladungen sind viel stärker und stecken genau unter euren ungewaschenen Füßen.«

Der Irokese bedachte ihn mit einem vernichtenden Blick. »Wir hatten nur die Anweisung, dich mitzunehmen, aber jetzt bist du ein toter Mann!«

Ackerman nickte. »Versuch dein Glück.«

»Mit der Hand am Funkzünder bist du 'n großer Held, was?« Iro richtete seine 9-Millimeter-Beretta auf Liana. »Du bist uns mit deinen Bomben zwar überlegen, aber du vergisst, dass ich der kleinen Schnalle hier trotzdem eine Kugel durch den Schädel jagen kann. Und daran kannst du gar nichts ändern!«

Als Ackerman sich mit dem Irokesen, der zweifellos schon mehr als einen Menschen getötet hatte, auf ein Blickduell einließ, spürte er, wie sein innerer Dämon sich regte. Dieser Dämon, gefährlich und unberechenbar, lauerte dicht unter der Oberfläche und konnte ihn jederzeit in eine blutrünstige Bestie verwandeln. Die Vorstellung, dass der Irokese Liana vor seinen Augen abschlachten könnte, rührte in Ackerman primitive und schreckliche Instinkte. Wie in seinen alten, düsteren Zeiten malte er sich aus, was er Iro alles antun würde. Es waren unaussprechliche, grauenerregende Dinge, die selbst den Teufel hätten schaudern lassen.

Entweder zeugte es von Mut oder von Ahnungslosigkeit, doch der Irokese hielt Ackermans Blick stand und dachte nicht daran, die Pistole von Lianas Schläfe zu nehmen.

»Es wäre eine ausgesprochen schlechte Idee, die Frau auch nur anzufassen«, drohte Ackerman. »Es wäre so, als würdest du alle Brücken hinter dir abbrechen, oder wie das Verbrennen der Schiffe unter Hernán Cortés, dem spanischen Konquistador, der die Azteken abgeschlachtet und Mexiko erobert hat. Er befahl seinen Männern, die Schiffe anzuzünden, damit nicht die Gefahr bestand, dass sie Angst bekamen und nach Hause wollten. Ihnen blieb keine Wahl. Der einzige Weg führte nach vorn.«

Der Irokese kicherte. »Ist ja 'ne geile Geschichtsstunde.«

»Alles, was wir tun, Kumpel, hat Folgen. Manchmal nehmen wir uns dabei die Möglichkeit zur Umkehr. Meine Freundin zu verletzen wäre so, als würdest du das Schiff deines Lebens verbrennen. Es gäbe kein Zurück, und einer von uns müsste sterben. Mag sein, dass du dich für eine harte Nummer hältst, aber du wärst schneller in der Hölle, als du piep sagen kannst.«

Der Irokese schwieg.

»Sag deinen Leuten, sie sollen die Waffen weglegen.«

Der Irokese presste die Zähne zusammen. »Mir geht dein Gelaber auf den Geist, Mann.«

»Mir geht deine Visage auf den Geist. Tja, wir alle haben unser Kreuz zu tragen.« Mit ausgebreiteten Armen ging Ackerman auf die Männer zu. Erst jetzt wurden unter dem Blut seine Narben deutlich sichtbar. Er sah, wie der Irokese und dessen Kumpane sich verunsicherte Blicke zuwarfen. Sie waren nicht die Ersten, die bei diesem Anblick verstört reagierten.

»Heilige Scheiße«, stieß einer der Biker hervor, »wie kann man so was überleben?«

»Gefallen euch meine Andenken?«, fragte Ackerman. »Sie wurden mir von einem Fachmann verpasst – mit Schmerz und Blut, Angst und Terror. Schmerz ist ein guter Lehrmeister.« Er fixierte den Mann mit dem Irokesenschnitt. »Soll ich's dir mal zeigen?«

»Hör gut zu, Chef«, erwiderte der Irokese. »Ich kann der Squaw hier 'ne Kugel durch den Kopf jagen, bevor du auch nur die Finger von dem Zünder loskriegst.«

Ackerman lächelte. »Willst du es drauf ankommen lassen?«

»Na klar.«

»Kennst du mein Lieblingsmotto?«, entgegnete Ackerman. »Hindernisse sind dazu da, um gesprengt zu werden.«

Kaum hatte er das letzte Wort ausgesprochen, ließ er den
Fernzünder fallen und löste damit die Explosivladungen unter den Füßen der Biker aus.

52

Gegen einen Feind und um sein Leben zu kämpfen war für Ackerman zur Normalität geworden, zu einem Urinstinkt, wie das Fliegen für einen Vogel. Der Unterschied bestand nur darin, dass niemand verletzt wurde, wenn ein Vogel die Flügel ausbreitete und sich in die Lüfte erhob. Ackerman fand in letzter Zeit nur selten die Möglichkeit, auf seine ganz eigene Art zu fliegen und das rauschhafte Erlebnis eines Kampfes auszukosten; deshalb genoss er jede Gelegenheit zu einer körperlichen Auseinandersetzung. Und der bevorstehende Kampf war mit Sicherheit eine Herausforderung. Fünf Schützen gegen ihn, einen Mann, der nur ein Messer mit sich führte – sah man von den Explosivstoffen ab, die jedoch mehr bellten, als dass sie bissen.

Seine Gegner waren eindeutig im Vorteil und hatten garantiert keine Bedenken, ihn zu töten – einen Widersacher, der sie in die Luft hatte sprengen wollen. Daher musste Ackerman schnell sein, sehr schnell, und seinen Vorteil klug einsetzen, sobald seine Gegner desorientiert waren, weil die Welt ringsum in Schutt und Asche zu versinken schien.

Weniger als eine Sekunde verstrich zwischen dem Loslassen der Knöpfe und der Detonation der Sprengladungen. Die Ladungen entluden sich senkrecht nach oben; sie sollten weniger verletzen, sie sollten vor allem Lärm machen und den Gegner für ein paar Sekunden in Verwirrung stürzen. Die Sprengladungen enthielten nichts, das zersplittern und tödliche Wunden schlagen konnte, auch keine Lagerkugeln.

Als Ackerman den Blitz der Explosion aufleuchten sah und die Schreie der Gegner hörte, zögerte er keine Millisekunde. Er duckte sich, stieß sich kraftvoll ab und schlug eine akrobatische Rolle durch die Luft, die ihn auf die linke Seite des Irokesen bringen sollte. Er spürte das kaum merkliche Zittern der Luft schon in dem Moment, bevor die Druckwelle ihn traf wie ein Huftritt und ihn umzureißen drohte, doch sein Schwung war so groß, dass er die Rolle vollenden konnte, die ihn hoch in eine schattenhafte Welt erhob, die von Nebel, Rauch und Steinstaub verschleiert wurde. Wie durch eine Mauer hörte er die Gegner schreien und fluchen.

Von diesem Moment an hatte Ackerman keinen festen Plan mehr. Eine Situation wie diese ließ sich weder vorausberechnen noch analysieren oder festlegen; sie konnte sich nur von allein entwickeln. Die Variablen waren zu zahlreich. Doch das Kämpfen war für Ackerman ohnehin mehr Kunst als Wissenschaft. Etwas, für das man ein Gefühl haben musste. Etwas, das nur erlebt werden konnte, nicht aber choreografiert.

Noch im Sprung zückte er mit der linken Hand das zwölf Zoll lange Bowiemesser mit dem Knochengriff, das hinten in seiner Tarnhose steckte. Mit der Rechten öffnete er die verborgene Tasche am Hosenbein, wo er eine Auswahl kleiner Wurfmesser versteckt hielt. Dann suchte er sich den nächststehenden Gegner und attackierte ihn mit der ihm eigenen Schnelligkeit und Vehemenz. Wie ein Dämon aus der Hölle wirbelte Ackerman durch die Reihen der Biker, lautlos wie ein Schatten, wie ein Rachegott, ein Gespenst des Todes. Er duckte sich weg, tauchte ab, huschte nach links, nach rechts, attackierte wie ein Dämon aus dem Nebel, zog sich blitzschnell zurück, rollte sich geschmeidig ab und schlängelte sich geschickt zwischen den Gegnern hindurch.

Der Kampf dauerte nur Sekunden.

Als alles vorüber war, erinnerte Ackerman sich nicht an jeden einzelnen Schlag, nicht einmal an Einzelheiten, nur an das verschwommene Gefühl, durch eine Rauchwand gehuscht zu sein, Schreie zu hören und zu spüren, wie ihm das warme Blut der Getroffenen ins Gesicht spritzte, während er seine Messer auf geisterhafte, verschwommene Ziele warf und mit dem Bowiemesser nach ihnen hieb und stach, wobei er auf Schultern, Ellbogen, Hände und Handgelenke zielte. Auch Kniescheiben und Achillessehnen waren geeignete Zielpunkte, falls sich die Gelegenheit bot, sie zu treffen. Doch ein Mann mit zerschmetterter Kniescheibe konnte immer noch eine Schusswaffe abfeuern.

Tatsächlich gelang es einem Biker, dem Ackerman eines seiner Wurfmesser in die Schulter rammte, mit schmerzerfülltem Gebrüll seine Waffe abzufeuern. Doch Ackerman war längst an ihm vorbei, ein huschender Schemen im Dunst, und so traf der Mann nicht ihn, sondern verletzte einen anderen Comanchero am Oberschenkel. Eine Millisekunde später war Ackerman wieder bei dem Schützen und drosch ihm den Ellbogen mit solcher Wucht an die Schläfe, dass der Mann beinahe einen Salto rückwärts geschlagen hatte.

Liana half, wo sie konnte. Sie war wieder auf den Beinen und hielt den größten der fünf Angreifer im Würgegriff.

Als alles vorüber war, lagen drei Männer gefesselt und bewusstlos am Boden. Ein Mann war tot und lag in seinem Blut, fünf weitere hatten entweder das Bewusstsein verloren oder waren so schwer verletzt, dass sie sich wahrscheinlich wünschten, ohnmächtig zu sein.

Ackerman war voller Staub und Blut. Trotzdem eilte Liana zu ihm, schlang ihm die Arme um den Hals und drückte ihn fest an sich.

»Ich habe einen Mann getötet«, sagte Ackerman düster.

Liana schaute auf die Leiche des untersetzten Bikers, der sie brutal gequält hatte. »Er war ein Mistkerl. Er hätte versucht, uns beide umzubringen, bevor alles vorüber ist. Du hattest das Recht, jeden dieser Kerle auszuschalten. Sie hätten mit uns das Gleiche getan, wenn sie die Chance bekommen hätten. Und was dieses verrückte Alien mit uns angestellt hätte, wenn es mit uns fertig gewesen wäre, will ich mir gar nicht erst vorstellen.«

»Du verstehst nicht«, sagte Ackerman. »Ich hätte den Mann nicht töten müssen. Es gab andere Möglichkeiten. Ich hätte ihn verletzen können.«

Liana schüttelte den Kopf. »Der Mann war zugedröhnt mit Meth, ich habe es in seinen Augen gesehen. Er wusste nicht mehr, was er tat. Es war Notwehr, Frank. Mach dir keine Vorwürfe. Hättest du ihn nicht ausgeschaltet, hätte er mich umgebracht, und dann hättest du am Ende die ganze Bande erledigt, nicht nur diesen einzelnen Kerl. Sieh es doch mal so: Letztendlich ist dadurch, dass du mich beschützt hast, den anderen der Tod erspart geblieben. Der Kerl, der dran glauben musste, hat mit dem Feuer gespielt und sich verbrannt. Seine Schuld.« Sie hob die Hand, packte ihn bei den Schläfenhaaren, zog ihn zu sich herunter und küsste ihn sanft. »Du hast mir das Leben gerettet«, flüsterte sie, nachdem sie sich von ihm gelöst hatte. »Ich danke dir.«

Er zwinkerte ihr zu. »Gern geschehen.«

Liana straffte sich. »Okay, und jetzt holen wir uns deine Partnerin zurück.«

DRITTER
TEIL

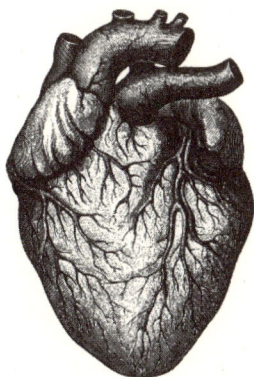

53

Ackerman bat Liana, ein Glas Wasser aus der Küche des Gloria's zu holen, dem Imbiss im Anbau des Motels, vor dem er gerade ein paar Biker in die Luft gejagt hatte. Er hätte es sich selbst geholt, hielt es aber für besser, wenn die orangehaarige alte Lady nicht noch mehr Ungemach erdulden musste, denn er sah, von Blut und Staub bedeckt, wie ein Zombie aus.

Als Liana mit dem Wasser zurückkehrte, schüttete er es dem bewusstlosen Biker mit dem Irokesenschnitt ins Gesicht. Es dauerte einige Zeit, bis der Hüne aus dem Beinahe-Koma erwacht war, in das Ackerman ihn versetzt hatte. Als er die Augen aufschlug und seinen Bezwinger erblickte, machte er eine hastige, ruckartige Bewegung nach einer Waffe oder irgendetwas, womit er sich verteidigen konnte.

Ackerman führte das Bowiemesser mit Präzision und setzte die Spitze der Klinge am Fleisch unterhalb von Iros Kinn an. Er beugte sich näher zu ihm. »Sieh dich mal um, mein Freund. Glaub mir, du bist nur deshalb noch am Leben, weil ich es so will. Wenn ich dich abservieren wollte, würdest du längst in der Hölle schmoren.«

Der hünenhafte Biker ließ den Blick langsam von einem besiegten und blutenden Comanchero zum nächsten schweifen. Dann zuckte er ein zweites Mal zusammen, als er seinen toten Kumpan erblickte. »Du hast meinen Freund umgebracht.«

»Aber nein«, sagte Ackerman, »er ist unglücklich gestolpert.«

»Was willst du?«

»Ich habe ein paar Fragen.«

»Und welche?«

»Hält dein asozialer Freundeskreis eine junge iranischstämmige Frau vom FBI in Gewahrsam?«

Mit trotziger Miene erwiderte Iro: »Davon weiß ich nichts. Wir sind hier, um uns drei Leute zu greifen. Die Zahl haben wir von unseren Beobachtern. Deshalb sind wir neun gewesen, drei zu eins. Machen wir immer so.«

»Tja, hat diesmal aber nicht viel gebracht, was?« Ackerman zog sich ein wenig zurück und nahm das Messer von Iros Kehle. »Diese Klinge ist extrem scharf. Ich muss sehr vorsichtig damit umgehen. Manchmal vergesse ich doch glatt, wie leicht es ist, mit dem Ding jemanden auszuweiden.«

Zur Demonstration streckte Ackerman den linken Arm aus und zog einen senkrechten, perfekt geraden Schnitt über seinen Unterarm. Er rührte keine Miene, zuckte nicht zusammen, verzog nicht das Gesicht. Seine Hände waren vollkommen ruhig. Während er sich ins eigene Fleisch schnitt, sah er dem fassungslosen Biker in die weit aufgerissenen Augen.

»Verdammt«, krächzte Iro heiser. »Was ... was ...«

»Zurück zu meinen Fragen«, sagte Ackerman. »Was glaubst du, wer ich bin? Was hat man dir über mich gesagt?«

In der harten Schale des Bikers zeigen sich die ersten Risse. Ackerman sah ihm an, wie seine Entschlossenheit ins Wanken geriet. »Angeblich bist du irgendein Regierungssöldner«, antwortete er schließlich. »Mehr wissen wir auch nicht. Wir sollten uns darauf gefasst machen, dass du bewaffnet und höllisch gefährlich bist. Das ist alles.«

»Und? Stimmt das mit dem überein, was du siehst? Glaubst du, du kennst jetzt das ganze Bild? Die ganze Geschichte? Du und deine Horde, ihr habt sehr viel mehr abgebissen, als ihr kauen könnt, das muss sogar dir doch mittlerweile klar geworden sein.«

Iro, der sich wieder gefangen hatte, starrte ihn trotzig an. Zwischen den zusammengebissenen Zähnen presste er hervor: »Niemand rennt einer Kugel davon. Du hast uns geschlagen, aber du bist kein Schattengott oder für was deine kleine Indianerfreundin dich hält. Du hältst dich für einen harten Burschen? Gegen unseren Boss bist du ein Witz. Und du hast einen von uns umgebracht. Du bist ein toter Mann, du weißt es nur noch nicht.«

Ackerman lachte auf. »Wahnsinn kann man so definieren, dass man immer wieder das Gleiche tut, aber jedes Mal andere Ergebnisse erwartet. Ich dachte, ich hätte vorhin meine Überlegenheit bewiesen, aber jetzt sehe ich, dass du noch immer nicht bereit bist, dein Machogehabe abzulegen. Unter normalen Umständen wäre es mir scheißegal, was du denkst, aber da ich weiß, dass du und deine Buddys das Motel vor eurem Überfall beobachtet habt, würde ich gern wissen, ob dir aufgefallen ist, dass der Impala verschwunden ist. Vielleicht hast du Leute ausgesandt, die nach ihm suchen sollten. Vielleicht gibt es noch ein weiteres Team, das in diesem Moment meine junge Partnerin entführt oder auf dem Weg zu ihr ist. Also, raus mit der Sprache, hast du jemanden losgeschickt? Hattest du bemerkt, dass meine Partnerin gar nicht hier ist?«

Iros Miene sagte: *Leck mich*, aber er schwieg eisern.

Ackerman beschloss, in einem seiner geliebten Spielchen Zuflucht zu suchen. »Hör zu, Kumpel, ich biete dir einen Deal an. Du hast behauptet, niemand könne einer Kugel davonlaufen. Wie wär's, wenn wir diese Behauptung bei einem kleinen Spiel auf die Probe stellen?« Er trat zurück.

»Willst du mich verarschen?«, fragte der Irokese.

»Dich doch nicht. Steh auf.«

Iro erhob sich unsicher vom Boden.

Ackerman griff in den Hosenbund, wohin er die 9-Millimeter-Beretta des Bikers gesteckt hatte, und reichte sie dem Mann. »Versuchen wir's. Ich glaube an die zweite Chance.«

54

Der Biker mit dem Iro zog den Schlitten der Beretta zurück, checkte den Lauf und vergewisserte sich, dass die Waffe geladen war. Dann richtete er sie auf Ackerman.

Ackerman machte zwei Schritt zurück. Er spürte, wie sein Herz vom Adrenalin schneller schlug, und suhlte sich im Genuss der Erregung, die ihm diese Möchtegern-Outlaws schenkten. »Das ist deine Chance«, sagte er. »Erschieß mich, und du hast gewonnen.«

Der Biker wies auf Liana. Sie hatte die anderen Biker mit Plastikhandschellen gefesselt und hielt sie nun mit einer Flinte in Schach. »Wenn ich dich abknalle«, sagte er, »schießt die Squaw mir doch bloß in den Rücken.«

»Nein, das wird sie nicht tun. Wenn du mich tötest, tritt sie beiseite. Du und deine Penner können dann ungestört von hier verschwinden.«

»Ich glaub dir kein Wort, Mann.«

»Hör zu. Was meine Freundin machen würde, spielt ohnehin keine Rolle, denn du wirst mich niemals treffen. In diesem Spiel geht es nämlich nicht darum, einer Kugel auszuweichen. Schneller als die Kugel zu sein wäre auch für mich unmöglich. Ich muss nur schneller sein als du. Ich weiß in jeder Sekunden, wohin du mit der Waffe zielst. Ich muss also nur die Geschossbahnen erkennen und den Kugeln aus dem Weg gehen.«

»Du hast sie ja nicht alle«, sagte Iro.

»Versuchen wir's. Na los.«

Ackerman sah dem Biker an, wie sich in seinem Kopf die Rädchen drehten. Wie stellte Iro es am besten an? Ackerman vermutete, er würde aus der Hüfte feuern, aber dann blieb noch die Frage des Timings. Drückte er sofort ab? Oder wartete er auf irgendeine verräterische Bewegung Ackermans? Iro wusste, dass sein Gegenüber ein Ausweichmanöver versuchen würde, um der Kugel zu entgehen, so verrückt dieser Gedanke auch war. Was würde Iro tun?

Für Ackerman gab es nur die Dunkelheit in der Mündung der Beretta. Er konzentrierte sich darauf, wohin die Waffe gerichtet war und wohin die Kugel abgefeuert würde. Dann sah er, wie Iros Zeigefinger ganz leicht zuckte. Noch ehe die kaum merkliche Bewegung abgeschlossen war, schnellte Ackerman nach vorn. Iro drückte genau in dem Augenblick ab, als Ackerman etwa einen Meter vor ihm mit dem rechten Fuß aufkam. Er spürte den Gluthauch der Kugel, die seinen Kopf nur um Haaresbreite verfehlte. Ehe Iro ein zweites Mal abdrücken konnte, ließ Ackerman sich vom eigenen Schwung nach vorn tragen, um den Rest der Distanz zu dem Biker zu überwinden. Noch ein Schritt, und Ackerman stand so dicht vor ihm, dass er den Atem des Mannes spürte, und starrte ihm in die weit aufgerissenen Augen. Im gleichen Moment versetzte er Iro einen Ellbogenstoß gegen die Stirn, entwaffnete ihn mit einem Krav-Maga-Griff und richtete die Pistole auf den Kopf des Bikers.

Der Biker starrte ihn fassungslos an.

Ackerman gab ihm die Pistole wieder. »Einmal ist keinmal. Na los, ich gebe dir eine zweite Chance.«

Diesmal machte Ackerman zehn Schritte zurück. Iro hielt die Pistole an seiner Seite, lauernd, abwartend. Ackerman wusste genau, was der Mann dachte und wie er sich diesmal verhalten würde: Er würde sich bewegen, rückwärts oder zur Seite, während er feuerte, um es dem Gegner zu erschweren, die Bahn der Kugel vorauszuahnen. Ackerman war klar, dass sein Gegner nun vorsichtiger sein würde. Vermutlich würde er die Taktik anwenden, die jemand benutzte, wenn er mit einem Messer angegriffen wurde: Er würde sich zurückfallen lassen, dabei die Waffe hochreißen und abdrücken. Auf diese Weise nahm man dem Angreifer die Möglichkeit, effizient zu attackieren, und war trotzdem in der Lage, einen gezielten Schuss abzugeben.

Als Ackerman das verräterische Aufblitzen in den Augen des Bikers sah, glitt er nach vorn, fast lautlos und schneller, als der Gegner es wahrnehmen konnte. Doch Ackermans Angriff kam nicht von vorn; stattdessen bewegte er sich im Zickzack. Noch während er sich Iro näherte, nahm er eine Handvoll Splitt auf und schleuderte sie dem Mann ins Gesicht. Der Staub und die Steinchen raubten dem Biker für einen Moment das Gleichgewicht; er taumelte zurück und fiel dann schwer auf den Hintern. Erst jetzt krachte sein erster Schuss. Die Kugel flog weit an Ackerman vorbei.

Ackerman schlitterte durch den Schotter und kam neben dem Biker zum Stehen. Ehe Iro wusste, wie ihm geschah, packte Ackerman die Beretta, zog den Schlitten nach hinten weg, knallte dem Mann die Waffe ins Gesicht und entwand ihm die Pistole endgültig.

Ackerman ging im Kreis um den gedemütigten Biker herum, während er die Beretta zusammensetzte. Kaum stand Iro wieder auf den Füßen, reichte Ackerman ihm die Pistole. »Na, überzeugt?«

Im Gesicht des Bikers brannte die helle Wut. Er wurde gedemütigt. Sein Gegner spielte mit ihm, und er wusste es.

Mit einem Aufbrüllen entriss Iro ihm die Waffe. Sein Gesicht war knallrot, seine Nasenflügel bebten, sein Atem ging keuchend.

Ackerman trat drei Schritte zurück, drehte sich um und spreizte die Arme ab. »Okay, ich dreh dir jetzt den Rücken zu. Das ist deine große Chance, Buddy …«

Er verstummte, als er hinter sich das Klicken einer Waffe hörte, die leer abgefeuert wurde. Er blickte über die Schulter. Iro starrte verwirrt auf die Beretta und begriff die Welt nicht mehr. Die Waffe reagierte nicht. Wütend drückte er zwei weitere Male auf den Abzug, wobei er genau zwischen Ackermans Schulterblätter zielte.

Klick. Klick.

Ackerman drehte sich gelassen um und ging zu dem Biker zurück. Der Mann stand wie vom Donner gerührt da. Er wusste, dass ihm die Kontrolle über die Situation völlig entglitten war. Offenbar schien er nicht zu kapieren, dass Ackerman den Schlagbolzen entfernt hatte, als er den Schlitten zurückzog und die Beretta zerlegte. Vielleicht kam der Möchtegern-Outlaw später noch darauf. Vielleicht auch nicht. Vielleicht würde er für immer glauben, er wäre einer Art Schwarzer Magie zum Opfer gefallen.

»Ich frag dich noch einmal«, sagte Ackerman. »Haben deine Leute meine Freundin? Raus mit der Sprache.«

Iro gab keine Antwort. Er ließ die Beretta auf den Boden fallen, fletschte die Zähne und blickte in die Ferne. Das war keine schlechte Taktik, wenn man einer Macht gegenüberstand, von der man wusste, dass man sie nicht überwinden konnte. Der Mann erinnerte Ackerman an einen Samurai, der seine Ehre verloren hatte und sich gleich den Bauch aufschlitzen würde. Aber das war nicht die Reaktion, die er brauchte. Er brauchte den Mann in seinem Griff, unter seinem Daumen, und allmählich verließ ihn die Geduld.

Ackerman schlug Iro gegen die Kehle – nicht mit genug Gewalt, um den Adamsapfel zu zerquetschen, sodass er daran erstickte –, aber mit genügend Kraft, dass der Biker nicht mehr atmen konnte. Ackerman fasste die Krone seiner Armbanduhr und zog die dünne, darin eingerollte Garotte heraus, die im Uhrgehäuse verborgen war. Er schlang sie Iro um den Hals und zerrte ihn zu sich, indem er die Garotte wie eine Hundeleine benutzte.

Der Draht war scharf, und wenn Ackerman zu großen Druck ausübte, hätte er dem Biker die Kehle aufgeschlitzt. Iro schien das nur zu bewusst zu sein, denn er hatte die Augen weit aufgerissen, und seine Hände rissen wirkungslos an dem dünnen Draht, der sich ihm in die Haut grub.

Ackerman zerrte den besiegten Biker ein paar Fuß mit sich, bis sie mitten auf der Fahrbahn standen. Dort trat er ihm die Beine unter dem Leib weg und rollte ihn auf den Rücken. Die Garotte ließ er, wo sie war, und übte damit gerade so viel Druck aus, dass er sein Opfer unter Kontrolle hielt.

»Seit ich hier bin«, sagte er, »fällt mir auf, dass die Autos hier mit unangemessenem Tempo diese Straße entlangrasen. Dabei senkt sie sich erst kurz vor dem Motel ab und beschreibt obendrein noch eine Kurve. Wenn ein Wagen in einem solchen Tempo herankommt, sieht der Fahrer uns erst, wenn wir schon blutige Schmierstreifen auf dem Asphalt sind.«

»Du stirbst dann aber auch.«

»Na und? Meine Seele ist bereit. Und deine?«

Wie aufs Stichwort vernahm Ackerman das Brummen eines schweren Motors, das sich ihnen näherte. Er sah in Iros Augen, dass der Biker das Geräusch ebenfalls gehört hatte. Ein Fahrzeug jagte heran, und Iro war sich seiner Lage bewusst. Der Biker war Ackerman so nahe, dass dieser den warmen Atem Iros spüren konnte, das Pochen des Herzens, das Beben der Muskeln. Staub und Steinchen wehten über die Straße. Welches Fahrzeug auch immer da herankam – es brauste über die Straße wie eine heranstürmende Furie. Alle Instinkte in Iros Innerem schrien danach, die Flucht zu ergreifen, dem heranrasenden Koloss aus dem Weg zu gehen und sich zu verstecken.

»Wir haben allen Bescheid gegeben, als wir sahen, dass die Frau nicht hier ist!«, rief Iro in Panik. »Sie haben die Kleine hinter dem Diner abgefangen!«

»Und wo ist sie jetzt?«

»Entweder unterwegs zu unserem Saloon oder schon da.«

»Wo ist dieser Saloon?«

Mit jeder Sekunde flackerte die Panik heller in Iros Augen.

»Okay«, sagte Ackerman. »Führ mich hin.«

»Mann, wir müssen von der verdammten Straße runter!«, keuchte Iro.

Ackerman redete ungerührt weiter. »In dem bevorstehenden Kampf werde ich deine Hilfe brauchen. Es wird nichts Offensichtliches sein, nichts, was dir bei deinen Bikerfreunden eine Strafe einträgt. Es reicht, wenn du bei einem Schlag nicht triffst oder wegsiehst, wenn etwas geschieht. Aber du bist mir etwas schuldig, und diese Schuld wirst du begleichen. Haben wir uns verstanden?«

Das Grollen des Motors wurde immer lauter. Die Gefahr lauerte gleich hinter der Biegung. Jede Sekunde konnte ein Wagen auf der Anhöhe auftauchen – und wenn er zu schnell fuhr, konnten die beiden Männer nichts mehr tun, bevor sie auf den gelben Linien zermalmt wurden.

»Verstanden!«, kreischte Iro.

Ackerman riss den Biker hoch und stieß ihm aus dem Weg, kurz bevor ein alter Mann in einem purpurroten Subaru nahe am Tempolimit an ihnen vorbeischoss.

Ackerman winkte dem Senior zu, der sie beim Vorüberfahren wütend anfunkelte, und machte eine Handbewegung zu dem toten Comanchero. »Okay. Zeit, zu deinem Saloon zu fahren, Großkotz. Aber zuerst schneide ich deinem Freund mit dem Bowiemesser den Kopf ab.«

»*Was?* Du willst Seth … köpfen?«

Ackerman nickte. »Er ist tot. Es wird ihn nicht weiter stören.«

»Aber ... aber ...«, stammelte Iro.

»Danach gehen wir in den Laden und kaufen uns Eiscreme«, sagte Ackerman.

»Eiscreme? Warum denn das?«

»Weil ich Eiscreme liebe. Aber auch, weil ich einen Behälter für den Kopf deine Freundes brauche.«

»Wer bist du?«

»Auf die Frage kommst du erst jetzt? Man hat sie dir schon beantwortet: der Kojote, ein dunkler Wind, der Schrecken, der dich in deinen Albträumen plagt. Das alles zusammen.«

Ackerman sah an Iros Miene, dass er ihn jetzt endlich so weit hatte, dass der Mann ihm von Nutzen sein konnte.

»Okay, was immer du sagst«, stieß Iro hervor. »Du hackst Seth also den Kopf ab, isst das Eis und packst Seths Kopf in den Eimer? Passt er da überhaupt rein?«

Ackerman seufzte. »Ist nicht dein Problem. Aber du sitzt jetzt in meinem Zug, Kumpel. Am besten lehnst du dich zurück und genießt die Fahrt.«

55

Ackerman verliebte sich augenblicklich in das Gebäude, das Iro als Saloon bezeichnet hatte.

Als sie zur Vordertür hineingingen, sah er, dass es hier tatsächlich eingerichtet war wie eine altmodische Wildwestkneipe. Von außen bildete das Bauwerk ein merkwürdiges Amalgam. Vielleicht hatten die Comancheros ein Restaurant mit Bar gekauft und im hinteren Teil eine Werkstatt eingerichtet, in der sie ihre Motorräder warteten. Vielleicht nahm diese Werkstatt sogar Aufträge von außen an. In jedem Fall war es nur eine Fassade für das eigentliche Arbeitsfeld der Biker: Rauschgifthandel und andere illegale Geschäfte jeder Art. Womöglich diente dieser Schuppen hier auch als Zwischenstation für die Rauschgiftkuriere aus dem Süden – ein Ort, an dem sie vor den neugierigen Augen der Drogenbehörde wie normale Kunden aussahen, während sie in Wahrheit ihren schmutzigen Geschäften nachgingen.

Das Innenleben des Saloons interessierte Ackerman jedoch am meisten. Es sah so echt und authentisch aus, als könnten Jesse James und Billy the Kid hier ihr Feierabendbier trinken. Die modernen Annehmlichkeiten ließen es zwar mehr wie ein Themenrestaurant wirken, aber die ungepflegte Kundschaft – sieben Biker, die sich mit Flinten an der Theke aufreihten – verlieh dem Ambiente etwas, das Ackerman recht anziehend fand. Ein widerlicher Bienenstock von Abschaum und Bösartigkeit, eine sichere Zuflucht für Outlaws. Er fühlte sich sofort zu Hause, viel mehr als auf den Korridoren des geheimen FBI-Hauptquartiers in Quantico. Allerdings wimmelte es hier wie dort von Leuten, die Ackerman liebend gern töten wollten.

Iro war der einzige Vertreter der besiegten Biker, der ihn so weit begleiten durfte – es sei denn, man zählte den abgetrennten Kopf im Eiscremeeimer mit, den Iro in der linken Hand hielt. Die anderen Comancheros hatte Ackerman ein Stück die Straße hinunter in ihrem Lieferwagen zwischengelagert. Iro hatte telefonisch ihr Kommen angekündigt; der Club erwartete sie.

Ackerman legte keinen Wert darauf, sich mit Untergebenen abgeben zu müssen. Er wollte direkt mit dem Mann ganz oben sprechen. Er hatte Iro aber nicht weiter nach den Bikern oder dem Präsidenten ausgefragt. Vermutlich hätte er das Bowiemesser zu Hilfe nehmen müssen, um alles, was der störrische Comanchero wusste, aus ihm herauszubekommen. Nein, es machte größeren Spaß, die Dinge selbst herauszufinden.

Am Eingang befand sich eine erhöhte Plattform, Theke und Sitzbereich lagen vertieft. Ackerman hatte dadurch perfekte Sicht auf das gesamte Arrangement, als er eintrat. Die Theke war lang und abgewetzt; eine dünne Schicht aus Staub, Schmutz und Schmierfett bedeckte sie. Jeder Hocker davor war von einem Biker besetzt. Jeder hatte eine Flinte neben sich auf den Tresen gelegt. Die sieben Männer starrten Ackerman mit einem Ausdruck an, der besagte: Ein falsches Wort, und wir drücken ab. Ackerman glaubte ihnen aufs Wort. Er war überzeugt, dass jeder Einzelne von ihnen schon getötet hatte. Doch für ihn gehörte das zum Spiel.

Um die Biker an der Theke machte Ackerman sich deshalb weniger Gedanken. Sie waren nur zur Show hier. Sie waren Betas. Stattdessen konzentrierte er sich auf den Mann, der an einem Tisch mitten im Sitzbereich saß, einem Monstrum mit kahl rasiertem Schädel und diversen Schlangentattoos, die ihm von der Kopfhaut hinunter ins Gesicht liefen.

Als Ackerman den Blick mit dem Anführer des Bikerclubs kreuzte, wusste er instinktiv, dass er ein Alpha-Raubtier vor sich hatte – und ein Alpha war immer eine Bedrohung, die man ernst nehmen musste. Für Ackerman wurde die ganze Szene dadurch umso ergötzlicher.

Je größer die Gefahr, desto größer der Rausch, den er empfand, wenn er sie überwand.

56

Als Nadia am Saloon eintraf, zwang man sie als Erstes, sich auszuziehen und Lumpen überzustreifen. Sie nahm an, die offenherzige Kleidung sollte sie von dem Versuch abschrecken, Waffen oder Fluchtwerkzeuge darunter zu verbergen. Doch für sie stellte sich diese Frage gar nicht. Im Gegensatz zu Ackerman trug sie keine in der Kleidung versteckten Waffen mit sich, auch keine Peilsender oder Wanzen. Sie hatte allerdings etwas dagegen, dass den gesamten Vorgang des Aus- und Umziehens der grinsende Widerling überwachte, der jetzt offenbar über sie zu bestimmen hatte − ein Biker, der sich ihr als »Ratte« vorstellte, ein dünner Hispano mit einem Menjoubärtchen und Zähnen, die zu groß für seinen Mund waren, was ihm offenbar den wenig schmeichelhaften Spitznamen eingebracht hatte.

Während sie sich umzog, betrachtete Ratte sie mit seinen Nagetieraugen und machte keinerlei Anstalten, ihr auch nur einen Rest an Würde zu lassen. Im Gegenteil, er gab klar und deutlich zu verstehen, wie gut ihm die Show gefiel. Sie spürte, wie seine Blicke über sie hinwegkrochen, sie betasteten, ihren Körper in sich einsogen. Hinter Nadia standen zwei weitere Männer mit Repetierflinten, sodass sie nichts anderes unternehmen konnte, als erhobenen Hauptes mitzuspielen und zu versuchen, sich von dem Geschehen nicht völlig entmutigen zu lassen.

Trotz ihrer Anstrengungen fühlte sich Nadia am Rand einer Panikattacke, als sie jedes Kleidungsstück ablegen musste und Rats gierige Blicke sich immer tiefer in sie bohrten. Dabei war Nadia sich bewusst, dass ihr nicht nur die Last der gegenwärtigen Situation zu schaffen machte, sondern auch die Schatten der Vergangenheit, die schrecklichen Erinnerungen an ihren Vergewaltiger. Diese Geister krallten und zerrten an ihren alten Wunden, und mit jedem lüsternen Blick aus Rats Augen rissen ihre Narben weiter auf. Der Biker starrte sie genauso begierig an, wie der Black Rose Killer sie betrachtet hatte, ehe er damals über sie hergefallen war und sie missbraucht hatte.

Als Nadia ihr Sklavenkostüm angezogen hatte, starrte sie Ratte trotzig an. »Nur zu. Gucken Sie sich meinetwegen die Augen aus dem Kopf, aber wenn mir einer Ihrer Körperteile zu nahe kommt, wird es nicht mehr lange Ihr Körperteil sein.«

Ratte leckte sich grinsend die Lippen. »Immer schön langsam, Kleine. Ich bin so was wie der Wärter in unserem schicken Knast hier. Da gehört es zu meinen Vorrechten, Kostproben von allem zu nehmen, was hier durchkommt. Außerdem bist du nur kurze Zeit hier, bevor wir dich dem Kunden übergeben. Was für eine schräge kleine Missgeburt der ist! Mach dich auf was gefasst. Ich will mir den irren Scheiß gar nicht ausmalen, den er mit dir anstellen wird. Aber ich glaube, ich finde die Zeit für einen kurzen Besuch bei dir, bevor sie dich unserem Alien-Freund übergeben, damit er dich seziert.«

»Versuchen Sie es nur. Sie sehen dann schon, was passiert.«

Ratte lächelte noch immer. »Du hast Feuer, Kleine. Das turnt mich zusätzlich an. Ich mag Schneckchen mit Kampfgeist.«

Nadia starrte ihn in düsterem Schweigen an, obwohl sie innerlich zitterte.

Ratte lachte und stieß sie in den Keller unter der Motorradwerkstatt. Die untere Etage bestand halb aus Backsteinen, halb aus Betonziegeln; es war ein Labyrinth aus Kammern und kleinen Verschlägen, die nachträglich hinzugefügt worden waren. Ratte und seine flintenschwingenden Freunde trieben Nadia durch den Betonkorridor in einen Raum, in dem es nach Schweiß und Exkrementen stank. Es war ein Pferch für mehrere Frauen in ähnlicher Sklaventracht wie Nadia.

Nadia begriff voller Entsetzen, dass sie eine Durchgangsstation im Menschenhandel vor sich hatte. Die Frauen waren alle hispanoamerikanischer Abstammung, vermutlich von den Drogenkartellen aus einem armen mexikanischen Dorf entführt, von dem noch nie jemand gehört hatte. Die bemitleidenswerten Frauen wurden über die Grenze geschafft und wie Vieh gehalten, bis sie zur nächsten Durchgangsstation oder ihrem endgültigen Bestimmungsort gebracht wurden, wo sie tagtäglich misshandelt wurden und jederzeit und von jedem missbraucht werden konnten. Das Leben dieser Frauen war die Hölle auf Erden.

Ehe Ratte sie in die Zelle stieß und die Tür hinter ihr schloss, blickte Nadia von ihren Entführern zu den Mitgefangenen, schaute jeder Frau in die Augen und sah die Verzweiflung, die Angst und die Qual darin. Sie wusste, dass diese Frauen schon etliche Male zu Opfern von Männern wie Ratte geworden waren und keine Hoffnung mehr hatten, diesem Albtraum jemals zu entkommen.

In diesem Moment empfand Nadia ein seltsames Gefühl der Ruhe. Sie hatte keine Angst. Sie fühlte sich friedlich und gelassen. Sie hatte das Gefühl, genau dort angelangt zu sein, wo sie sein musste – als wäre sie nur deshalb hierhergebracht worden, um diesen geschundenen, missbrauchten Kreaturen zu helfen.

Sie schwor sich im Stillen, die Frauen zu befreien, und sollte es sie das eigene Leben kosten.

57

Als Ackerman die Treppe hinunterstieg, spürte er die Blicke der sieben bewaffneten Biker am Tresen auf sich, schenkte ihnen aber keine Beachtung. Sie waren nicht von Bedeutung. Er hatte ihren Anführer identifiziert, und allein dieser Alpha zählte.

Während Ackerman die Stufen hinunterstieg, galt dem Mann mit den Schlangentattoos deshalb seine ganze Aufmerksamkeit. Iro ging vor ihm her, in der Hand den Eiscremeeimer. Unten angekommen, näherte er sich in demütiger Haltung seinem Boss, stellte den Eimer wie eine Opfergabe vor ihn auf den Tisch und bezog dann abwartend hinter ihm Stellung.

Ackerman ließ sich Zeit. Er trug seinen Rucksack voller Tricks über die Schulter gehängt, aber ein Hemd hatte er sich nicht übergezogen. Seine Narben, das verspritzte Blut und der Staub waren noch immer deutlich zu sehen. Er nutzte die Gelegenheit, seinen Gegner zu mustern. Die farbenprächtigen Schlangentattoos des Bikerkings entsprachen einem hohen Standard, ringelten und schlängelten sich über seinen kahlen Schädel – das Werk eines echten Künstlers. Vielleicht hatte sich einer seiner Brüder im Geiste die Zeit genommen und an seinem Anführer ein echtes Meisterwerk vollbracht.

Das Gesicht des Comanchero-Bosses war haarig und zernarbt und kündete von einem Mann, der das raue, unstete Leben eines Mörders geführt und sich unter anderen Prädatoren seinen Platz an der Spitze verdient hatte. Er trug eine Clubweste, aber kein Hemd darunter. An seiner Kutte prangte ein Aufnäher mit der Bezeichnung *President* unter dem Namenszug *El Brujo*.

El Brujo hielt sich erkennbar in Form. Vielleicht war er kein geborener Straßenkämpfer oder jemand, der Ackerman allein gegenübertreten und ihn physisch bedrohen konnte, aber ohne Frage war der Bikerking eine imponierende Gestalt.

Als Ackerman sich dem Tisch näherte, forderte El Brujo ihn nicht auf, sich zu setzen. Ackerman war es gleich; er war auf eine Einladung nicht angewiesen. Also rückte er einen Stuhl ab und ließ sich darauf sinken, dem Boss der Comancheros direkt gegenüber.

El Brujo sagte nichts zu dem Eiscremeeimer, der direkt vor ihm stand. In wahrer Alpha-Manier konzentrierte er sich auf Ackerman und ignorierte alles andere. Er würde die Frage nach dem Inhalt des Eimers wohl noch stellen, aber eine große Sache daraus zu machen wäre ein Zeichen von Schwäche gewesen, und das konnte ein Mann wie der Träger der Schlangentattoos nicht zulassen.

Ackerman grinste ihn an. »El Brujo? Ist das nicht eine Art Schamane oder Hexendoktor?«

El Brujo erwiderte das Lächeln nicht. Mürrisch sagte er: »Ich habe den Namen verdient, weil es heißt, wenn mich jemand zu töten versucht, wehre ich mich mit Schwarzer Magie. Wenn es dir lieber ist, nenn mich Hector.«

Ackerman grinste weiter. »Das gefällt mir. Hector. Ein starker Name. Der mächtigste Krieger Trojas in der Ilias. Achilles besiegte ihn im Kampf Mann gegen Mann vor den Augen seines ganzen Heeres und schleifte seine Leiche um die Mauern der Stadt. Seltsam, wie sich die Geschichte wiederholt.«

Hector sagte nichts.

Ackerman lehnte sich zurück. »Du kannst mich Frank

nennen. Oder Achilles, wenn es dir lieber ist. Aber weil ich bezweifle, dass dir am Austausch von Höflichkeiten gelegen ist, will ich gleich zur Sache kommen. Wir haben ein Problem, Hector. Deine Männer haben mein zeitweiliges Domizil überfallen und das Leben meiner Freundin bedroht. Wie du dir sicher denken kannst, werde ich solch einen Übergriff nicht einfach hinnehmen und habe erste Gegenmaßnahmen eingeleitet. Dabei habe ich allerdings ein bisschen die Beherrschung verloren, muss ich zugeben, und ... na ja ...« Ackerman schob den Eiscremeeimer auf Hector zu. »Sieh selbst.«

Die Männer an der Theke reckten die Hälse, um zu sehen, was sich in dem Eimer befand. Es war ein Zwei-Gallonen-Eimer, den Ackerman und Iro in dem Laden aufgestöbert hatten, und fast acht Liter Fassungsvermögen genügten für den Kopf insofern, als Ackerman ihn nicht allzu kräftig hineindrücken musste.

Hector stand auf und zog den Eimer an die Tischkante. Dann nahm er den Deckel ab.

Bei dem grässlichen Anblick, der sich ihnen bot, fluchten die Thekenbiker lauthals und riefen sämtliche Heiligen an. Hector hingegen zeigte keinerlei Ausdruck des Abscheus, nur die Muskeln seiner Kiefer traten hervor, und er kniff die Augen zusammen, als er den abgetrennten Kopf eines seiner Leute so plötzlich vor sich sah. Natürlich wusste Ackerman, dass der arme Seth ein Untertan Hectors gewesen war, für den der Bikerboss ein gewisses Maß an Verantwortung trug. Vermutlich hatte Hector selbst die Biker in den Einsatz geschickt. Er war wie ihr befehlshabender Offizier, nur dass es weit darüber hinausging: Er war ihr König, ihr Präsident; für Männer wie Hector war ihr Club Lebensinhalt.

Nun aber hatte Hector in seinen Pflichten versagt. Er hatte als König versagt. Und wenn der Herrscher Schwäche zeigte, keimte in anderen womöglich der Wunsch, ihn zu stürzen und an seine Stelle zu treten. Sobald Blut im Wasser war, kamen die Haie.

Hector setzte sich Ackerman gegenüber. »Wir haben gerade eine Nachricht von unserem Kunden erhalten, dem Mann, den ihr das Alien nennt. Er sagt, weil wir FBI-Agentin Nadia Shirazi haben – jedenfalls ihren Papieren zufolge –, brauchen wir dich nicht mehr, egal, wer du bist. Deshalb haben wir die Aufgabe erhalten, dich aus der Gleichung rauszukürzen. Du bist in mein Haus gekommen und hast mich respektlos behandelt. Du hast einen meiner Männer umgebracht, einen meiner Brüder. Das geht nicht. Du wärst ein toter Mann, selbst wenn wir nicht den Auftrag hätten, dich umzulegen. Also, du arroganter Hurensohn, nenn mir einen Grund, warum ich dich nicht auf der Stelle abknallen soll.«

Ackerman schaute Iro, der hinter seinem Boss stand, auffordernd an, worauf Hector sich mit fragender Miene zu seinem Untertanen umdrehte.

»Er hat alle mit Sprengstoff vermint, Boss«, sagte Iro kleinlaut. »Den Zünder hält er in der Hand.«

Ackerman hielt den selbstgebauten Funkzünder hoch. »Es ist eine ganz einfache Transaktion, mein Freund. Ich habe sieben deiner Leute im Laderaum eines deiner Lieferwagen verstaut und mit Sprengstoff zu Bomben umfunktioniert. Wenn du irgendetwas tust, das mir nicht gefällt, fliegen deine Buddys in die Luft. Ich würde sie aber lieber gegen meine Freundin Nadia eintauschen – die Frau, von der du eben gesprochen hast.« Er hielt einen Moment inne, starrte den Bikerboss an. »Du und deine Leute, ihr habt den ersten Schlag geführt, nicht ich. Okay, ich habe den guten alten Seth abserviert und einen Kopf kürzer gemacht, und das tut mir leid, zumal er davon auch nicht schöner wird. Deshalb bin ich nun bereit, Vergangenes ruhen zu lassen und nach vorn zu blicken. Hier mein Vorschlag: Du übergibst mir Nadia und lässt mir alle Informationen zukommen, die mir helfen können, deinen Kunden festzunehmen, dieses Alien. Wenn du mir beides gibst, lasse ich deine Männer frei, und wir alle leben glücklich und in Frieden bis an das Ende unserer Tage.«

Hectors Gesicht war wie versteinert. »Und wenn ich ablehne?«

Ackerman starrte dem Boss der Comancheros in die Augen und ließ zu, dass der Dämon in seinem Innern an die Oberfläche kam, all die Jahre voller Blut und Wahnsinn. »Es gibt auf der Welt drei Arten von Menschen: Schöpfer, Bewahrer und Männer wie mich. Nennen wir sie Zerstörer. Sosehr ich es verabscheue, ein Werkzeug der Vernichtung zu sein – sie ist ein natürlicher Bestandteil im großen Plan des Schöpfers. Betrachte mich als Naturgewalt. Eine solche Macht kann man nicht bekämpfen. Man geht ihr aus dem Weg, oder man wird von ihr verschlungen. Also, Hector. Entweder du gibst mir den Weg frei, oder ich werde wie eine Feuersbrunst über dich und deine Comancheros kommen.«

58

Hector starrte Ackerman ohne sichtliche Gefühlsregung an. Abrupt winkte er einen seiner Leute heran und sagte, ohne den Blick von Ackerman zu nehmen: »Trinken wir was. Was willst du?«

»Scotch«, sagte Ackerman. »Pur.«

Zum ersten Mal lächelte Hector. »Mach zwei!«, rief er einem seiner Männer zu.

Nachdem der Comanchero ihnen die Drinks serviert hatte, roch Hector an dem Scotch. »Zwanzig Jahre alter McCallum. Kostet ein Vermögen.«

Ackerman nickte und kippte den Drink hinunter. Sicher, dem Whisky konnte irgendetwas beigemischt sein, aber er bezweifelte, dass die Biker sich die Mühe machen würden, einen solchen Umweg einzuschlagen. Wenn sie ihn töten wollten, würden sie ihn einfach über den Haufen schießen.

Hector hob das Glas vors Gesicht, schwenkte die braune Flüssigkeit herum, hielt die Nase über den Drink und nahm das Aroma in sich auf. »Ich habe viele Männer wie dich gekannt, vor allem Weiße, die sich mit den Kartellen in Mexiko eingelassen hatten. Typen, die ein bisschen Training hatten und sich deshalb für Superman hielten, als hätten sie besonderes Wissen und besondere Fähigkeiten, die allen anderen fehlen. Ich rede von Typen wie dir. Aber ihr seid nichts Besonderes. Auch du bist nur ein Mensch, genau wie ich. Vielleicht ist heute der Tag, an dem ich sterbe. Vielleicht bist du wirklich eine Feuersbrunst, die uns niederwalzt. Aber darüber entscheidet kein Gerede, sondern Action. Und ich weiß nicht, wie gut du auf diesem Gebiet bist.«

»Lass es lieber nicht darauf ankommen«, entgegnete Ackerman. »Ich glaube, dein irokesenschnittiger Freund hier könnte bestätigen, dass ich genauso gut beiße, wie ich belle.«

Hector ging nicht darauf ein. Er gönnte Iro keinen Blick, stellte ihm keine einzige Frage. Stattdessen sagte er: »Dieser Funkzünder hat nur begrenzte Reichweite, stimmt's? Und du und Iro, ihr beide musstet hierher laufen, also weiß ich, dass der Lieferwagen mit meinen Männern irgendwo in der Nähe steht. Tja, mein narbiger Freund, du warst kaum hier, da haben sich schon Leute von mir auf den Weg gemacht, um nachzusehen. Wahrscheinlich sind sie in ein paar Minuten hier – und dann kommen weitere sieben richtig angepisste Kerle da zur Tür rein. Deshalb werde ich meinen Drink genießen, während ich mir anschaue, was meine Männer so alles mit dir anstellen, weil du ihnen den Arsch versohlt und ihren Freund geköpft hast.«

Ackerman zeigte auf die Theke und den Rest des Lokals. »Nicht übel, der Schuppen hier. Gefällt mir, was ihr daraus gemacht hat. Alles zusammengeklaut, was?« Er ließ den Blick zum Dach und den großen Fenstern schweifen, durch die das silbrige Licht des Mondes am Himmel über New Mexico fiel. In der Ferne entdeckte er einen Wasserturm, der aussah wie ein zweiter Mond.

»Wäre wirklich nicht in meinem Interesse, diese Kaschemme hier abzufackeln«, fuhr er fort, »und alles kaputtzumachen, was ihr hier aufgebaut habt. Pass auf, ich wiederhole mein Angebot. Du sagst mir, was ich wissen muss, und gibst mir Nadia zurück. Dann muss keiner von euch verletzt werden oder sterben. Ihr könnt es aber auch anders haben. Sobald hier das letzte Bellen verhallt ist und das Beißen beginnt, werde ich jeden von euch zerkauen und wieder ausspucken. Und danach bekomme ich trotzdem, was ich will.«

Hector lachte. »Das werden wir in ein paar Minuten sehen, wenn die anderen wieder hier sind.«

»Woher kommst du eigentlich, Hector?«, fragte Ackerman.

»Was geht das dich an?«

»Sag schon.«

»Ich bin Blaxican. Halb schwarz, halb Mexikaner.«

»Ich war lange in der Gegend um Cancún. Du erinnerst mich an die Maya dort.«

Hector kniff die Augen zusammen. »Ich bin in Yucatán aufgewachsen. Meine Mutter war Maya, oder genauer, was von den Maya noch übrig ist, und das ist nicht viel.«

»Als ich jünger war, bin ich mal in der Gegend gewesen und habe einen Gesetzeshüter beseitigt, der in Wahrheit ein brutaler Mistkerl war«, sagte Ackerman. »Ich habe ihn mit seinem eigenen Fleisch gefüttert. Das war ein nettes Spektakel – ähnlich dem, das sich hier abspielen wird.«

Erstaunt sah Ackerman, wie sich bei seinen Worten der Ausdruck in Hectors Augen veränderte. Der Mann, der als *El Brujo* bekannt war, wirkte plötzlich erschrocken, als würde ihm erst jetzt klar, dass er in ernster Gefahr schwebte. Er starrte sein Gegenüber an, als sähe er ihn zum ersten Mal. Sein Blick wanderte über Ackermans Oberkörper, der mit Blut und Staub verklebt war, auf dem sich die Narben aber dennoch deutlich abzeichneten. Schließlich hob er den Blick und schaute Ackerman in die Augen.

»Als ich ein Junge war, wurde ein Nachbardorf fast zerstört, als ein Mann sich gleichzeitig mit einem der Kartelle und mit der Polizei anlegte«, sagte er. »Er hat nicht einen Einzigen von denen am Leben gelassen. Er ist über sie hinweggebraust wie ein Orkan, und es war ihm egal, wer ihm dabei in den Weg kam. Damals erzählte man sich, der Teufel selbst sei aus der Hölle gestiegen, weil eines unserer Maya-

Mädchen so atemberaubend schön war, dass sie ihn bezaubert hatte. Der Stiefvater des Mädchens war ein Sargento bei der Polizei. Er hatte sie jahrelang missbraucht, ohne zu wissen, dass ihr junger Freier der berüchtigte El Diablo war. Dann hat er versucht, ihn umzubringen – keine gute Idee, denn der Teufel kann nicht sterben. Doch der Sargento hat dabei seine Stieftochter getötet. Deshalb bekam El Diablo von Gott persönlich einen Tag zugesprochen, an dem er auf der Welt der Menschen wandeln und mit seiner schrecklichen Macht Verwüstung säen konnte. Was dann geschah, hat ganz Yucatán erschüttert. ›Der Tag, an dem der Teufel zum Spielen herauskam‹, so nennt man diesen Tag noch heute. Danach war es eine Zeit lang besser, friedlicher. Dann aber kamen andere Outlaws und füllten die Lücken. Aber selbst die Grausamsten unter ihnen müssen höllisch vorsichtig sein. Denn wenn einer von ihnen zu bösartig wird, dann wird das *wahre* Böse es bemerken und über sie kommen.«

Ackerman sagte nichts. Das Lächeln war von seinem Gesicht verschwunden, als die Erinnerungen auf ihn einstürmten.

»Mütter erzählen ihren Kindern noch heute davon«, fuhr Hector fort. »Sie sagen, dass El Diablo sie holen kommt, wenn sie nicht artig sind. Aber sie gebrauchen nie den wahren Namen des Teufels, sondern den Namen, den der Satan benutzt hat, als er wie ein Tornado über Yucatán hinwegfuhr. Sie drohen den Kindern, wenn sie nicht artig sind, kommt der Dämon sie holen. Der Mann, der aus der Hölle geflohen ist und den Teufel mitgebracht hat – der *Ackerman*.«

Ackerman schwieg. Die Vergangenheit hielt ihn gefangen. Die Erinnerung an die Zeit, als er das erste Mal verliebt gewesen war und wie es sich angefühlt hatte, zum ersten Mal zu lieben und zum ersten Mal jemanden zu verlieren.

»Aber dieser Ackerman«, fuhr Hector fort, »soll schon

vor Jahren getötet worden sein. Ich bin mit den Geschichten aufgewachsen. Ich weiß noch, wann es geschah. Ich erinnere mich, wie die anderen Jungen über ihn sprachen. Aber ich habe ihnen nie wirklich geglaubt.«

»Die Geschichten sind wahr«, sagte Ackerman ungewohnt ernst und leise, »und es ist schön, dass man sich dort noch immer an mich erinnert.«

»Du hast gesagt, ich soll dich Frank nennen?«

»Ja. Kurz für Francis.«

»Francis?«

Ackerman nickte. »Wie in Francis Ackerman junior.«

Hector wurde kreidebleich unter seiner gebräunten Haut. Kaum hörbar flüsterte er auf Spanisch und sprudelte dann etwas hervor, das Ackerman für ein Gebet hielt. »El Diablo?«, fragte er schließlich mit heiserer Stimme.

Ackerman lachte leiser und ein wenig bitter. »Das Schreckgespenst aus deiner Kindheit arbeitet jetzt für die Regierung und jagt Typen wie dich und deine Auftraggeber. Und wenn sie nicht freiwillig aufgeben, komme ich über sie wie eine der biblischen Plagen, so wie ich es in Yucatán getan habe und wie ich es hier tun werde. Es sei denn, du gibst mir, was ich will.«

Hector drehte den Kopf und rief Iro zu: »Hol das Mädchen rauf.«

59

Kaum war der Befehl erteilt, wurde Nadia in den Saloon gebracht, begleitet von ihrem ständigen Aufpasser, der »Ratte«, einem verschlagen aussehenden Mann mit Menjou-Bärtchen, der sofort wieder verschwand, nachdem er Nadia neben Ackerman und dem Bikerboss auf einen Stuhl gesetzt hatte.

Nadia hielt den Kopf hoch erhoben. Ihre Lippen waren vor Abscheu und Wut verzogen. Sie trug ein merkwürdiges, lumpenähnliches Etwas, das Ackerman an den Aufzug römischer Sklavinnen in alten Sandalenfilmen erinnert. Als Nadia saß, fragte er: »Es tut mir leid, Nadia. Hat man Ihnen etwas angetan?«

Sie gab keine Antwort. Stattdessen wandte sie sich an Hector. »Diesen perversen Kerl, der sich Ratte nennt, sollte man hinters Haus zerren und ihm die Kronjuwelen abschneiden.«

Ackerman lachte auf. »Aus Ihnen wird ja doch noch was.«

»Ja!« Der Präsident der Comancheros kicherte. »So viel Temperament hätte ich der Kleinen gar nicht zugetraut. Nun ja, wir haben Ratte nicht von ungefähr diesen Spitznamen gegeben und lassen ihn im Keller arbeiten.« Er blickte Nadia an. »Was erwartest du? Ich habe dich nicht hier raufholen lassen, damit du mir sagst, ob du mit deiner Unterbringung zufrieden bist. Ich habe dich holen lassen, damit du mir mehr über diesen Mann hier erzählst.« Hector machte eine Handbewegung zu Ackerman.

Nadia schaute ihren neu zugeteilten Partner an und sagte, ganz vorschriftentreue Agentin: »Der Mann ist ein Berater des FBI. Er heißt Franklin Stine.«

Zum ersten Mal grinste Hector wirklich. »Franklin Stine«, wiederholte er. »Das ist clever, aber wie heißt er wirklich? Ich will, dass du mir sagst, kleines Mädchen, welcher Name auf der Geburtsurkunde dieses Mannes steht. Denk gut nach, bevor du antwortest, denn deine Antwort entscheidet darüber, ob ihr hier lebend rauskommt oder nicht. Also, ich frage dich noch einmal: Wer ist dieser Mann?«

Nadia sah Ackerman an, der ihr ermutigend zunickte. »Sein Name ist Francis Ackerman junior. In einem anderen Leben war er ein berüchtigter Serienmörder.«

Hector lehnte sich ein wenig zurück und verschränkte erneut den Blick mit Ackerman. Seine anfängliche Eingeschüchtertheit schwand allmählich, auch wenn er seine Bewunderung für Ackerman nicht verhehlen konnte. »Man stelle sich vor, was die Jungs zu Hause von mir denken würden, wenn ich der Mann wäre, der El Diablo beseitigt hätte. Der Mann, der den Ackerman tötete.« Er nickte, als wollte er sich selbst bekräftigen. »Gefällt mir, wie sich das anhört.«

»Du kannst den Spruch ja aufschreiben und rahmen lassen«, sagte Ackerman. »Aber ehe wir die Dinge überstürzen, möchte ich einen Kompromiss vorschlagen.«

El Brujo blickte ihn fragend an.

»Woran ich denke«, fuhr Ackerman fort, »ist das alte Recht auf einen Zweikampf, der von einem Champion ausgefochten wird. Ist dir das Konzept vertraut? Die Idee dabei ist, dass die beiden Gegner vor einer Schlacht einen Krieger bestimmen, der für sie kämpft. Dieser Zweikampf entscheidet dann über den Sieger des Krieges, ohne dass es zu zahllosen Toten und Verwundeten in der Schlacht kommt. Denk an David und Goliath oder die Szene im Film, als Achilles gegen dieses Monster antritt.«

Hector schüttelte den Kopf. »Du hast schon neun von meinen Leuten die Seele aus dem Leib geprügelt, und jetzt soll ich darauf wetten, dass einer von meinen Jungs dich ganz allein fertigmacht?«

»Nein, du missverstehst mich. Sieh es mal so, als wären wir zwei feindliche, einander gegenüberstehende Armeen. Ich bin der Befehlshaber der einen, du kommandierst die andere. Die Feldherrn aber sind nicht die, die rausgehen und den Zweikampf bestreiten. Sie schicken ihre besten Leute.«

»Und an wen denkst du dabei?«

»An Nadia und deinen irotragenden Gefolgsmann. Sie sollen unsere Differenzen in einem Kampf Mann gegen Frau entscheiden. Der Gewinner bekommt alles. Wenn Nadia deinen Kämpfer besiegt, haben wir freies Geleit. Unterliegt sie, kannst du uns deinem Kunden ausliefern und die Belohnung abgreifen. Keine Schlacht, keine Verwüstungen, kein Lärm.«

Ackerman sah aus dem Augenwinkel die entgeisterte Miene Nadias, behielt aber den Blickkontakt zum Bikerboss bei.

»Und während sie kämpfen, spielst du auf dem Klavier einen Walzer dazu, was?«, fragte Hector höhnisch.

Ackerman warf Nadia einen Blick zu und lächelte. »Hey, wir hatten doch darüber gesprochen! Das wäre die Chance, Ihnen zu zeigen, was mein Alter mir vor Jahren beigebracht hat.« Er deutete in die Ecke der Bar, wo ein altmodisches Piano stand. »Während ihr beide kämpft, spiele ich uns etwas vor.«

60

Nadia Shirazi schäumte vor Wut. Zugleich zitterte sie innerlich vor Angst und Anspannung.

Sie verfolgte das Geschehen, das vor ihr ablief, als wäre es ein Fernsehprogramm und sie säße zu nahe vor der Glotze. Sie kam sich wie ein kleines, verängstigtes Mädchen vor und hatte nur noch den Wunsch, sich aus diesem nicht enden wollenden Albtraum zu befreien und in die Wirklichkeit zurückzukehren.

Hector saß schweigend da und dachte nach. Offenbar ließ er sich Ackermans Vorschlag durch den Kopf gehen.

»Was ist jetzt?«, fragte Ackerman. »Wovor hast du Angst? Du glaubst doch nicht etwa, dass eine so zierliche Frau einen deiner Stellvertreter besiegen könnte? Er hat ihr wenigstens anderthalb Zentner voraus. Er wird doch mit einer Gegnerin fertig, die kaum halb so schwer ist wie er selbst, oder?«

Erst jetzt meldete Nadia sich zu Wort. »Das ist ja alles gut und schön«, sagte sie ungehalten, »aber ich habe doch wohl auch noch ein Wörtchen mitzureden!«

Ackerman schüttelte den Kopf. »Nein, haben Sie nicht. Wir wären nicht in dieser Zwangslage, hätten Sie nicht beschlossen, auf eigene Faust loszuziehen.«

»Ich hatte Besseres zu tun, als herumzusitzen, während Sie mit Ihrer indianischen Freundin im Bett lagen. Ich will mir gar nicht ausmalen, worauf einer wie Sie steht.«

»Na ja, Liana hat sich noch nie beschwert, und meinen kleinen Hund stört es auch nicht«, erwiderte Ackerman. »Im Übrigen war ich damit beschäftigt, einen Hinterhalt zu legen.« Er blickte zu Hector. »Also, wie sieht's aus?«

Iro beugte sich zu Hectors rechtem Ohr hinunter und sagte: »Ich fühle mich nicht so wohl dabei, gegen 'ne Frau zu kämpfen, Boss.«

El Diablo starrte zu ihm hoch. »Du tust, was ich dir befehle. Mach dich fertig für den Kampf!«

Mürrisch stapfte Iro los, den Kopf zwischen die Schultern gezogen. Den Eiscremeeimer übersah er.

Polternd fiel das Behältnis um, als Iro dagegentrat.

Seths Kopf rollte heraus.

»*O Gott!*«, kreischte Nadia. »Was ist das denn?«

»Na, was schon«, sagte Ackerman. »Da hat jemand den Kopf verloren.«

Nadia erschauderte am ganzen Körper und wandte rasch den Blick ab. »Da ist ja entsetzlich! Waren Sie das?«

»Ich geb's zu. Aber ich habe schon sehr viel Schlimmeres getan, wie Sie wissen. Außerdem hatte der Mann nichts dagegen, weil er schon ziemlich tot war.«

»Ackerman …«

»Ich musste diesen Gentleman aus dem Spiel nehmen, weil er völlig außer Rand und Band gewesen ist«, fuhr Ackerman fort, wobei er beobachtete, wie Iro die Trophäe hastig wieder im Eimer verschwinden ließ. »Er wollte Liana an die Wäsche, und das geht nun mal gar nicht. Außerdem war er zugedröhnt bis unter die Haarwurzeln. Schauen Sie in seine Augen, Nadia. Man kann es jetzt noch sehen.«

Nadia überlief eine Gänsehaut. »Ackerman, bitte. Sie sind wirklich unmöglich!«

»Wären Sie bei uns gewesen, Nadia, hätten Sie und Liana sich gemeinsam gegen den Überfall verteidigen können. Sie zu entführen wäre dann sehr viel schwieriger gewesen.«

Mit zusammengebissenen Zähnen erwiderte Nadia: »Sie können mich mal! Ich bin nicht dafür verantwortlich, wenn *Sie* jemanden umbringen.«

»Hören Sie zu, Nadia. Sie müssen jetzt genau das tun, was ich Ihnen sage, verstanden?« Ackerman zeigte auf Iro. »Sie müssen dieses schwergewichtige Individuum mit der eigenwilligen Frisur in einen Zustand der Bewusstlosigkeit versetzen.«

Nadia packte die schwarze Verzweiflung. Sie wusste nicht, was sie entgegnen sollte. Sie wusste nur, dass sie sich auf gar keinen Fall mit diesem Ungetüm messen konnte. Beim FBI hatte sie eine Nahkampfausbildung bekommen, aber sie war keine Einsatzagentin. Sie hatte sich mit Krav Maga befasst, aber als Mittel der Selbstverteidigung auf dunklen Straßen – eine Kampftechnik für den Fall, dass sie hinterrücks attackiert wurde. Die Griffe zielten darauf ab, einen Gegner schnell kampfunfähig zu machen, sodass man Zeit hatte, Hilfe zu holen. Sie war keine Schlägerin. Sie hatte nicht die Kraft, einen Hünen wie Iro bewusstlos zu prügeln.

Ackerman rückte näher zu ihr und flüsterte: »Denken Sie einfach daran, dem Kerl die Handgelenke zu verdrehen, wenn Sie seinen Würgegriff brechen, und glauben Sie an sich. Sie werden sich ganz wunderbar schlagen.« Er stand auf. Sofort schwenkten alle Schützen an der Theke die Waffen in seine Richtung und verfolgten jeden seiner Schritte.

Nadia schaute zu dem Bikerboss, der Ackerman mit einem Ausdruck betrachtete, als wäre er ein junger Schauspieler, der zum ersten Mal seinem großen Idol begegnet. Sie hatte das Gespräch zwischen Ackerman und Hector mitbekommen und einiges über ein Kapitel in Ackermans Leben erfahren, das ihr bislang unbekannt gewesen war.

Ackerman ging zu dem Piano und legte seinen Fernzünder darauf ab. Dann rückte er das Instrument von der Wand weg, was dank der Rollen darunter keine Mühe machte. Er stellte das Piano so hin, dass er spielen und zugleich den

Kampf verfolgen konnte. Gemächlich ließ er sich auf die Bank sinken und fuhr mit den Fingern über die Tasten.

Als die Töne klimperten, fuhr Nadia heftig zusammen.

»Hat jemand einen besonderen Wunsch?«, rief Ackerman. »Die Mondscheinsonate? Die kann ich besonders gut.«

Zu Nadias Überraschung trat einer der Biker an die Theke, ein Mann mit einem langen roten Bart, der eine umlaufende Sonnenbrille und eine Latzhose unter seiner ledernen Comancheros-Kutte trug, und fragte: »Wie wär's mit was von den Eagles?«

Hector verdrehte die Augen und starrte seinen Untertanen düster an. Der rothaarige Biker schien es nicht zu bemerken.

Ohne sich dessen bewusst zu sein, lauschte Nadia dem Spiel ihres Partners, als dieser mit den Schultern zuckte und das Intro von *Hotel California* anstimmte.

61

Als sie und der Biker mit dem Irokesenkamm einander um-
kreisten, hatte Nadia den Eindruck, von einem Grizzlybären
bedroht zu werden. Der hünenhafte Mann war ihr in jeder
Hinsicht überlegen. Er war stärker, schneller und wog mehr
als doppelt so viel. Das wäre mit den Krav-Maga-Techniken,
die sie kannte, im Grunde kein unlösbares Problem gewesen:
Krav Maga war auf einen kleineren Kämpfer ausgelegt, der gegen einen größeren Gegner antrat. Doch als sie nun den Koloss musterte, dessen Körper die Tattoos von Totenschädeln,
Drachen und Tribal-Knoten bedeckten, und die tiefen Narben
in seinem Gesicht, die vermutlich von Messerstechereien und
Schlägereien in dunklen Gassen stammten, wusste sie, dass
er sie nicht nur körperlich überragte, sondern auch, was die
Erfahrung anging. Sie hatte keine Chance. Selbst wenn ihr
Leben auf dem Spiel gestanden hätte – ihr wäre kein einziger
der wirkungsvollen Krav-Maga-Griffe eingefallen, die sie in
der Sporthalle immer wieder erfolgreich praktiziert hatte. Sie
dachte an Ackermans Rat, die Handgelenke des Mannes zu
verdrehen, wenn sie dessen Würgegriff brach. Was sollte das?

Ihr berüchtigter Serienkiller von einem Partner war mittlerweile weit gekommen mit *Hotel California*. Er spielte ziemlich gut, wie sie zugeben musste, und improvisierte sogar dabei.

Nadia fiel auf, dass auch ihr Gegner zu Ackerman schaute,
aber die Blicke, die er ihm zuwarf, wirkten argwöhnisch, als
fürchtete er den Mann, der gerade die Elfenbeintasten am
Piano des Clubsaloons kitzelte. Und jedes Mal, wenn Iro
dann wieder sie ansah, schien er sich seiner Sache weniger
sicher zu sein.

Diese Beobachtung verlieh Nadia ein merkwürdiges Selbstvertrauen. Vielleicht ging hier mehr vor, als ihr bewusst war.

Dann aber näherte sich Iro und griff an. Es war keine ernsthafte Attacke. Er schien nur die Reaktion seiner Gegnerin erproben zu wollen. Eine schnelle Gerade, die heranzuckte; dann nahm er die Faust auch schon wieder weg. Seine Kumpane am Rand der Kampffläche lachten grölend und tuschelten miteinander.

Iro testete Nadia noch mehrere Male, glitt heran und wieder weg, doch alles, war er tat, war halbherzig. Je lauter der Spott der Zuschauer wurde, desto mehr hilflose Wut und Enttäuschung erschienen in Iros narbigem Gesicht – bis er es nicht länger ertrug und wie ein Stier auf Nadia zustürmte. Offenbar hoffte er, den Kampf kurz und möglichst schmerzlos beenden zu können, ohne die Frau zu schlagen, wenn er seine Pranken nur rasch genug um ihren Hals schloss.

Unter normalen Umständen wäre diese Taktik aufgegangen. Iros Hände an Nadias Hals hätten den Kampf innerhalb von Sekunden zum Abschluss gebracht. Seine Reichweite übertraf die ihre bei Weitem; Nadia hätte weder zurückschlagen noch sich freitreten oder sich anderweitig wehren können. Iro hätte ihr den Blutstrom ins Gehirn abgeklemmt, indem er ihre Halsschlagadern zudrückte, sodass Nadia nach höchstens zehn Sekunden besinnungslos geworden wäre.

Genauso wäre es unweigerlich gekommen – nur dass Nadia dank ihres Krav-Maga-Trainings auf genau diese Situation vorbereitet war. Ackerman kannte ihre Akte und wusste, dass sie einen Sonderkurs bestanden hatte. Trotzdem konnte er die Taktik, die ihr Gegner einsetzte, nicht vorausahnen.

Außerdem blieb Nadia nur eine Sekunde, um sich an ihr Training zu erinnern.

Der Ausbilder hatte eine Situation beschrieben ähnlich

der, in der Nadia sich nun befand – ein größerer Gegner, der auf sie zukam und entweder versuchte, sie bei den Schultern zu packen, sie auf den Rücken zu werfen oder seine Hände um ihren Hals zu legen.

Gut und schön, nur wusste Nadia nicht mehr genau, was sie tun musste. Sie konnte nur hoffen, dass irgendein Muskelgedächtnis einsetzte, sodass ihr Körper von allein reagierte. Ihr blieben nur Sekundenbruchteile, um sich zu wappnen, dann war der riesige Biker schon heran, und seine Pranken schlossen sich um ihre Kehle.

In diesem Sekundenbruchteil kam die Erinnerung zurück, und alles fiel ihr wieder ein. Nadia drückte ihre überkreuzten Arme mit aller Kraft zwischen denen des Gegners nach oben. Indem sie die Unterarme verdrehte, während sie den Würgegriff brach, konnte sie die Hebelwirkung nutzen, um den kräftigeren Gegner zu überwältigen. Als sie sich drehte, beteiligte sich ihre Rückenmuskulatur an dieser Bewegung, und es gelang ihr, die Arme des Hünen zu beiden Seiten wegzudrücken und den Klammergriff zu sprengen.

Nadia nahm alle Kraft zusammen. Beide Arme zuckten hoch, und sie drosch die Handflächen auf die Ohren des Gegners, so fest sie konnte. Iro brüllte vor Wut, als Nadia auch schon zum grundlegendsten und wirkungsvollsten Angriff überging, der beim Krav Maga gelehrt wurde: ein kraftvoller Tritt zwischen die Beine.

Der Treffer saß. Iro krümmte sich stöhnend nach vorn, schon jetzt halb ohnmächtig vor Schmerz. Sofort riss Nadia den Kopf in den Nacken und rammte die Stirn gegen Iros Schläfe. Der Stoß hatte genügend Kraft, sodass der Riese das Bewusstsein verloren hatte, noch ehe er am Boden aufschlug.

62

Ackerman hatte geahnt, dass Iro in einer frühen Phase des Kampfes versuchen würde, Nadia in den Würgegriff zu nehmen. Er hatte die Augen des Mannes gesehen, als er, Ackerman, vorgeschlagen hatte, er solle gegen eine Frau kämpfen. Der stämmige Bursche schien etwas in seiner Vorgeschichte zu haben, das es ihm nahezu unmöglich machte, eine Frau zu schlagen oder ihr wehzutun, auf welche Weise auch immer. Diese Einstellung machte ihn Ackerman irgendwie sympathisch: Die Starken sollten nicht die Schwachen zu Opfern machen, auch wenn es manchmal doch geschah. Ackerman wusste allerdings aus Erfahrung, dass der vermeintlich kleinste oder schwächste Gegner sich rasch als der stärkste und gefährlichste erweisen konnte, so wie gerade eben.

Bei Iro jedenfalls musste die Frauenverehrung tief reichen. Deshalb wusste Ackerman, dass der Riese den Kampf schnell beenden und gleichzeitig versuchen würde, Nadia so wenig wie möglich zu verletzen. Selbst wenn sie hinterher ermordet werden sollten, wollte Iro sich offenbar sein reines Gewissen erhalten, indem er seine Gegnerin nicht verprügelt, sondern nur überwältigt hatte – und das auch nur auf Befehl seines Bosses.

Ackerman wusste, dass Nadia die Kampfkunst des Krav Maga beherrschte. Von daher hatte sie tatsächlich die Chance, sich aus Iros Würgegriffen zu befreien. Doch er hätte niemals damit gerechnet, dass Nadia, nachdem sie den Griff des Gegners gebrochen hatte, eine Serie von Körpergriffen folgen ließ, die ihren doppelt so großen Widersacher krachend auf die Bretter schickten.

Ackerman war gerade halb durch die zweite Strophe von *Hotel California,* als der Irokese zu Boden ging. Die Klänge versiegten, als er zu spielen aufhörte. Er nahm den Funkzünder mit der linken Hand vom Piano und reaktivierte ihn. Dann ging er zu Nadia, die vor ihrem bewusstlosen Gegner stand.

Ackerman sah auf den bewusstlosen Iro hinunter und grinste. »Da will ich doch verdammt sein.« Er blickte Hector an. »Wir haben gewonnen. Abgemacht ist abgemacht. Wir sind dann mal weg. Irgendwelche Einwände?«

Sämtliche Waffen im Raum waren noch immer auf sie gerichtet. Hector selbst saß nach wie vor an seinem Tisch, einen belustigten Ausdruck im Gesicht. »Du hast doch nicht ernsthaft geglaubt, dass ich mich an die Abmachung halte, oder? Du und deine Trulla, ihr seid Bundesagenten, die einen Teil unserer Geschäfte kennen, die zugegeben nicht ganz astrein sind. Auf keinen Fall kommt ihr hier lebend wieder raus.«

Wie um Hectors Worte zu unterstreichen, öffnete sich eine Tür hinter der Theke, und die noch immer sichtlich mitgenommenen Männer, die Ackerman vor dem Motel besiegt hatte, kamen herein, begleitet von zwei Kerlen, die ihre Kumpane offenbar aufgefunden und aus dem Lieferwagen befreit hatten.

Ein breitschultriger kleiner Bursche mit langen Koteletten trat vor und legte den Sprengsatz, den Ackerman im Lieferwagen angebracht hatte, vor Hector auf den Boden. Der Bikerboss musterte die selbst gebaute Bombe und die Zündvorrichtungen. Dann hob er den Blick, richtete ihn auf Ackerman. »Deinen Schrottzünder kannst du jetzt wegschmeißen. Den brauchst du nicht mehr. Ich hab dein ganzes Arsenal hier vor mir liegen. Du kannst jetzt nur noch bellen, Mr. Ackerman, aber nicht mehr beißen.«

Ackerman lächelte, als er Hector den Zünder hinhielt. »Ach ja?«, sagte er. »Habe ich dich etwa zu der Annahme verleitet, der Funkzünder wäre mit der Attrappe verbunden, die ich bei deinen Hampelmännern im Lieferwagen gelassen habe? Irrtum. Der Sprengsatz ist genau hier in deinem Partykeller.«

»Wo soll denn hier ein Sprengsatz sein?«

Hector lachte polternd, während er demonstrativ in die Runde blickte.

Sein Lachen verstummte schlagartig, als sein Blick auf den Eimer mit dem abgetrennten Kopf fiel, der genau vor ihm stand.

Aus blutunterlaufenen Augen starrte er Ackerman an. »Das ist jetzt nicht wahr, oder?«

Ackerman grinste. »Doch«, sagte er, hob den Mittelfinger und zündete die Bombe im Eiscremeeimer.

63

Nadia wusste selbst nicht, wie sie es geschafft hatte, aber irgendwie war sie siegreich aus dem Zweikampf mit Iro hervorgegangen, obwohl sie im Grunde keine Chance gehabt hatte. Sie schüttelte den Kopf. Woher hatte sie die Kraft und das Können genommen?

Aber diese Frage schien müßig zu sein, denn es hatte ganz danach ausgesehen, dass ihr Sieg für die Katz gewesen war. Hector, der tätowierte Präsident der Comanchero-Biker, hatte lauthals gelacht und erklärt, niemals beabsichtigt zu haben, sich an ihre Vereinbarung zu halten. Überraschend kam das nicht; dennoch hatte Nadia sich bis zu diesem Zeitpunkt an einen Rest von Hoffnung geklammert. Doch nach Hectors Worten hatte sie resigniert. Obwohl sie sich dem Riesen mit der Iro-Frisur gestellt hatte, würden sie und Ackerman sterben. Sie schienen keine Chance mehr zu haben.

Dann aber hatte ihr Partner in typischer Ackerman-Manier mit einem Plan wie aus dem Nichts das Blatt gewendet. Nadia hatte noch weniger mit der Explosion gerechnet als Hector und dessen Totschläger.

Doch anders als bei den Bikern stürzte jemand zu ihr, zog sie hoch und zerrte sie zur Tür. Nadia spürte die Hitze der Explosion in der Druckwelle, die sie nach vorn schleuderte, doch Ackerman hielt sie fest, bis sie beide sicher auf den Füßen standen. Mit einer Hand an ihrem Arm führte er sie die Stufen hinauf zum Vordereingang des Gebäudes. Dabei zog er mehrere Handgranaten aus seinem Rucksack und schleuderte sie nach hinten in den Saloon. Nadia erkannte die

Sprengkörper als Blendgranaten – eine weitere Ablenkung, die ihre Flucht decken sollte.

Aus allen Richtungen fielen nun Schüsse, doch sie hetzten geduckt weiter in Richtung Ausgang, während hinter ihnen das grelle Licht der Granaten aufblitzte, begleitet vom Krachen der Pistolen und Gewehre und den Schreien und Flüchen der Comancheros.

Mit einem Mal hatte Nadia ein helles Klingeln in den Ohren, das abrupt abriss, als ihr Gehör versagte. Sie schmeckte Rauch und Blut im Mund und war für einen Moment so desorientiert, dass sie zu stürzen drohte. Doch Ackerman war bei ihr und hielt sie eisern fest.

Im nächsten Augenblick waren sie unter freiem Himmel. Ackerman zog seine Partnerin über die Straße hinweg in die relative Sicherheit einer Baumgruppe. Erst als sie dort in Deckung waren, kehrte Nadias Gehör zurück. Erleichtert hörte sie, wie das Heulen rasch näher kommender Sirenen an ihre Ohren drang. Sie sah Blaulichter flackern, die immer heller wurden. Augenblicke später fiel ihr ein Stein vom Herzen, als sie erkannte, dass es mehrere Fahrzeuge des Sheriffs waren, dazu Streifenwagen der Staatspolizei und ein komplettes SWAT-Team.

Neben ihr, hinter den Bäumen verborgen, fluchte Ackerman: »Verdammt.«

»Was ist los? Unsere Verbündeten sind da, und …«

»Liana ist da oben auf dem Wasserturm mit einem Scharfschützengewehr. Ich habe ihr gesagt, sie soll die Cops erst verständigen, wenn der absolute Notfall eintritt.«

»Ich verstehe nicht …« Nadia schaute ihn mit großen Augen an. »Wenn das hier kein Notfall ist, was dann?«

»Ich hatte alles perfekt unter Kontrolle, Nadia.«

»Aber wir sind aus dieser Räuberhöhle raus, und die Cops werden den Laden für uns aufräumen! Diesen Umschlagplatz für Drogen und Menschen gibt es bald nicht mehr. Und wer weiß, was die Kerle noch alles verbrochen haben. Diese Bande ist zerschlagen.«

Ackerman schüttelte den Kopf und knirschte mit den Zähnen. »Das Problem ist, dass wir jetzt keine rasche Antwort auf unsere wichtigste Frage bekommen.«

»Welche Frage?«

»Wo das Alien steckt. Ich hatte diesen Hector ausquetschen wollen, auf meine Art. Jetzt geht das nicht mehr. Die Cops werden ihn in Gewahrsam nehmen. Es gibt Gesetze und Vorschriften. Hector wird kein Wort sagen, nur nach seinem Anwalt verlangen.«

Seltsamerweise lächelte Nadia. »Sie sagten doch, dass dieses Alien die Bande möglicherweise übers Dark Web kontaktiert hat? Das bedeutet, dass auf ihren Computern Spuren davon zu finden sein sollten. Okay, dann werde ich Ihnen jetzt mal zeigen, wie meine speziellen Begabungen ins Spiel kommen – Fertigkeiten, mit denen ich in unserem Team die Ihren ergänze.«

Ackerman wirkte skeptisch, doch ein Ausdruck der Belustigung kehrte in seine Augen zurück. »Nach allem, was ich vorhin im Saloon gesehen habe, besitzen Sie sämtliche Fertigkeiten, die Sie brauchen, ob ergänzend oder nicht.«

64

Nadia beeindruckte Ackerman mit ihrem Können an der Tastatur. Binnen kurzer Zeit war sie in das Computersystem der Comancheros eingedrungen, und wenig später hatte sie die Kontakte zwischen dem Alien und den gedungenen Entführern gefunden, die ihm seine Versuchskaninchen geliefert hatten.

Nadia verfolgte die Spur zurück zu einem Satelliten-Internet-Feed, was ihr die GPS-Koordinaten für den Aufenthaltsort des Aliens lieferte. Eigentlich wäre davon auszugehen gewesen, dass der Feed über eine Kette von Relaisstationen lief, was aber unwahrscheinlich schien, denn das Signal stammte von einer Stelle nördlich der Stadt Roswell, wo sich offenbar eine alte militärische Anlage befand.

Ackerman erkannte immer deutlicher, dass Carter zu Recht der Meinung gewesen war, seine und Nadias Fertigkeiten würden einander ergänzen. Außerdem hatte er zum ersten Mal die schwarze Rose gesehen, das Symbol des Black Rose Killers, das innen in Nadias Oberschenkel tätowiert war. Deshalb wusste er jetzt, dass Carter noch andere Gründe gehabt hatte, ihm Nadia an die Seite zu stellen.

Da sie nun einen möglichen Aufenthaltsort des Aliens kannten, wurde beschlossen, dass der Sheriff mit seinen Leuten zurückbleiben und sich um die zerschlagene Biker-Bande kümmern sollte, während das SWAT-Team, das eigentlich gegen Bedrohungen beim TruthFest einschreiten sollte, Ackerman und Naida zugeteilt wurde, um sie bei der Ergreifung des Aliens zu unterstützen. Es war eine schlagkräftige Truppe, die aus Beamten der Staatspolizei und anderen, im

Umgang mit speziellen Waffen und Taktiken ausgebildeten Cops aus ganz New Mexico bestand.

Ackerman und Nadia übernahmen in ihrem Impala die Spitze der kleinen Kolonne. Zwei voll besetzte SWAT-Fahrzeuge folgten ihnen.

Kaum waren sie allein in ihrem Mietwagen, sagte Ackerman: »So wollte ich es eigentlich nicht.«

»Wie meinen Sie das?«, fragte Nadia.

»Jetzt, am Ende der Jagd, wäre ich lieber allein gewesen. So wie es sein sollte. Killer gegen Killer. Raubtier gegen Raubtier.«

»Warum? Halten Sie das für fairer? Weshalb sollten wir es auf einen fairen Kampf mit diesem Ungeheuer anlegen?«

»Um Fairness geht es nicht. Egal wer gegen mich antrat, er geht in keinen fairen Kampf. Er hat schon verloren, bevor er den ersten Schritt auf mich zu macht.«

»Um was geht es dann?«

»Um das Gefühl, dass es so und nicht anders getan werden sollte. Dass es *richtig* ist. Wie es jetzt läuft, ist es grundfalsch.«

Nadia zuckte nur mit den Schultern. »Es ist, wie es ist.«

Schweigend fuhren sie weiter.

Ackerman, seltsam in sich gekehrt, dachte über das Alien nach. Wenn dieser Freak das Geschehen genauso aufmerksam verfolgte wie sie, womit zu rechnen war, und umso paranoider er wurde und je näher er dem Abschluss seiner Mission kam, dann bestand durchaus die Möglichkeit, dass er bereits von der Niederlage der Comancheros wusste. Dann konnte er sich denken, dass sein Aufenthaltsort aufgeflogen war. Deshalb bestand die ziemlich hohe Wahrscheinlichkeit, dass der Killer nicht mehr dort war, wo sie ihn vermuteten, wenn sie dort eintrafen.

Aber es gab noch eine Gefahr ganz anderer Art. Ackerman dachte an die beiden CIA-Söldner, die auf dem Highway nach White Sands in ihrem Fahrzeug gebraten worden waren. Wenn das Alien die Möglichkeit hatte, mit einer Mikrowellenwaffe den Benzintank eines fahrenden Pkws zur Explosion zu bringen – was sollte diesen Irren dann davon abhalten, sich auch seine anderen Gegner auf die gleiche Weise vom Hals zu schaffen, darunter ihn und Nadia? Man konnte davon ausgehen, dass das Alien die ihm zur Verfügung stehende Technik rücksichtslos gegen jede Gefahr einsetzen würde.

Ackerman verzog das Gesicht. Wie sollte er die Situation handhaben? Wie konnte man gegen eine fortschrittliche Technologie auf diesem Level kämpfen? Das schien kaum möglich. Man konnte allenfalls die Fahrzeuge stehen lassen und sich dem Gegner auf dem Pferderücken nähern. Was Ackerman niemals tun würde. Eher marschierte er zu Fuß. Er zog es vor, nicht mit Tieren zu arbeiten. Sie waren zu unberechenbar, wie allein schon Theodore immer wieder unter Beweis stellte.

Letztendlich musste er einräumen, dass ihnen jede Möglichkeit fehlte, einen solchen Angriff abzuwenden. Ihr Gegner hielt das Heft des Handelns in der Hand. Sie konnten nur reagieren.

Das Gespräch zwischen den beiden Männern in dem verbrannten Wagen kam Ackerman in den Sinn. Augenblicke vor der Katastrophe hatte einer von ihnen in Panik ausgerufen: »Diese Hitze! Da stimmt was nicht!« Demnach gab es beim Angriff mit einer Mikrowellenwaffe offenbar irgendeine Vorwarnung.

Ackerman bereitete sich auf den Überfall vor, indem er seinen Rucksack der Überraschungen so legte, dass er ihn blitzschnell aus dem Wagen werfen konnte, wenn eine Attacke stattfand. Ein Rucksack voller scharfer Handgranaten würde ihre Lage nicht gerade verbessern, wenn es im Wagen plötzlich glühend heiß wurde.

Ackerman wusste, sie waren Angriffen fast deckungslos aufgeliefert. Er und Nadia durchquerten auf einem einsamen Highway den Staat New Mexico, gefolgt von zwei größeren, weithin sichtbaren Fahrzeugen, die ihnen Stoßstange an Stoßstange folgten.

Fieberhaft suchte Ackerman nach einer Antwort auf die Frage, was zu tun sei, sollte die befürchtete Situation eintreten. Doch ein Angriff blieb aus. Zumindest für die nächsten Minuten.

Ackerman kamen die ersten Zweifel. Woher sollte er überhaupt wissen, ob eine Erhöhung der Temperatur im Fahrzeug bedeutete, dass sie mit einer Mikrowellenwaffe beschossen wurden, oder ob nur ein Defekt der Klimaanlage oder ein ähnlich banaler Grund vorlag?

In diesem Moment hörte er Nadia heiser fragen: »Was ist das? Woher kommt die Hitze, Frank?«

Als auch er einen Augenblick später die Glut auf der Haut spürte und Nadias schrille Schreie hörte, trat er blitzschnell in Aktion. Er wusste, es ging um Sekundenbruchteile.

Denn das Fahrzeug, in dem sie mit sechzig Meilen die Stunde über den Highway rasten, stand kurz vor der Explosion.

65

Der erste Schritt bei Ackermans instinktiver Rettungsaktion bestand darin, die Tür aufzustoßen und für einen Fluchtweg zu sorgen. Mit der rechten Hand schlug er auf den Entriegelungsknopf und zog den silbrigen Griff, der in die Wagentür eingelassen war. Mit dem rechten Fuß drückte er leicht dagegen, damit sie offen blieb.

Sein nächster Zug erfolgte fast zeitgleich. Mit der rechten Hand warf er den Rucksack aus dem Wagen, während er mit der linken Hand Nadia losgurtete, sodass der einziehbare Nylongurt sich von ihrem Körper löste. Dann drückte er beide Arme unter ihre Schulterblätter, zog sie fest an sich und stieß sich mit den Füßen von der Mittelkonsole nach hinten ab zur Tür. Dabei bemerkte er, dass Nadia sich den Kopf am Rückspiegel blutig gestoßen hatte, aber das erschien ihm ein kleiner Preis, wenn man dafür dem Feuertod in einem explodierenden Auto entging.

Seine Aktionen folgten rasch aufeinander. Innerhalb von drei oder vier Sekunden stürzten sie aus dem Impala und hinaus in die heiße Wüstenluft. Ackerman schlang die Arme um Nadia, um sie vor dem bevorstehenden Aufprall abzuschirmen.

Die nächsten Augenblicke waren ein wirbelndes Kaleidoskop aus Bildern und Empfindungen. Ackerman erinnerte sich nur noch, wie er hart auf dem Boden aufschlug, eine Böschung hinunterrollte und spürte, wie seine Haut aufplatzte. Er erinnerte sich an Steine und Staub und Blut; er erinnerte sich, wie er durch die Luft wirbelte, sich unkontrolliert überschlug und immer wieder hart aufprallte. Und die ganze Zeit konzentrierte er sich darauf, Nadia fest in den Armen zu halten.

Nach einem letzten, markerschütternden Aufprall lag Ackerman still.

Dann geschah es.

Er schaute zur Straße, als er die donnernde Explosion hörte, und sah meterhohe Flammen aus dem Impala schießen. Sekunden später beobachtete er mit grellem Entsetzen, wie die beiden SWAT-Fahrzeuge, besetzt mit zehn ausgewählten Polizeibeamten aus New Mexico, zu wirbelnden Feuerbällen wurden, die sich in der flimmernden, glutheißen Luft überschlugen.

Dann gab es nur noch Stille und undurchdringliche Dunkelheit.

66

Jillian Delacruz erwachte aus einem seltsamen Traum in einer noch seltsameren Wirklichkeit. Hatte sie wirklich geschlafen? Sie war sich nicht sicher. Ihr kam es eher so vor, als wäre sie von Medikamenten betäubt gewesen und immer wieder zwischen Bewusstsein und Dämmerzustand gewechselt. Jetzt saß sie in der Fahrerkabine eines Pritschenwagens, die Hände mit Plastikhandschellen auf den Rücken gefesselt. Ein Sicherheitsgurt hielt sie im Sitz fest. Ihr haarloser Entführer hatte ihr die graue Jogginghose und das T-Shirt angezogen, die sie getragen hatte, als sie entführt worden war.

Der Freak saß hinter dem Lenkrad. Zum ersten Mal trug er Kleidung. Der haarlose nackte Körper und die flache Leistenbeuge waren von einer Jeans und einem schwarzen Kapuzenshirt bedeckt.

Doch der Wagen bewegte sich nicht. Er stand unter freiem Himmel, offenbar vor dem Bunker, in dem Jillian seziert worden war. Sie war froh, dass sie noch die Medikamente im Blut hatte und den Schwindel und die Taubheit spürte, die im Moment ihre Wirklichkeit waren. Ohne den Drogencocktail wäre sie vermutlich vor Schmerzen wahnsinnig geworden.

Sie versuchte sich zu erinnern, wie sie hierher gekommen war, aber alles war verschwommen und nebelhaft. Dann fiel ihr doch etwas ein: Sie hatte den Verrückten beobachtet, als er am Computer gearbeitet hatte. Er hatte irgendetwas auf dem Monitor betrachtet, um dann von einem Moment auf den anderen fuchsteufelswild zu werden, aufzuspringen und in wilder Wut irgendwelche Dinge zu zerschlagen. Erst nach

Minuten hatte er sich beruhigt, hatte sie unter Drogen gesetzt und ihre Wunden vernäht.

Trotz ihrer Benommenheit brachte Jillian hervor: »Wohin bringen Sie mich?«

»Keine Bange«, sagte er. »Ich habe eine Unterkunft vorbereitet. Nichts ändert sich. Ich habe nur meinen Terminplan um zwei Stunden vorverlegt.« Nach ein paar weiteren Klicks drehte er den Laptop zu ihr, damit sie auf den Monitor schauen konnte. »Falls du gedacht hast, deine Rettung naht ...« Er kicherte. »Sieh dir an, was von der Kavallerie übrig ist.«

Der Bildschirm zeigte eine Ansicht von oben. Zu sehen waren drei brennende Fahrzeuge, die auf dem Highway offenbar spontan in Flammen aufgegangen waren.

»Mein Drohnensystem hat kurzen Prozess mit ihnen gemacht«, fuhr der Irre fort. »Wirklich eine wunderhübsche Sache. Ich habe mehrere kleine Drohnen in der Luft, die vereint oder auch einzeln zuschlagen können. Jede von ihnen ist imstande, einen gebündelten Mikrowellenstrahl auszusenden, der so stark ist, dass er Elektronik durchbrennen lässt und sogar einen Funken erzeugen kann, der eine Explosion hervorruft. Jedenfalls brauchen wir uns jetzt nicht über irgendwelche Störungen den Kopf zu zerbrechen, während wir mit dem nächsten Stadium meines Planes weitermachen.«

Jillian fühlte sich noch immer schwindelig. »Ich verstehe es einfach nicht. Sie scheinen ein sehr intelligenter Mensch zu sein. Sie bringen unglaubliche Dinge zuwege. Sie haben diese beeindruckenden Waffen offenbar selbst entwickelt, aber ...« Ihre Stimme versiegte.

»Aber was?«

»Ich kann nicht begreifen, wie man so hochbegabt und zugleich so geistesgestört sein kann.«

Er schlug ihr hart ins Gesicht. Der Hieb warf sie gegen

die Beifahrertür, doch sie empfand keinerlei Schmerz und lachte nur irre.

»Du solltest dich geehrt fühlen, dass es dir gestattet ist, Teil meiner großen Vision zu sein«, keifte ihr Entführer. »Meine anderen Probanden habe ich entsorgt, als ich mit ihnen fertig war, dir aber wird das Privileg zuteil, meine Geisel zu sein. Du wirst das Ende miterleben, egal, wie es ausfällt. Es gibt nur Triumph oder Schande, nichts dazwischen. Du hast Glück. Vielleicht wirst du etwas Großes, Beeindruckendes sehen. Aber reize mich nicht. Du bist entbehrlich. Ich brauche dich nicht. Ich brauche niemanden. Das ist die wichtigste und größte Lektion, die das Leben mich gelehrt hat.«

»Tut mir leid«, sagte sie leise.

»Was tut dir leid?«

»Was man Ihnen angetan hat … was immer das sein mag.«

Er schwieg kurz. »Als ich sieben Jahre alt war«, sagte er dann, »brachten meine Adoptiveltern mich und meine Zwillingsschwester zu einem Mann, den sie den Ältesten nannten. Er war sehr ernst und trug einen schwarzen Anzug. Er hatte einen Aktenkoffer voller Fotos und eine Aufnahme mit der Stimme eines Außerirdischen – eine verrückte Stimme, ganz anders als alles, was ich je gehört hatte. Diese Stimme sagte, meine Schwester und ich seien etwas Besonderes … Sternenkinder nannte sie uns. Dann befahl sie uns, alles zu tun, was unsere Adoptiveltern von uns verlangten. Sie seien alles, was wir hätten während unserer Zeit auf Erden, und sie würden uns den Weg zeigen.«

Er verstummte und wandte sich von Jillian ab, als wäre er beschämt. Dann aber zog er etwas aus der Tasche. Es war eine abgegriffene Lederbrieftasche, die einen vergilbten Zettel enthielt. »Das ist die Liste, die meine Adoptivmutter Tabatha für mich aufgestellt hatte, als ich in die Schule kam. Sie sagte mir, dass sie entscheidend sei, damit ich unter Menschen überleben könnte. Ich habe diese Liste nie jemand anderem gezeigt. Aber wieso soll ich noch Geheimnisse bewahren, wenn das Ende so nahe ist? Deshalb möchte ich gern, dass du sie dir ansiehst.«

Er entfaltete den Zettel behutsam, als handelte es sich um ein heiliges Dokument, und hielt ihn Jillian hin, damit sie ihn lesen konnte.

1. *Traue niemandem*
2. *Teile dich keinem mit und sei niemals offen*
3. *Niemand wird es je verstehen*
4. *Du bist eine Ameise unter Riesen*
5. *Du bist der Niedrigste der Niedrigen*
6. *Lass sie niemals deine wahren Empfindungen sehen*
7. *Halt den Mund geschlossen und den Kopf gesenkt, oder sie werden dich entsorgen*
8. *Du bist ein Außerirdischer. Sollte jemand das herausfinden, wirst du seziert*

Um Himmels willen, dachte Jillian, *was für ein wirres Zeug.*

Sie schwieg einen Moment und sagte dann: »Ihnen muss doch klar sein, dass Ihre Adoptiveltern Sie damit nur manipulieren wollten. Wenn Sie mich fragen, waren diese Leute nicht ganz richtig im Kopf. Die haben Sie und Ihre Schwester auf irgendeine Weise missbraucht, stimmt's?«

Ihr Entführer holte aus, um sie erneut zu schlagen, hielt sich dann aber zurück. »Missbraucht? Ja, sie haben uns missbraucht ... sexuell. Sie haben Videos von uns gedreht. Mit ihnen. Miteinander. Allein. Dann haben sie uns an alle ihre Freunde verliehen und filmten auch das. Meine Schwester und ich blieben bei ihnen, bis wir fast dreizehn waren.

Aber der ernste, dunkle Mann, der Älteste, er war anders. Er war … echt. Ich glaube, dass wir zu falschen Leuten gegeben wurden oder dass die Menschen, zu denen wir kamen, verdorben waren, und so sollte es nicht sein.«

»Und warum sind Sie jetzt so grausam zu mir und anderen? Sie haben überlebt, Sie haben Arbeit gefunden – trotz Ihrer perversen Adoptiveltern. Wieso fangen Sie jetzt damit an, Menschen zu töten?«

»Weil mir die Zeit ausgeht.« Mit dieser Bemerkung klappte er den Laptop zu und ließ den Motor an. Als der Pritschenwagen den Schotterweg entlangrumpelte, der vom Bunker wegführte, betete Jillian im Stillen um einen klaren Verstand und die richtigen Worte, um diesem Verrückten seinen Irrsinn ausreden zu können. Vielleicht gab es noch Hoffnung.

Jillian gelobte, alles zu versuchen, um mit der Welt ins Reine zu kommen, falls sie das hier überlebte. Sie würde sogar gestehen, dass die Entführungsgeschichten in ihren Büchern nur erfunden waren, falls sie diese Tortur überlebte. Ja, sie würde die Wahrheit gestehen.

Ein Zitat kam ihr in den Sinn.

Eine schmerzliche Wahrheit ist besser als eine Lüge.

67

Als Ackerman zu sich kam, herrschte tiefe Stille. Er lag auf dem Rücken und schaute hinauf in einen wundervollen, sternenübersäten Nachthimmel. Einen Augenblick verharrte er, blickte zum Firmament und fragte sich verwirrt, was geschehen war. Dann kam die Erinnerung an den Unfall, den Feuerball, den langen Sturz den Abhang hinunter …

Ackerman erkannte, dass er vorerst geschlagen war. Er würde es nicht mehr schaffen, das Alien in seinem Versteck zu erreichen. Doch er ließ sich von einer solchen Schlappe nicht entmutigen. In seiner Welt war so etwas immer wieder zu erwarten.

Er drehte den Kopf und entdeckte Nadia. Sie lag in seiner Nähe auf dem Rücken, offensichtlich bewusstlos. Wie es aussah, war sie ihm bei seinem Sturz aus den Armen gerissen worden. Zu seiner Erleichterung sah Ackerman kein Blut, und Nadias Brust hob und senkte sich sanft und regelmäßig.

Erst jetzt schaute er an sich hinunter und versuchte zu ermessen, wie schwer verletzt er war – bei ihm keine einfache Sache; schließlich kannte er kein Schmerzempfinden. Er stellte fest, dass seine rechte Schulter ausgekugelt war. Außerdem waren ihm auf dem Rücken zahlreiche Splitter und Steinchen ins Fleisch gedrungen.

Später, sagte er sich. *Kümmere dich erst um wichtigere Dinge.*

Sie waren weit von jeder künstlichen Lichtquelle entfernt; deshalb leuchteten die Sterne besonders hell. In der Stille war es ein magischer, berauschender Anblick. Ackerman ließ den Blick noch einen Moment über die Sternbilder schweifen, ehe er sich davon losriss.

Es wurde Zeit, nach innen zu schauen und sich auf den Mann zu besinnen, den er jagte.

Ackerman sank tief in sein Inneres, schloss die Augen und begab sich in seinen mentalen Palast, in ein Reich der ewigen Dunkelheit und der Ungeheuer, um dort seine Beute zu beschwören – die Kreatur, die man das Alien nannte. Das Gesicht war verschwommen und unter einem Kapuzenshirt verborgen, doch Ackerman sah, dass es sich unverkennbar um einen Mann handelte. Allerdings fragte er sich, ob das Alien sich womöglich als über das Geschlecht hinausgewachsen wähnte – ob es sich einbildete, das Menschliche überwunden zu haben.

Im Unterschied zum letzten Mal, als er das Alien in dieser gespenstischen Welt aufgesucht hatte, ging das Ungeheuer diesmal unruhig auf und ab.

»Was willst du?«, fragte Ackerman. »Was versuchst du zu erreichen?«

Die Stimme, die antwortete, klang blechern und verzerrt. »Ich will nach Hause, und mir ist es egal, was ich tun muss, damit mir das gelingt. Ich sterbe. Mir bleibt keine andere Möglichkeit. Ich habe es immer gewusst, aber ich hatte nie den Mut, deswegen etwas zu unternehmen – bis jetzt, bis ich zu weit getrieben wurde.«

»Du wolltest niemanden verletzen, nicht wahr?«

»Ich wurde zuerst verletzt. Sie haben mich mein ganzes Leben lang verletzt, haben mich gehänselt, mein Vertrauen in mich selbst zerstört, in meine Fähigkeiten. Sie gaben mir das Gefühl, kein richtiger Mann zu sein, kein richtiger Mensch. Ihretwegen kam ich mir schrecklich klein vor, unbedeutend, ein Nichts. Dabei trifft das alles auf sie selbst zu! Denn anders als sie bin ich für Großes ausersehen. Ich wurde aus einem bestimmten Grund hierher entsandt. Vielleicht, weil meine Erzeuger mehr über das Menschsein wissen wollten. Vielleicht ist das der Grund, dass sie mich als Hybriden erschufen. Ich werde es in Kürze erfahren, denn bald bin ich zu Hause. Meine Schöpfer sind die Einzigen, die die Wahrheit kennen. Die Einzigen, die mich noch heilen können. Für die Ärzte der Menschheit ist meine Erkrankung viel zu weit fortgeschritten.«

Ackerman sagte spöttisch: »Sobald man in die Finsternis der eigenen Auslöschung blickt − was bedeutet es da schon, tausend Menschen zu ermorden, wenn man dadurch der eigenen Vernichtung entkommt.«

»Ich habe nichts von alldem je gewollt. Ich habe klein angefangen. Ich habe meinen Schöpfern Nachrichten gesandt. Ich habe es sogar mit Kornkreisen versucht, wie meine Schöpfer selbst sie erschaffen haben, bevor ich damit begann, menschliche Wirtskörper aus Fleisch und Blut für meine Sender zu benutzen, aber nichts hat funktioniert.«

»Und jetzt kommst du der Entscheidung näher«, sagte Ackerman, »deiner Option für den Tag des Untergangs. Du planst einen Anschlag auf das TruthFest. Den Kongress.«

Das Alien lachte. »Das wusstest du doch schon. Alle Wege führen dorthin. Denn unter all diesen Leuten, die nach der Wahrheit suchen oder sie anderen mitteilen wollen, werden, *müssen* welche sein, die in der Gunst meiner Erzeuger stehen. Sterben sie, werden meine außerirdischen Schöpfer es erkennen und mich wahrnehmen − endlich! Vielleicht akzeptieren sich mich dann sogar so weit, dass sie mich vor dem Tod bewahren.«

»Wenn du ihnen wichtig wärst, hätten sie längst etwas unternommen. Was war denn vorher? Du musst in deinem Leben ziemlich beeindruckende Dinge geleistet haben, um Zugang zu dieser Supertechnik zu erlangen.«

Bevor die mentale Projektion des Killers antworten

konnte, bemerkte Ackerman, dass Nadia sich regte. Es wurde Zeit.

Ein letztes Mal schaute er auf die Kreatur, die noch immer auf und ab schritt. »Ich muss jetzt gehen, mein Freund, aber wir sehen uns bald wieder.«

68

Nadia erwachte vom metallischen Geschmack des Blutes in ihrem Mund. Sie betastete ihre Zähne behutsam mit der Zunge. Alles war an Ort und Stelle. Erst dann fiel ihr ein, was geschehen war, und sie stemmte sich mühsam hoch und hielt nach Ackerman Ausschau, konnte ihn aber nirgends entdecken, zumal es noch fast dunkel war. Nur am fernen Horizont war das erste Licht des neuen Tages zu sehen.

Nadia kämpfte sich die steile Böschung hinauf zur Straße, wo die drei zerstörten Fahrzeuge standen. Sie brannten noch immer, aber sie hörte keine Schreie. Vermutlich waren alle Insassen auf der Stelle tot gewesen.

Nadia flocht die Finger zusammen und legte beide Hände auf den Scheitel, sank in die Knie und kämpfte gegen eine Woge der Trauer an, vermischt mit hilflosem Zorn, der ihr die Brust zuschnürte. Sie hatte das Gefühl, nicht mehr atmen zu können.

Als sie eine Hand auf der Schulter spürte, riss sie die Achsel weg, aber es war Ackerman. Sein Gesicht war blutüberströmt und mit Staub und Sand verkrustet, seine Kleidung schmutzig und zerrissen, und sein rechter Arm hing kraftlos an der Seite herunter.

Er zeigte auf die brennenden Fahrzeuge. »Sehen Sie? Deshalb habe ich so ungern Verstärkung. Es bereitet mir Schuldgefühle, wenn die Menschen in meiner Nähe sterben, obwohl ich gar nichts dafür kann.«

»Ihre Schulter ist ausgerenkt«, sagte Nadia, ohne auf seine Bemerkung einzugehen. »Vielleicht sogar gebrochen. Haben Sie Schmerzen?«

Ackerman schüttelte den Kopf. Erst jetzt sah Nadia, dass seine Zähne rot waren von Blut. »Nur ausgerenkt.« Er winkte ihr zurückzutreten, ergriff seinen Arm mit der linken Hand und riss ihn mit einem kräftigen Ruck herum, während er sich mit dem ganzen Körper gegen die Bewegung stemmte. Nadia hörte das Knirschen, als die Schulter wieder ins Gelenk sprang.

Ackerman drehte sich um. »Schauen Sie sich mal meinen Rücken an, okay?«

Nadia wurde beinahe übel beim Anblick seiner geschundenen Haut, die von Splittern und Steinchen blutig geschürft war, wie sie im flackernden Licht der Flammen sehen konnte. Sie zog ihre Jacke aus und tupfte damit vorsichtig die scharfkantigsten Splitter weg; mehr brachte sie nicht über sich, weil dabei viel Blut floss. Die Wunden mussten dringend von einem Arzt behandelt werden.

Als sie fertig war, zog Ackerman sein Handy hervor und blickte aufs Display. »Das dachte ich mir schon. Kein Netz. Wie ist es bei Ihnen?«

Nadia griff in die Tasche, musste aber feststellen, dass ihr Smartphone beim Aufprall zerschmettert worden war.

»Scheint so, als hätten wir keine Möglichkeit, mit irgendjemandem zu telefonieren«, murmelte sie.

Ackerman zuckte mit den Schultern. »Machen Sie keine große Sache daraus, Nadia. Kommen Sie, wir müssen los.« Abrupt setzte er sich in Bewegung und schlug die Richtung ein, aus der sie gekommen waren.

Nadia folgte ihm. »Wohin gehen wir? Sollten wir nicht zu dem Bunker, dem Versteck des Aliens? So weit weg können wir nicht sein. Und jetzt haben wir wenigstens den Vorteil des Überraschungselements. Dieser Freak hält uns für tot.«

»Das spielt keine Rolle, Nadia. Er ist längst weg.«

»Und wenn Sie sich irren? Wenn wir ganz in seiner Nähe sind?«

Ackerman schüttelte den Kopf. »Wir sind noch zehn Meilen von dem Bunker entfernt, an dem wir ihn geortet hatten. Ich weiß es deshalb, weil wir vor ungefähr drei Meilen an einer Tankstelle vorbeigekommen sind.«

Nadia hielt mühsam mit ihm Schritt. »Was ist mit Liana?«

Als sie eben Ackermans Rücken verarztet hatte, hatte er keine Miene verzogen oder sonst eine Reaktion gezeigt, nun aber, da sie Liana erwähnte, blickte er gequält drein. »Ich glaube, sie ist wütend auf mich. Es ist wohl besser, sie bei der Sache aus dem Spiel zu lassen. Sie war nicht gerade erfreut, als ich sie mit dem Scharfschützengewehr auf den Wasserturm beordert hatte.«

»Frauen mögen es nun mal nicht, herumkommandiert zu werden. Sie sind Lianas Freund, nicht ihr Vorgesetzter.«

»Hm, ja. Vielleicht hätte ich es zartfühlender angehen sollen. Leider neige ich dazu, immer zu sagen, was ich denke. Ich habe mir keine Gedanken gemacht, wie Liana darauf reagieren wird oder was sie davon halten könnte. Ich habe ihr nur gesagt, was meiner Meinung nach dringend getan werden müsste.«

»Oft liegt es nicht daran, was man sagt, sondern wie man es sagt«, meinte Nadia.

Er verzog das Gesicht. »Wissen Sie was? Manchmal habe ich das Gefühl, eine Frau wie Liana gar nicht verdient zu haben.«

Nadia staunte über diese Offenbarung. »Das ist nicht Ihr Ernst! Sie beide passen großartig zusammen. Es läuft doch bestens zwischen Ihnen.«

»Das stimmt schon, aber ich mag es nun mal nicht, wenn Menschen, die ich liebe, immer wieder in Gefahr geraten.

Wahrscheinlich kommt das für mich der Empfindung von Angst am nächsten. Und wenn das geschieht, besteht die Gefahr, dass ich die Beherrschung verliere. Wenn normale Menschen die Beherrschung verlieren, wird meist nur jemand verdroschen oder in seinen Gefühlen verletzt. Wenn aber ich die Beherrschung verliere, schrumpft die Bevölkerung.«

Nadia war sich nicht sicher, was sie sagen sollte. Wie konnte man jemanden wie Ackerman trösten? Einen Mann, der all das durchgemacht hatte, was er hatte ertragen müssen? Der so unermessliches Leid erduldet hatte?

Sie legte ihm eine Hand auf den Arm, schaute ihm in die Augen und sagte: »Ich vertraue Ihnen, Frank. Ich werde Sie vielleicht niemals verstehen, aber ich weiß, dass Sie tief im Innern, unter all den Narben und Ihrer rauen Fassade, ein guter Kerl sind. Ich habe diesen guten Kerl kennengelernt, und dafür werde ich immer dankbar sein. Ich bin froh, dass Sie es waren, der auf mich achtgegeben hat.«

»Das sind ja ganz neue Töne«, sagte er und zwinkerte ihr zu. »War mir ein Vergnügen, Ihren Aufpasser zu spielen.« Er blickte auf die Uhr. »Aber jetzt ist Schluss mit den Rührseligkeiten. Wir haben fast Morgen, und es wird bereits hell. Wir müssen die Beine in die Hand nehmen, wenn wir rechtzeitig am Motel sein und uns für die Party schick machen wollen. Kommen Sie, wir müssen zuerst zu der Tankstelle, von der ich gesprochen habe.«

69

Sie hatten die Hälfte des Weges zur Tankstelle hinter sich, als Ackermans Handy wieder Netz bekam.

Sein erster Anruf galt dem Sheriff, der darauf bestand, mit zusätzlichen Männern zum Versteck des Aliens zu fahren, um auf Nummer sicher zu gehen, dass der Verrückte sich tatsächlich abgesetzt hatte.

Als Nächsten rief Ackerman seinen Boss an, Deputy Director Carter. Ackerman informierte ihn, dass sie die Besprechung mit Roland Greene von der CIA ins Sicherheitsbüro des Kongresszentrums verlegen müssten. Dass man das Versteck des Aliens, den Bunker, entdeckt hatte, musste dessen Zeitplan umgeworfen haben, sodass der Irre mit noch höherem Einsatz spielen würde als zuvor. Für Ackerman stand daher fest, dass das Alien einen Anschlag auf das TruthFest verüben würde; es war die letzte Möglichkeit für den Verrücken, jemanden zu finden, der in seine Pläne passte, mit Außerirdischen Kontakt aufzunehmen.

Ackerman hatte nicht die Absicht, den Sheriff und seine Leute zum Bunker zu begleiten. Stattdessen wartete er auf das Erscheinen der Streifen- und Rettungswagen, die bald darauf am Ort des schrecklichen Anschlags auf dem Highway erschienen. Er ließ sich und Nadia von einem Deputy zu ihrem Motel fahren, wo sie sich frischmachen und für das bevorstehende Treffen umziehen konnten.

Jede Spur, die vom Alien am Bunker noch zu finden sein mochte, hatte zu diesem Zeitpunkt ihre Bedeutung eingebüßt, da war Ackerman sicher. Das Alien hatte sein Refugium verlegt. Doch Ackerman hatte sein Ziel erfasst oder wusste wenigstens, wo es zu finden war. Er brauchte keine weiteren Informationen mehr, um am Zielpunkt einschlagen zu können wie eine Lenkrakete.

Beim TruthFest.

Das Alien würde zum TruthFest kommen – Ackerman war felsenfest davon überzeugt. Bald würden sich die letzten Puzzleteile ins Bild fügen, wenn sie Roland Greene und sein Team von der CIA trafen. Offen war nur noch die Frage, ob Greene die Informationen, die Ackerman brauchte, freiwillig preisgab oder ob Druck ausgeübt werden musste.

Als sie das Motel erreichten, bestand Nadia darauf, zum Krankenhaus zu fahren und Ackermans Wunden versorgen zu lassen. Doch er warf vor dem Spiegel nur einen kurzen Blick auf seine Verletzungen, schüttelte den Kopf und sagte: »Eine Dusche und ein frisches Shirt, mehr brauche ich nicht.«

Zum Glück hatte er seinen Wunderrucksack, den er kurz vor der Explosion des Impalas aus dem Fahrzeug geschleudert hatte, auf dem Rückweg zur Tankstelle an der Böschung des Highways gefunden; darin war auch Ersatzkleidung für die Besprechung. Am liebsten wäre er geschunden und blutig dort aufgetaucht, nur um der Wirkung willen. Leider wusste er, dass seine Kollegen dies vermutlich als Anzeichen dafür missdeutet hätten, dass er endgültig den Verstand verloren hatte. Sie hätten es nicht als Methode der psychologischen Kriegsführung erkannt.

Ackerman wusste ohnehin nicht, was er von der Besprechung erwarten sollte. Greene war ein Mann, der allgemein das Richtige tun wollte; zugleich war er von der Sorte, die ohne Bedenken für ihr Land tötete. Ackerman hatte den Verdacht, dass Greene für den American Way of Life sein Leben opfern würde, doch ehe es dazu kam, würde er Tausende von Menschen töten, damit es mit der Lebensweise, die Greene für die beste der Welt hielt, weitergehen konnte. Im Lichte dieser Einschätzung fand Ackerman Menschen wie Roland Greene beinahe furchteinflößender als jemanden wie das Alien.

Carters Limousine holte sie um neun Uhr morgens ab. Der Deputy Director saß vorn zwischen zwei Bodyguards. Ackerman und Nadia nahmen im geräumigen Fond Platz. Dann verließ der lange schwarze Wagen, was vom Parkplatz des Counting Stars Motor Inn übrig war. Ein Großteil des Geländes war von Ackermans Explosionen zerwühlt und von der Polizei abgesperrt worden.

Ackerman musterte Carter von Kopf bis Fuß. Der gutaussehende Schwarze sah in seinem maßgeschneiderten Anzug sehr elegant aus. »Wie aus dem Ei gepellt, Samuel«, sagte Ackerman.

Carter antwortete, indem er seinen besten Mann von Kopf bis Fuß musterte, wobei sein Blick über die Tarnhose und das langärmelige schwarze Shirt schweifte. »Leider kann ich das Kompliment nicht zurückgeben, Frank. Sie sehen ziemlich ramponiert aus«, erwiderte er. »Okay, was wissen wir?«

»Das wichtigste Ziel unseres Killers ist die Kontaktaufnahme zu außerirdischen Lebensformen. Er glaubt, dass er in den Körpern jener Personen, die angeblich von Ufos entführt wurden, Peilsender entdecken kann, mit deren Hilfe er sich dann mit den kleinen grünen Männchen verständigen könnte. Vielleicht versucht er auch, die Aliens auf sich aufmerksam zu machen. Die Leichen der Personen, die er entführt hat, wurden immer weiter von Roswell entfernt aufgefunden. Mit anderen Worten, sein Betätigungsfeld hat sich von Roswell aus immer mehr ausgebreitet, bis zum Wohnort seines letzten Opfers, einer prominenten Bestseller-Autorin, die Informationen über zahlreiche andere angeblich von

Ufos Entführte besaß – Leute, die sie im Laufe der Jahre interviewt hatte.«

»Wie kommt es, dass jemand von einem so hohen Bildungsstand wie unser Gesuchter auf den Gedanken verfällt, er könne Aliens kontaktieren?«, fragte Carter.

»Ich glaube, dieser Mann hat sich immer schon für eine Art Außerirdischer gehalten. Vielleicht hat er eine physische Fehlbildung. Möglicherweise ist er haarlos, aber das ist vorerst reine Spekulation auf Grundlage einiger peripherer Fingerzeige. Wie auch immer, er war offenbar stets ein Außenseiter. Mittlerweile leidet er an einer chronischen Krankheit, die ihn immer mehr schwächt und in naher Zukunft womöglich umbringen wird. Gut möglich, dass diese Erkrankung sich auch auf sein Denkvermögen und seine Emotionen auswirkt. Wie dem auch sei, der Bursche hat nichts zu verlieren. Und es gibt allem Anschein nach niemanden, auf den er Rücksicht nehmen würde. Er ist die Sorte Täter, die sämtliche Teilnehmer des Ufo-Kongresses umbringt, ohne mit der Wimper zu zucken, wenn es seinen Plänen dienlich ist.«

Carter nickte. »Es werden fünfzehntausend Besucher erwartet. Sie glauben, unser Killer setzt darauf, dass darunter eine Person ist, die tatsächlich von Außerirdischen entführt wurde? Und dass diese Person beim Hauptereignis dabei sein wird?«

Ackerman zuckte mit den Schultern. »Ich nehme es an.«

»Und wie halten wir ihn auf, ehe er zum Zuge kommt? Die Sicherheitsmaßnahmen werden verstärkt sein, aber wie Sie wissen, sind die Männer vom SWAT-Team, das für uns bereitstehen sollte, heute Nacht bei dem Angriff auf dem Highway ums Leben gekommen. Unsere Leute unterstützen die Veranstalter des Ufo-Kongresses, so gut es geht, aber wenn dieser Wahnsinnige bereits bei der Eröffnungszeremonie zuschlägt, weiß ich nicht, ob wir dann schon bereit sind. Außerdem hat er sich als sehr erfinderisch erwiesen und ist obendrein auf dem neuesten Stand der Technik. Da können wir kaum mithalten. Wir können nur versuchen, weiter vorauszudenken als er. Wir müssen ihm mehrere Züge voraus sein, anstatt nur auf ihn zu reagieren.«

»Ich weiß noch immer nicht, wie sein Anschlag ablaufen soll«, sagte Ackerman. »Wenn er versucht, bei hellichtem Tag seine Drohnen einzusetzen, könnten wir sie abschießen. Ich nehme an, wir haben Scharfschützen auf den Dächern?«

Carter nickte. »Wenn noch nicht jetzt, dann bald.«

»Sagen Sie denen bitte, sie sollen auf Angriffe aus der Luft vorbereitet sein. Wir sollten sie mit automatischen Waffen ausrüsten.«

»In Ordnung«, versprach Carter. »Sie glauben tatsächlich, dieses Alien verfügt über Mikrowellenwaffen?«

Ackerman nickte. »Ja. Und wer weiß, worüber sonst noch. Wir können ja nicht wissen, an welchen Projekten er außerdem noch mitgearbeitet hat. Er könnte noch ganz andere Waffensysteme in der Hinterhand haben. Ich hoffe, Greene kann uns etwas dazu sagen.«

»Ich würde nicht darauf setzen, dass die CIA uns ihre Geheimnisse preisgibt. Besonders nicht bei Roland Greene.«

Ackerman zwinkerte Carter zu. »Ich kann charmant und überzeugend zugleich sein. Was kann da schon schiefgehen?«

70

Die Wachstation des Kongresszentrums lag abseits der Hauptgebäude in einem schmucklosen Ziegelbau. Verräterisch war nur der Klingendrahtzaun, der das Gebäude umschloss. Im Innern glänzte es makellos sauber und neu, denn es feierte seine Premiere.

Die Delegation aus dem Justizministerium, die aus Carter, Nadia und Ackerman bestand, hatte sich zuerst eingefunden. Ackerman war froh, dass er Zeit hatte, kurz mit dem Sicherheitschef zu sprechen, einem zwei Meter großen Schwarzen namens Arlo, ein umgänglicher Bursche, der Ackerman auf Anhieb sympathisch war.

Eine seltsame Spannung erfüllte den Raum, als die Abordnung des Außenministeriums eintraf. Die Gruppe bestand aus zwei Männern in schwarzen Poloshirts und hellbraunen Tarnhosen, Roland Greene in einem eleganten Maßanzug, der in Sachen Exklusivität ein paar Klassen oberhalb von Carters Dreiteiler anzusiedeln war, und einer vierten Person, deren Erscheinen Ackerman nicht allzu sehr überraschte.

Dixie.

Die vermeintliche Kellnerin trug eine schwarze Cargohose und ein weißes T-Shirt unter einer Motorradjacke aus schwarzem Leder. Ihre Haare waren noch immer kurz und schwarz. Ackerman fragte sich, ob sie an ihrer Frisur viel geändert hatte. Dass es eine Perücke war, hatte er rasch entdeckt – nicht etwa, weil sie nicht überzeugend gewesen wäre, sondern weil er sich seit Jahren von Berufs wegen mit Verkleidungen befasste. Er wusste, wie man so etwas trug, und auch, wie man andere erkannte, die eine Perücke trugen. Es überraschte ihn allerdings, dass die falsche Kellnerin nun ein japanisches Schwert, das in einer Scheide steckte, mit der linken Hand umfasst hielt. Sicher, auch er selbst trug sein Bowiemesser in einer Scheide hinter dem Rücken, aber es erschien ihm doch ziemlich merkwürdig, dass Dixie mit einer offen getragenen Klingenwaffe in den Raum trat.

Ackerman schaute zu Nadia und Carter und sah das Erstaunen auf ihren Gesichtern, das vermutlich sowohl der Anwesenheit Dixies als auch ihrer Waffe galt.

»Nettes Spielzeug«, sagte Ackerman, als sie zu ihm kam. »Sie sind vermutlich die erste Regierungsagentin, die mit einem Schwert in eine Besprechung geht. Nun ja, auf diese Weise kann man seinen Argumenten notfalls zusätzliches Gewicht verleihen.«

Die große, kräftig wirkende Frau lachte auf. »Da haben Sie wohl recht, aber ich habe das Katana mitgebracht, weil ich nachher damit zum TruthFest möchte. In bin ein großer SF-Fan.« Sie hob die Waffe. »Der Stahl wurde auf Okinawa geschmiedet. Sechzehnmal gefaltet.«

Ackerman betrachtete das Schwert und zog es ein Stück aus der Scheide, um die Klinge zu begutachten. »Stammt die Klinge von Gassan Sadatoshi?«

Dixie nickte, und ein seltsames Funkeln trat in ihre Augen. »Ich dachte mir gleich, dass Sie es einzuordnen wissen.«

Nachdem Ackerman das Schwert ausreichend bewundert hatte, reichte er es seiner Besitzerin zurück. »Gratuliere, Danica. Eine großartige Waffe.«

Ein Ausdruck des Erstaunens erschien auf ihrem Gesicht, als ihr bewusst wurde, dass er ihren echten Namen kannte, doch sie ging nicht darauf ein. Ackerman konnte nicht mit Sicherheit sagen, ob Greene oder sonst jemand es bemerkt hatte, doch seine Botschaft hatte ihre Adressatin erreicht.

Carter wies auf den Konferenztisch im Nebenraum, und sie gingen hinein und setzten sich an gegenüberliegende Seiten. Danica legte ihr Schwert auf einen Tisch in einer Ecke des Raumes.

Roland Greene rieb sich über seinen Walrossbart und ließ den Blick über die Anwesenden schweifen. »Also dann, kommen wir gleich auf den wichtigsten Punkt zu sprechen«, begann er. »Was braucht das Innenministerium von uns?«

Ackerman ergriff als Erster das Wort. »Sie sind vom Geheimdienst. Warum weihen Sie uns nicht in ein paar Ihrer Geheimnisse ein?«

»Welche Geheimnisse?«

»Das Alien. Sie wissen, wer unser Killer ist und was es sonst noch über ihn zu erfahren gibt. Er hat für Sie gearbeitet.«

Greene schüttelte den Kopf. »Das trifft so nicht ganz zu. Gearbeitet hat er für Thermodyne Industries.«

»Und Thermodyne Industries hatte einen Vertrag mit der CIA-Abteilung für Forschung und Technologie.«

»Ja, aber nicht nur. Die Firma hat auch mehrere Verträge mit dem Militär.«

Ackerman beugte sich vor. »Mir ist Ihre Welt aus Grauzonen, windigen Regierungsverträgen, Provisionen, schwarzen Kassen und dergleichen herzlich egal. Ich will nur wissen, mit wem wir es hier zu tun haben und auf welche Techniken und Waffensysteme der Kerl zurückgreifen kann.«

Greene schüttelte den Kopf. »Tut mir leid. Ich kann über laufende Projekte nicht sprechen.«

»Ach ja? Das sehe ich anders, denn es handelt sich um Projekte, bei denen Ergebnisse gestohlen wurden, die jetzt gegen Bürger der USA eingesetzt werden sollen.«

Roland Greene wies mit dem ausgestreckten Finger drohend auf Ackerman. »Hören Sie jetzt gut zu. Weder dem

Außenministerium noch einem unserer Vertragspartner ist irgendetwas entwendet worden. Die Person, die Sie als das Alien kennen, heißt Dorian Lang. Er war über Jahre hinweg einer der Top-Ingenieure in den Vereinigten Staaten, erkrankte dann aber an Krebs und verließ Thermodyne. Mehr kann ich Ihnen nicht sagen.«

»Wir wissen immerhin von den Kornkreisen, den Mikrowellen-Energiewaffen und den Drohnenstaffeln, aber bei einem Ziel wie diesem hier nützen solche Waffen wenig – eine ausgedehnte Fläche, noch dazu bei helllichtem Tag. Hat dieser Dorian an anderen Projekten gearbeitet? An irgendeiner Technik, die er nachbauen und gegen die Besucher des TruthFest einsetzen könnte?«

Greene hob die Hände. »Tut mir leid, ich kann nicht über laufende Projekte oder geheime Operationen sprechen, an denen Dorian Lang womöglich mitgewirkt hat.«

Carter beugte sich vor. »Er war einer Ihrer Leute, Roland. Zu diesem Kongress hier werden fünfzehntausend Besucher erwartet. Wenn einer Ihrer Männer eine Waffe gebaut hat, die gegen diese Menschen eingesetzt werden könnte, ist es Ihre verdammte Pflicht, uns auf jede erdenkliche Weise zu helfen.«

Greene strich sich über den Schnurrbart. Dann wandte er sich Ackerman zu. »Ich mache Ihnen ein Angebot. Ihr Bruder Marcus wollte uns nicht gestatten, eine sogenannte Hirnkartierung, wie wir es bezeichnen, an Ihnen vorzunehmen. Wenn Sie unseren Spezialisten erlauben, einen vollständigen Scan Ihres Gehirns zu erstellen, sobald diese Geschichte hier überstanden ist, sage ich Ihnen, was Sie wissen wollen.«

Carter antwortete, bevor Ackerman auch nur ein Wort sagen konnte. »Das geht nicht. Wir können nicht erlauben, dass die CIA irgendwelche zweifelhaften Versuche mit dem Gehirn eines Mannes anstellt, der nicht einmal selbst die

Grenzen seiner Fähigkeiten kennt. Das FBI, für das ich spreche ...«

Ackerman unterbrach ihn. »Es ist meine Entscheidung, Carter.«

»Aber Sie wissen doch selbst, was der Geheimdienst mit den Erkenntnissen anstellen will«, protestierte Carter. »Die wollen herausfinden, weshalb Sie keine Angst und keinen Schmerz kennen. Sobald die CIA-Spezialisten dieses Rätsel entschlüsselt haben, wird der Geheimdienst versuchen, Sie zu duplizieren und Ihre Fähigkeiten auf ausgewählte Agenten auf der ganzen Welt zu übertragen.«

Ackerman blickte seinen Vorgesetzten an. »Sie haben gerade gesagt, dass das Leben von fünfzehntausend Menschen auf dem Spiel steht. Dafür wäre ein solcher Scan ein geringer Preis.« Er schaute zu Greene. »Gut, ich bin Ihr Mann, sobald das hier vorüber ist.«

Ein triumphierender Ausdruck erschien auf Greenes Gesicht. »Sehr gut.«

»Und jetzt sagen Sie uns endlich, welche Waffen dieser Dorian entwickelt hat«, drängte Ackerman. »Was will er hier einsetzen?«

Greene nickte Danica auffordernd zu.

Die hochgewachsene Frau mit der hellen Haut erhob sich. »Außer der Drohnenstaffel«, erklärte sie und blickte in die Runde, »hat Dorian Lang eine Mikrowellen-Strahlungsbombe entwickelt. Sie spielt in einer ganz anderen Liga als die Drohnen. Es handelt sich dabei um eine zielgerichtete Energiewaffe, die gegen Bunker und andere gesicherte Ziele eingesetzt werden soll. Die Strahlung durchdringt die dicksten Betonwände innerhalb von Sekunden und kann die Menschen im Innern kochen wie in einem riesigen Mikrowellenherd.«

»Wie groß ist die Reichweite dieser Waffe?«, fragte Ackerman.

Danica zuckte mit den Achseln. »Tausend Meter vielleicht, wenn sie ständig mit Energie versorgt wird.«

»Können wir die Energieversorgung für dieses Tagungszentrum unterbrechen?«, wollte Carter wissen. »Weiß das hier jemand?«

Der zwei Meter große Sicherheitschef, der an der Tür stand, meldete sich zu Wort. »Wenn wir den Strom abstellen, können wir genauso gut das Konferenzgebäude räumen. Und wenn der Strom mal ausfällt, springen die Notgeneratoren an. Wir haben nicht einmal Zugang zu den Anlagen, sondern müssten jemanden vom Energieversorger oder einen Spezialisten aus dem Hauptbüro kommen lassen …«

Carter fiel dem Mann ins Wort. »Wie lange sind Sie bereits informiert, Roland?«, wollte er von Greene wissen. »Sie haben meine Leute von zwei Männern beschatten lassen.«

»Die beiden wussten nicht, dass Danica zu uns gehört und bereits vor Ort war. Ich rief die Männer her, um die Situation zu bereinigen, nachdem ich Wind davon bekam, dass Dorian Lang in die Geschichte verwickelt sein könnte.«

»Weil Dorian und Danica Bruder und Schwester sind, nicht wahr?«, ließ Ackerman die Bombe platzen.

Für einen Moment herrschte fassungsloses Schweigen im Saal.

Dann sagte die Frau mit dem Samuraischwert: »Er hat recht. Ich bin Danica Lang. Dorian ist mein Zwillingsbruder. Aber ich sollte wohl besser sagen, dass er mein Bruder *war*. Er hat vor ein paar Jahren eine Penektomie durchführen lassen. Dorian findet, dass er … dass *sie* damit die Grenzen des Geschlechts überwunden hat.«

Ackerman registrierte, wie Danica das Gesicht verzog, wann immer sie ihren Bruder erwähnte – besonders aber, als sie von der Penisentfernung sprach.

»Nun ja, jeder ist seines Glückes Schmied«, lautete Ackermans Kommentar. »Für mich wäre das definitiv nichts. Ich hänge an meinem besten Stück – und umgekehrt.«

Zu seiner Verwunderung glaubte er, Nadia und einige andere Anwesende prusten zu hören.

»Wie groß ist diese Mikrowellenbombe?«, fragte er rasch, ehe seine Partnerin in lautes Gelächter ausbrechen konnte.

»Ungefähr so groß wie eine Truhe«, sagte Danica, die Ackerman zwar seltsam musterte, an der seine Bemerkung ansonsten jedoch abzuprallen schien. »Er könnte sie Stück für Stück hier hereingeschmuggelt haben. Sie lässt sich in Teile zerlegen, die kleiner sind als eine Aktentasche. Die Bezeichnung ›Bombe‹ trifft es allerdings nicht. Die Waffe ähnelt den ADS-Systemen – den Antipersonenwaffen, die das Militär zurzeit auf Humvees verwendet. Bei diesen ADS-Systemen handelt es sich im weitesten Sinne um Strahlenkanonen. Der Unterschied ist allerdings, dass Dorians Waffe einen Menschen buchstäblich kochen kann, indem sie das Wasser in seinem Körper zum Brodeln bringt.«

»Wie viel Zeit bleibt uns nach der Aktivierung dieser Waffe?«

Danica zuckte mit den Schultern. »Ich bin keine Expertin, aber ich weiß, dass die Strahlung umso stärker wird, je näher man der Waffe kommt. Angeblich erzeugt sie in den ersten zehn Sekunden nur heftiges Unbehagen. Danach aber sind die Folgen mit jeder verstreichenden Sekunde umso verheerender.«

Ackerman blickte Arlo an. »Wir müssen eine Möglichkeit finden, den Strom abzustellen. Und jeder verfügbare Mann muss bei der Suche nach Dorians Versteck im Kongresszentrum helfen. Täuschen Sie sich nicht, er ist bereits hier. Und wenn wir nicht schnell handeln, haben wir hier in Kürze fünfzehntausend knusprig gebratene Ufo-Anhänger.«

71

Die beiden Gruppen diskutierten noch ein paar Minuten über mögliche Ausweichpläne und Details. Schließlich wurde beschlossen, dass Ackerman und Nadia das Kongressgebäude durchstreifen sollten, ehe bewaffnete Trupps auf die Suche geschickt wurden. Nadia und Ackerman sollten vorab feststellen, ob ihnen etwas Verdächtiges auffiel und ob sie vielleicht sogar Dorian Lang zu Gesicht bekamen, dessen Foto sie von ihren neuen Verbündeten bei der CIA erhalten hatten.

Sie stiegen in ein Golfmobil des Sicherheitsdienstes, was es ihnen erlaubte, binnen kürzerer Zeit einen größeren Bereich abzusuchen, als dies zu Fuß möglich gewesen wäre. Nadia setzte sich hinter das Lenkrad, Ackerman auf den Beifahrersitz, ein mittlerweile vertrautes Muster.

Als Erstes überprüften sie den ausgedehnten Parkplatz, der nahezu komplett mit den Fahrzeugen der Besucher und Touristen zugestellt war.

»Diese Frau, diese Danica«, begann Nadia nach einer Weile, »sie kann einem eine Gänsehaut verursachen, nicht wahr?«

»Die Frau ist gefährlich.« Ackerman nickte. »Sie könnte mich sogar an meinem besten Tag hart auf die Probe stellen.«

»Aber sie mag Sie offenbar. Sie hat Sie die ganze Zeit angeschaut, als wollte sie mit Ihnen anbändeln.«

Ackerman schüttelte den Kopf. »Sie bringen da etwas durcheinander, Nadia. Ihre Blicke hatten nichts Sexuelles.«

»Nein? Was dann?«

»Sie will mich umbringen und aufessen.«

»Du liebe Zeit!«, stieß Nadia hervor. »Sie meinen, wie eine Schwarze Witwe?«

»Ja. Netter Vergleich.«

»Klingt mir aber ziemlich sexuell«, meinte Nadia.

Ackerman seufzte. »Vielleicht wäre das alles nie so weit gekommen, hätte Danicas Bruder sein bestes Stück behalten.«

»Frank, bitte, nicht schon wieder …«

»Sie haben recht. Konzentrieren wir uns lieber auf das, was wir zu tun haben.«

Als Ackerman die zahllosen Fahrzeuge auf beiden Seiten vorüberziehen sah, die aus allen Teilen der USA gekommen waren, stieg ein besorgniserregender Gedanke in ihm auf. »Liana wollte ihre Großmutter heute in die Stadt mitbringen und mich ihr vorstellen«, murmelte er.

»Was?« Nadia riss die Augen auf. »Dann sollten Sie Liana schleunigst anrufen. Zurzeit ist dieser Kongress die größte Attraktion im ganzen Staat.«

Ackerman versuchte es, aber niemand ging ran. Er schickte eine SMS, doch als sie das Kongresszentrum erreichten, hatten er noch immer keine Antwort. Er beschloss, es später noch einmal zu versuchen und notfalls jemanden auf die Suche nach den beiden Frauen zu schicken, falls es wieder nicht klappte.

Nadia stoppte das Golfmobil vor dem Haupteingang des Kongresszentrums. Besorgt wandte sie sich Ackerman zu, der im Sitz leicht nach vorn gesunken war. »Alles okay, Frank?«, fragte sie.

Er schüttelte den Kopf. »Nicht so ganz. Ich fürchte, mit meiner Schulter ist irgendetwas nicht in Ordnung.«

Nadia riss die Augen auf. »Stehen Sie die Sache hier nicht durch?«

»Mit Durchstehen hat es nichts zu tun, wenn die Gummibänder reißen, die mich zusammenhalten, sodass ich den Arm nicht mehr heben kann.«

»Ist es so schlimm?«

»Ich möchte nicht herausfinden müssen, was passiert, wenn diese Danica Lang mir ihr Samuraischwert an die Kehle hält.«

»Gott sei Dank wird das nie passieren«, meinte Nadia zuversichtlich. »Danica steht schließlich auf unserer Seite. Es ist ihr Bruder, der …«

»Keine Sorge. Ich weiß, wie ich Dorian finden kann.«

Nadia schaute ihn verwirrt an. »Wie bitte?«

Ackerman rief eine App auf seinem Smartphone auf. Das Display zeigte eine GPS-Karte mit zwei verschiedenen Positionsmarkern.

»Hier«, sagte er. »Schauen Sie mal.«

»Was ist das?«, fragte Nadia.

»Das da sind wir … und das da ist Danica Lang. Ich habe ihr einen winzigen Peilsender untergejubelt, als ich mir vorhin ihr hübsches Schwert angeschaut hatte.«

»Wie haben Sie *das* denn angestellt?«

»Ach, wissen Sie«, Ackerman grinste, »das lernt man mit der Zeit. Schon als wir gestern in diesem Diner gewesen sind, habe ich Dixie, die Kellnerin, mit einem Abhörgerät und einem Peilsender versehen.«

Nadia erdolchte ihn mit Blicken. »Und das sagen Sie mir erst jetzt?« Sie atmete tief durch. »Okay, was haben Sie herausgefunden?«

»Ich hatte mich gefragt, wie das Alien wissen konnte, dass es die beiden CIA-Agenten angreifen musste, was ja dann auch geschah, während wir sie noch belauschten. Klar, es bestand die Gefahr, dass die beiden Männer vertrauliche Informationen preisgaben, aber wie sollte Dorian auch nur ahnen, dass wir den Männern zuhörten? Und woher sollte er wissen, dass wir zum gegebenen Zeitpunkt eine unmittelbare Gefahr darstellten und die beiden Männer für die CIA arbeiteten? Vielleicht war es Zufall, aber als ich mir die Aufnahme später anhörte, stellte ich fest, dass Dixie, die vermeintliche Kellnerin, Dorian angerufen und ihm alles erzählt hat.«

»Mrs. Spock?« Nadia schüttelte den Kopf. »Wer hätte das gedacht. Aber wieso hilft sie ihrem Bruder? Sie scheint ihn nicht gerade zu mögen. Und was hätte sie überhaupt zu gewinnen?«

»Ich könnte mir mehrere Antworten vorstellen«, sagte Ackerman. »Aber keine davon ist gut für uns oder ihren Bruder.«

»Wo ist sie jetzt?«

»Immer noch in der Wachstation. Sie wollte sich Überwachungsvideos anschauen und dann beim Durchkämmen des Parkplatzes helfen.«

Nadia schüttelte den Kopf. »Aber Sie können sich doch gar nicht sicher sein, dass Danica sich tatsächlich mit Dorian trifft. Selbst wenn sie ihm geholfen hat, bedeutet das nicht, dass es jetzt und hier zu einem persönlichen Kontakt kommt.«

»Vertrauen Sie mir«, entgegnete Ackerman. »Wir sind genau dort, wo wir sein müssen. Aber jetzt nehmen wir erst einmal die Kongressteilnehmer in Augenschein.«

Im Innern der Hauptveranstaltungshalle erwartete sie ein wahres Pandämonium. Die Besucher des TruthFest trugen alle denkbaren Aufmachungen, von bunten Touristenshirts mit Ufo-Motiven bis hin zu Kostümen aus populären Science-Fiction-Werken. Von *Star Wars*, *Battle Star Galactica*, *Star Trek*, *Alien* und *Predator* bis hin zu *Men in Black* sah Ackerman alles vertreten. Die Veranstaltungen rangierten von einem Alienjagd-Marathon über Konzerte, Kostümwettbewerbe, Schoßtierkostümwettbewerbe, Autoshows,

Paraden und Sci-Fi-Film-Festivals bis hin zu einem großen Abschlussball am letzten Tag. Es gab Stände mit Comics, mit Sammelobjekten, mit Künstlern verschiedenster Art, mit Ständen, an denen Merchandising-Artikel verkauft wurden, mit Karikaturisten und mit Cosplaybedarf; es gab Lasershows im Planetarium, Comedyveranstaltungen und Videospielkabinen. Hinzu kamen Workshops und Vorträge, die sich mit allen Aspekten der Ufologie bis hin zu den Illuminaten und Reptiloiden befassten. Und schließlich gab es Veranstaltungen von History und Discovery Channel.

»Die Eröffnungsreden beginnen in zwanzig Minuten«, sagte Nadia. »Verflixt, diese Danica und ihr verrückter Bruder könnten überall sein, sogar in einem Van auf dem Parkplatz. Außerdem gibt es hier ein Parkhaus. Und dann das Hotel … Die beiden könnten in jedem Zimmer sein.«

»Wir werden es bald wissen«, sagte Ackerman, der wieder auf sein Handy blickte. »Danica ist unterwegs. Sie verlässt das Wachgebäude. Wie es aussieht, will sie zum Hintereingang des Hotels.«

»Vielleicht sucht sie nur den Parkplatz ab, wie sie es tun sollte.«

Ackerman schüttelte den Kopf. »Wohl kaum.«

»Sie lieben Ihre kleinen Peilsender sehr, nicht wahr? Ich rate Ihnen gut, heften Sie mir niemals so ein Ding an.«

Ackerman grinste. »Oh, das habe ich längst getan. In der ersten Nacht, als ich Sie im Regen kennenlernte.«

Er genoss den Ausdruck auf Nadias Miene, als sie begriff, dass er die frühen Gespräche kannte, die sie mit Carter über ihn geführt hatte. Es lag nur anderthalb Tage zurück, aber es kam ihm viel länger vor – beinahe so, als arbeitete er schon seit Monaten mit Nadia zusammen, so gut hatten sie sich aufeinander eingestellt.

»Ich habe diese Mini-Wanzen schon vielen Leuten angehängt«, fuhr er fort. »Sie wären überrascht, was man dadurch alles erfahren kann. Wenn man dann den Gesprächen lauscht, am besten gemütlich bei einem Whisky, ist es beinahe so wie einer dieser Podcasts, von denen in letzter Zeit so oft die Rede ist.«

»Nur dass es in höchstem Maß illegal ist. Sie können das nicht einfach tun, Frank. Es ist eine Verletzung der Privatsphäre.«

»Da widerspreche ich Ihnen nicht, aber manchmal sind die Dinge, die man auf diese Weise erfährt, einfach unbezahlbar.«

Nadia drohte ihm mit dem Finger. »Machen Sie so etwas nie wieder mit mir.«

Er hob kapitulierend die Hände; dann hielt er ihr das Smartphone vors Gesicht. »Hier, schauen Sie. Wie es aussieht, ist unsere Freundin Dixie alias Danica Lang auf dem Weg zum Penthouse. Was halten Sie davon, wenn auch wir zur Party gehen?«

»Gute Idee.«

72

Als sie die Aufzüge erreichten, entdeckten sie, dass man aus der Lobby und den Konferenzetagen nur mit einer Schlüsselkarte in die höheren Stockwerke gelangen konnte. Früher hätte Ackerman einen Trick anwenden müssen, um in den Aufzug und damit auf die verbotenen Etagen zu kommen. Heute brauchte er nur das Funkgerät einzuschalten und den Sicherheitschef zu rufen.

»Arlo, ich benötige Zugang zum Penthouse«, sagte er und blickte Nadia an. »Aufzug …?«

»Aufzug vier«, sagte Nadia hastig.

Ackerman gab es an Arlo weiter, und die Kabine setzte sich in Bewegung.

Ackerman legte das Funkgerät auf den Boden, zückte mit der linken Hand sein Bowiemesser und nahm mit der rechten einen Wurfdolch aus der Kletttasche seiner Tarnhose.

»Sollten wir nicht doch lieber auf Verstärkung warten?«, fragte Nadia.

»Nein. Ich bin Ihre Verstärkung, Nadia, und Sie meine.«

Sekunden später öffneten sich die Türen des hochmodernen Aufzugs nahezu lautlos. Man hörte nicht einmal ein *Ping*, das ihre Ankunft kundtat.

Nadia übernahm mit vorgehaltener Pistole die Führung. An jeder Ecke sicherte sie, und Ackerman folgte ihr. Das Penthouse war weitläufig und belegte die obersten beiden Stockwerke im Hotelteil des Kongresszentrums. Die Böden bestanden aus weißem Marmor, durch den sich Wolken zogen, die wie grauer Rauch aussahen. Das Dekor war in modernen roten und orangefarbenen Akzenten gehalten.

Unter Nadias Führung gelangten beide in den hinteren Teil des Penthouses, wo sich ein großer Raum mit gerundeten Wänden aus Glas befand. Auf der anderen Seite ging es auf eine geräumige Dachterrasse. Links von ihnen befanden sich eine Küche, ein Schlafzimmer und weitere Flure.

Doch was ihre Aufmerksamkeit bannte, war der Apparat im Zentrum des großen Wohnzimmers.

Dorians Mikrowellenbombe.

Der Aufbau wirkte fremdartig, kompliziert und ziemlich beeindruckend. Die Bombe erinnerte Ackerman an einen Turbinenmotor, an dem eine Kontrolltafel angebracht war. An einem Ende hingen fünf achteckige Reflektorschüsseln aus blankem Metall. Alle fünf waren, wie Ackerman auf den ersten Blick sah, nach unten auf die Konferenzetage gerichtet.

Auf die Besuchermassen.

An der entfernten Seite der Apparatur gab es eine Sitzecke. Dort standen Ledersofas mit roten und orangefarbenen Kissen. Die Sofas waren von Ackerman und Nadia weggedreht, doch beide sahen deutlich, dass dort zwei Personen saßen, vollkommen stumm und regungslos, und in die andere Richtung zu schauen schienen.

Ackerman nickte Nadia zu.

Beide näherten sich den Sitzenden. Nadia hielt sie aus der Entfernung mit ihrer Pistole in Schach. Doch je näher Ackerman und seine Partnerin heranrückten, desto deutlicher sahen sie, dass die beiden Personen ihnen nicht gefährlich werden konnten.

Die eine war Jillian Delacruz – die Frau, die das Alien entführt hatte.

Die andere war ein gespenstisches, kränklich aussehendes Wesen unbestimmbaren Alters und Geschlechts.

Dorian Lang.

Ackerman und Nadia hatten erwartet, die beiden hier irgendwo vorzufinden.

Nicht aber, dass beide mit Plastikhandschellen gefesselt waren, in ihren Mündern Knebel steckten und in ihren Augen panische Angst loderte.

73

In dem Moment, als sie Dorian und Jillian die Knebel lösten, trat Danica in das große Wohnzimmer.

In der linken Hand hielt sie ein Glas Champagner, in der rechten das gezogene Samuraischwert – die Waffe, die sie Ackerman präsentiert hatte.

»Ich habe Sie beide erwartet«, sagte die groß gewachsene Frau. »Ich hatte gehofft, Sie würden die Show nicht verpassen und dass wir uns vor dem Feuerwerk noch unterhalten könnten.«

»Was sind Sie für ein Glückspilz«, spottete Ackerman. »Ihr Wunsch geht in Erfüllung.«

Danica stellte das Champagnerglas auf einen Beistelltisch.

Nadia hielt die Pistole auf einen Punkt zwischen den Augen der Frau gerichtet. Sie sagte kein Wort, wartete nur ab. Ihr war klar, dass mehr hinter diesem Spielchen steckte, als es den Anschein hatte.

Danica schob die rechte Hand in eine Tasche. Als ihre Hand wieder zum Vorschein kam, hielt sie den kleinen Peilsender, den Ackerman ihr so geschickt und unbemerkt angeheftet hatte, zwischen Daumen und Zeigefinger. »Zweimal austricksen lasse ich mich ungern, Mr. Ackerman. Den ersten Sender habe ich zu spät gefunden, aber diesmal war ich auf Sie vorbereitet.«

»Hat ganz den Anschein«, entgegnete Ackerman.

»Sagen Sie Ihrer Freundin, sie soll die Waffe weglegen.«

»Warum sollte ich?«

Die hochgewachsene, blasse Frau drehte den Kopf nach

Gottesanbeterinnenart. »Ich nenne Ihnen zwei gute Gründe. T, wenn Sie so freundlich wären.« Ein Mann in einem gelben Strahlenschutzanzug trat ein. Er hielt eine Glock mit einem Langmagazin und einem Schalldämpfer im Anschlag und schubste zwei weitere Geiseln ins Wohnzimmer.

Es waren Liana und eine alte Frau, die ihr ein bisschen ähnlich sah. Ackerman wusste auf den ersten Blick, wer die alte Dame war.

Er schaute Danica verächtlich an. »Sie haben nicht nur meine Freundin, sondern auch deren Großmutter entführt. Stramme Leistung.«

Danica zuckte nur mit den Schultern. »Mitgegangen, mitgefangen.«

Der Mann in dem Strahlenschutzanzug zwang die beiden Indianerinnen am Eingang zum Wohnzimmer in die Knie.

Ackerman blickte die ältere Dame an und lächelte. »Ich hatte gehofft, wir würden einander unter angenehmeren Umständen kennenlernen, aber keine Sorge. Ich bereinige die Angelegenheit, und später essen wir dann zu Abend.« Er zwinkerte Liana zu.

»Die Waffen weg«, befahl Danica. »Sonst muss ich Ihre Freunde durch meinen Mitarbeiter exekutieren lassen.«

Ackerman nickte Nadia zu. Beide legten ihre Bewaffnung auf den Boden – Nadia ihre Glock, Ackerman sein Bowiemesser und einen Wurfdolch.

»Kommen wir nun zu den wirklich wichtigen Dingen.« Danica Lang winkte sie mit dem gezückten Schwert näher an den Apparat. Dann drückte sie mit großer Geste mehrere Tasten auf der Steuertafel. Lämpchen leuchteten auf. Danica klappte einen Touchscreen auf, der an der seltsamen Waffe montiert war, und drehte ihn so, dass alle ihn ablesen konnten. Das Display zeigte eine Uhr während eines Countdown. Sie stand bei X minus dreieinhalb Minuten.

Danica blickte auf Ackerman und Nadia. »Beide runter auf die Knie«, befahl sie. »Na los!«

Beide gehorchten und gingen auf ein Knie nieder. Ackerman entging dabei nicht, dass Nadia vor Wut zitterte, als würde sie einer Erzfeindin Gefolgschaft schwören, wenn sie dieser Forderung nachgab. Er nickte ihr beruhigend zu. Dann wandte er den Blick nach vorn auf die rätselhafte Waffe.

Er war etwa fünf Meter von der Bombe entfernt. Die Distanz war größer als erhofft, aber er konnte es schaffen.

Danica ging zum Eingang des Wohnzimmers und kam mit einem gelben Strahlenschutzanzug zurück, den sie sich überstreifte, doch ohne sich die Kapuze über den Kopf zu ziehen. Dann nahm sie ihr Schwert und trat auf Ackerman und Nadia zu, die Klinge vorgestreckt.

Ackerman wusste, wie gefährlich eine solche Waffe war. Eine Klinge wie diese in den Händen eines geübten Kämpfers war absolut tödlich. Mit dem extrem scharfen Schwert konnte eine Frau wie Danica ihn buchstäblich in Stücke hauen.

»Ich habe Ihnen meinen Mitarbeiter noch gar nicht vorgestellt.« Danica wies auf den Mann im anderen Strahlenschutzanzug. »Er war es, der Sie mit dem Betäubungsgewehr außer Gefecht gesetzt hat. Mein erbärmlicher Bruder hat ihn gefeuert. Aber«, sie lächelte, »das spielt keine Rolle, da Mr. T von Anfang an für mich gearbeitet hat. Dorian hat offenbar vergessen, dass ich ihm meinen ausgezeichneten Entführungsspezialisten überhaupt erst empfohlen hatte.«

Das Gesicht des Mannes im Strahlenschutzanzug war zum Teil verdeckt, aber er bedankte sich für das Lob mit einem Nicken.

Danica Lang schaute auf Ackerman und fuhr fort: »Wissen Sie, ich war furchtbar aufgeregt, als ich erfuhr, dass ich bei dieser Operation gegen *den* Francis Ackerman junior antreten würde. Ich hätte mir niemals träumen lassen, dass es mir nun sogar vergönnt sein wird, Sie zu töten.«

»Warum tun Sie das alles?«, fragte Nadia, der es nicht gelang, den Hass aus ihrer Stimme herauszuhalten.

»Was für eine dumme Frage. Für Geld, warum sonst? Seit mehreren Jahren töte ich Menschen für die Regierung der Vereinigten Staaten. Dabei habe ich zahlreiche Verbindungen zu Untergrundmärkten weltweit hergestellt. Als mein Zwilling mit seinem aberwitzigen Plan zu mir kam und mich dafür rekrutieren wollte, sah ich meine Chance gekommen. Eine Gelegenheit, die Leistungswerte von Dorians technischen Errungenschaften im Praxistest zu demonstrieren und sie dann an den Meistbietenden zu verkaufen. Und das Schöne daran ist, dass niemand es je erfahren wird. Dorian allein nimmt die Schuld auf sich. Ich werde wie durch ein Wunder den Anschlag überleben, da ich zu diesem Zeitpunkt auf dem Parkplatz meine Pflicht getan habe, wie ja alle wissen – weit genug vom Ort der Katastrophe entfernt. Später wird man sagen, ich hätte bis zum letzten Augenblick versucht, den heimtückischen Anschlag zu vereiteln.«

Der Timer war mittlerweile auf zwei Minuten und fünfzehn Sekunden heruntergetickt.

»Ihnen und Ihrem Bruder scheint im Kindesalter ja Schlimmes zugestoßen zu sein«, meinte Ackerman spöttisch. »Wenn ich vom Endprodukt ausgehend urteilen sollte, würde ich sagen, dass es beschissen traumatisch gewesen sein muss.«

Danica lächelte, doch in ihren Augen lag ein wilder, hasserfüllter Ausdruck. »Traumatisch? Nun ja, unsere Adoptiveltern hatten uns damals an Fremde verliehen und uns gezwungen, in pornografischen Videos mitzuspielen, nachdem sie selbst uns die … sagen wir, Grundkenntnisse der Erotik beigebracht hatten. Das ging so lange, bis wir dreizehn waren. Erst da flog dieses saubere Pärchen auf, und wir wurden zu anderen Pflegeeltern gegeben, die ein bisschen netter zu uns waren.« Sie schaute Dorian an. »Erinnerst du dich noch an den Abend kurz vor Schluss? Den Abend mit den Langs, als ich dir eine Schere an die Genitalien hielt und dir sagte, dass du es nicht verdient hast, ein Mann zu sein? Dass du es nicht verdient hast, *irgendetwas* zu sein? Dass du gar kein richtiger Mensch bist? Weißt du das noch, Dorian?«

Ackerman konnte Dorian ansehen, dass er diesen Vorfall in der Tat nicht vergessen hatte und niemals vergessen würde.

»Jahre später, als du dich dieser Operation unterzogen hast«, fuhr Danica fort, »habe ich mich gefragt, ob du es getan hast, weil ich damals diese Worte gesagt hatte.«

Tränen liefen Dorian die Wangen hinunter. »Du brauchst mich«, sagte er leise. »*Ich* habe alle diese Waffen entwickelt.«

»Ich habe deine Dateien, das genügt.« Mit diesen Worten streifte Danica sich die Kapuze des Strahlenschutzanzugs über den Kopf und zog den Reißverschluss zu. In der von einem Gummihandschuh geschützten Hand hielt sie noch immer das Schwert.

Der Countdown erreichte eine Minute.

Ackerman spannte die Muskeln und sagte sich, dass er genauso gut jetzt das Räderwerk der Anarchie in Gang setzen konnte.

»Ihr Plan sieht also vor«, begann er, »uns alle zu grillen, während Ihr Freund und Sie in diesen hübschen kleinen Gummianzügen geschützt sind?«

Danicas Stimme wurde durch den Strahlenschutzanzug gedämpft. »Das fasst es ganz gut zusammen. Auch wenn der wesentliche Bestandteil dieser Anzüge nicht das Gummi ist, aus dem sie bestehen. Aber das tut nichts zur Sache. Hauptsache ist, die Anzüge schützen.«

»In Ihrer Welt der Verbrecher, Attentäter und Geheim-agenten für die US-Regierung sind Sie bestimmt auf alle möglichen Arten von Gegnern gestoßen. Aber ich glaube nicht, das Sie einem Exemplar wie mir schon mal über den Weg gelaufen sind ...«

»Oh, ich unterschätzte Sie keineswegs, Mr. Ackerman.«

»Noch hätten Sie Zeit, der Sache hier ein Ende zu ma-chen. Ich lasse sogar Ihren Mitstreiter gehen, Danica. Wir nehmen gemeinsam Ihren Bruder fest und stehen als Helden da. Als *lebende* Helden. Es ist nicht nötig, dass Sie hier und jetzt ins Gras beißen.«

Danica lachte spöttisch. »Sie scheinen die Lage vollkom-men anders zu beurteilen als ich. Nun ja, in wenigen Sekun-den werden Sie und Ihre Freunde frittiert, während ich selbst ein paar Stunden später als millionenschwere Frau an irgend-einem Strand im Süden liege. Sie haben verloren, Ackerman. Keine Spielchen mehr. Ich bin Ihnen überlegen.«

»Meinen Sie? Ich sehe hier sechs Leute gegen zwei, aller-dings zu meinen Gunsten.«

»Wir sind bewaffnet«, entgegnete Danica. »Sie nicht.«

»Mag sein, dass Sie und Ihr Lakai Strahlenschutzanzüge tragen, aber eure Waffen sind außerhalb des Schutzbereichs, den die Anzüge bieten. Ihr Mitarbeiter beispielsweise hat eine Faustfeuerwaffe, die Sekunden nach Aktivierung der Mikrowellenbombe Funken sprühen und in Flammen auf-gehen wird.«

Ackerman beobachtete, wie Mr. T allmählich begriff. Der Mann starrte auf die Pistole und fluchte unhörbar.

»Sehen Sie? T hat verstanden«, sagte Ackerman. »Auch Ihr Schwert, Danica, wird vermutlich ein bisschen zu heiß werden für Ihren Geschmack, und dann schützt Sie beide nur noch eine dünne Gummischicht vor dem gleichen Schicksal wie uns alle. Wir sechs brauchen also nur Ihre schönen Anzüge aufzureißen, auf welche Weise auch immer, um eine gewisse Chancengleichheit herzustellen.«

Der Countdown erreichte fünfzehn Sekunden.

»Sie irren sich. Ich kann das Schwert auch dann noch halten, wenn Blitze darüber zucken«, erwiderte Danica. »Und wenn Sie mir zu nahe kommen, schneide ich Sie in kleine Stücke. Soll mir auch recht sein. Ich würde liebend gern davon berichten können, dass dies die Klinge ist, die Ackerman den Kopf vom Rumpf getrennt hat.«

Er sah, wie die Uhr auf zehn Sekunden herunter tickte, dann auf fünf.

»Behaupten Sie hinterher nicht, ich hätte Ihnen keine Chance gegeben«, sagte er.

Als der Countdown endete, hörte er ein Summen in den Ohren und spürte lodernde Hitze am ganzen Körper.

74

Noch während die Zeit auf null heruntertickte, hatte Ackerman versucht, eine Möglichkeit zu finden, das zu tun, was getan werden musste, und gleichzeitig Danicas Leben zu schonen. Er fand keine. Die Zeit reichte einfach nicht. Er hatte ihr die Wahl gelassen, und sie hatte sich entschieden.

Genau wie Ackerman vorhergesagt hatte, sprühten anderthalb Sekunden nach Einsetzen der tödlichen Mikrowellenstrahlung Funken aus der Pistole, die Danicas Komplize in der Hand hielt. Mr. T sprang zurück und schleuderte die Waffe von sich. Er wusste, was bei Schießpulver und Funken als Nächstes zu erwarten war.

Die anderen hatten sich schmerzgeplagt zu Boden geworfen, als die Wirkung der Mikrowellenwaffe einsetzte, die sich nun von Sekunde zu Sekunde steigerte. Nur Liana war noch auf den Beinen. Sie stürzte sich auf Mr. T und riss an seinem Strahlenschutzanzug. Der Mann reagierte auf den wilden Angriff, indem er voller Panik die Flucht ergriff. Dabei schrie er aus voller Kehle.

Ackerman achtete nicht auf die weitere Entwicklung.

Der Augenblick, auf den er gewartet hatte, war gekommen.

Er wusste, dass das Schwert in Danicas Händen eine tödliche Waffe war. Wahrscheinlich hatte sie in langen, endlosen Trainingsstunden geübt, die Klinge perfekt zu führen. Doch Ackerman musste die Waffe an sich bringen, um jeden Preis, sonst hatten sie alle keine Chance mehr.

Er trat vor Danica.

Sie riss das Schwert hoch, zielte mit der Klinge auf seine Brust.

»Ihr Schwert«, sagte Ackerman. »Geben Sie es mir freiwillig, oder ich muss es mir nehmen.«

Sie lachte schrill. »Versuchen Sie's, großer Meister.«

»Aber gern.« Ackerman hob die linke Hand, drehte die Handfläche nach vorn und drückte sie auf die Spitze der auf ihn gerichteten Samuraiklinge.

Dann, unter den fassungslosen Blicken Danicas, spießte er seine Hand an der Klinge auf und drückte sie nach vorn, bis die Handfläche das Heft des Schwertes erreichte. Entschlossen packte er das Heft und drehte es mit einem kräftigen Ruck herum.

Die Waffe wurde der entgeisterten Danica aus der Hand gerissen.

Als Ackerman den linken Arm zurückzog, um seine aufgespießte Hand von der Klinge zu befreien, sah Danica, dass das Schwert rot war vom Blut ihres Gegners.

Sie beobachtete, wie Ackerman die Waffe in die rechte Hand wechselte.

Es war der letzte Eindruck ihres Lebens.

Nur ein silbernes Flirren war zu sehen, begleitet von einem hellen, sirrenden Geräusch, als Ackerman herumfuhr und sein ganzes Gewicht in den Schwerthieb legte.

Die Klinge traf Danica am Hals und trennte ihr den Kopf sauber von den Schultern. Danicas Blut spritzte ihm auf die Kleidung und ins Gesicht.

Ackerman taumelte nach vorn, geschwächt von der immer stärkeren Wirkung der Mikrowellenwaffe und mitgerissen von der Wucht seines eigenen Hiebes. Er spürte kaum noch, dass seine Haut inzwischen wie Feuer brannte, hörte kaum noch die Schreie der anderen, die vor Schmerzen brüllten, als die verheerende Kraft der Mikrowellenwaffe sich dem Maximum nähere. Doch für Ackerman war die Gluthitze eher so, als würde er durch warmes Wasser waten.

Trotzdem wusste er, dass ihre Körper bald versagen würden. Kein Organismus auf der Welt konnte so etwas lange überstehen.

Die innere Uhr in seinem Kopf hatte zu zählen begonnen, als der Countdown geendet hatte. Sie war jetzt bei fünf Sekunden plus. In weiteren fünf Sekunden würden sie alle tot sein.

Ackerman wankte zu der Höllenmaschine, das Samuraischwert weit vor sich ausgestreckt. Dann sprang er vor, mit all der gewaltigen Kraft, die er aufbieten konnte, und trieb die Klinge mit seinem ganzen Gewicht in den Hauptteil von Dorian Langs Höllenmaschine.

Der Stahl durchschlug das Display und die Bedientafel und drang in die surrenden elektronischen Komponenten darunter.

Das Gerät krachte wie die Abschüsse einer Schrotpatrone. Blitze zuckten, und der beißende Geruch verschmorter Kabel breitete sich aus.

Ackerman spürte, wie das Brennen auf seiner Haut allmählich nachließ und dann endete. Er ließ das Schwert los, taumelte zurück und stützte beide Hände auf die Knie. Er hatte das Gefühl, jeden Moment das Bewusstsein zu verlieren.

Wie aus weiter Ferne hörte er Jillians jubelnden Ausruf. »Er hat es tatsächlich geschafft!«

Ackerman wandte sich ihr und den anderen zu. »Alles im Preis inbegriffen. Ich bin ziemlich gut im Zerstören. Ihr wärt überrascht, wie oft ich auf diese Fähigkeit zurückgreife.«

Liana kam zu ihm gestürzt und warf ihm stürmisch die Arme um den Hals. Dann erschien auch Nadia und legte ihm stumm eine Hand auf die Schulter. Sie hatte Tränen in den Augen.

75

Zwar hatte Deputy Director Carter ihr zu der guten Arbeit gratuliert, doch Nadia war sich nicht ganz sicher, was sie wirklich zum Erfolg beigetragen hatte.

Im Kongresszentrum herrschte noch immer ziemlicher Aufruhr. Bei sechs älteren Besuchern hatte der Herzschrittmacher versagt; Dutzende andere mussten mit Zusammenbrüchen und Angststörungen ins Krankenhaus gebracht werden. Gott sei Dank hatte es keine Todesopfer gegeben.

Nachdem Nadia untersucht worden war, ließ sie sich auf eine Bank neben dem Haupteingang sinken und schaute den Rettungssanitätern auf dem eilig eingerichteten Verbandsplatz zu. Die Bänke standen abseits der Zugangswege – eine Stelle, an die Raucher verbannt wurden, um ihrem Laster zu frönen.

Nadia fühlte sich müde und erschöpft. Keine achtundvierzig Stunden waren vergangen, seit sie Francis Ackerman jr. kennengelernt hatte, und nach dieser kurzen Zeitspanne fühlte sie sich bereits wie ein anderer Mensch. Zweifellos lag das vor allem an der extremen Natur dieses Falles.

Dennoch. Francis Ackerman junior war an den Veränderungen, die in ihr vorgegangen waren, keineswegs unschuldig.

Auf den Bänken saßen mehrere Besucher des Festivals. Drei von ihnen rauchten wie die Schlote, während sie sich aufgeregt über den Zwischenfall unterhielten und beobachteten, wie noch immer Scharen verängstigter Menschen aus dem Kongresszentrum strömten.

Dann endlich entdeckte Nadia den Mann, auf den sie wartete, als er um eine Gebäudeecke bog.

Francis Ackerman junior war noch immer blutbesudelt, was ihm ziemlich häufig zu widerfahren schien, und um seine linke Hand lag ein dicker Verband. Wenigstens aber hatte er sich die Blutspritzer aus dem Gesicht gewaschen, sodass er nicht mehr ganz so furchterregend aussah.

Er nahm neben Nadia auf der Bank Platz und grinste sie auf seine übliche, jungenhafte Art an. »Wie es aussieht, haben Sie vielen Leuten nicht nur den Tag, sondern das Leben gerettet, Agentin Shirazi.«

»Wahrnehmung und Wirklichkeit«, entgegnete sie.

»Ich habe ja gleich gesagt, dass wir den Fall innerhalb von achtundvierzig Stunden in trockenen Tüchern haben.«

»Das haben Sie allerdings. Ich begreife trotzdem nicht, wie Sie das immer wieder schaffen. Wie stellen Sie das an? Wie kann es sein, dass Sie so viele Jahre mit heiler Haut davongekommen sind?«

Ackerman zuckte die Achseln. »In den meisten Fällen ist es so ähnlich wie der Versuch, den Gegner beim Schach in eine Falle zu locken. Hat man ihn erst in die Defensive gedrängt, muss man ihm Anreize geben, in die von einem selbst gewünschte Richtung zu gehen – vorzugsweise in eine Falle, die man ihm gestellt hat. Der Rest ergibt sich dann von selbst, und es dauert nicht lange, und es heißt Schach und Matt.« Er hielt inne, schaute sie an. »Ich begleite Dorian und diesen Mr. T zum Gefängnis. Ich möchte ein wenig mit den beiden reden. Bleiben Sie bitte hier, okay? Ich bin bald zurück, und dann trinken wir was.«

Er stand auf. Ehe er sich zum Gehen wandte, legte er ihr die gesunde rechte Hand auf die Schulter. »Sie haben Ihre Sache gut gemacht, Nadia.«

Sie lächelte. »Ich dachte schon, ich wäre bloß ein Bauer in Ihrem Spiel.«

Er zwinkerte ihr zu und ging.

»Frank …«

Ackerman drehte sich um. »Ja?«

»Wenn wir alle bloß Figuren in Ihrem Spiel sind, was sind dann Sie?«

Er schien darüber nachzudenken. »Ich bin keine Figur in irgendeinem Spiel, ich bin das Spiel selbst.«

Er drehte sich wieder um und verschmolz mit der Menge.

Eine Frau in einem hellroten Cocktailkleid, die neben ihr saß, sah Nadia an. Sie war in den Fünfzigern, hatte die Haut grün und das Haar grellrot gefärbt, sodass es zum Kleid passte. Mit verschwörerischer Stimme, die rau war von jahrelangem Rauchen, sagte sie: »Sie sollten ihm hinterher, Kleine. Ein interessanter Typ. Und er sieht gut aus.«

Nadia konnte ihr nur stumm beipflichten.

Ich weiß, dachte sie. *Nur dass er vergeben ist. Aber wer weiß, was die Zukunft bringt.*

76

Ackerman ging zu einer Stelle zwischen den Rettungswagen, die nicht weit von der Lieferantenzufahrt entfernt war, hinter den Fahrzeugen und den gemauerten Säulen verborgen. Dort schlüpfte er ins Halbdunkel und nahm sich einen Augenblick Zeit für sich selbst.

Erschöpft ließ er die Stirn an der Säule ruhen und genoss die Kühle auf seiner heißen Haut.

Noch immer klebte Danica Langs Blut an ihm. Und diesmal konnte er es nicht darauf schieben, dass er Liana beschützt und die Beherrschung verloren hätte. Er war Herr seiner selbst gewesen, als er mit dem Schwert Danicas Hals durchtrennt hatte.

In diesem Moment war es ihm vorgekommen, als hätte er nur die Möglichkeit gehabt, sie zu töten oder selbst getötet zu werden. Aber log er sich nicht etwas vor? Hätte er nicht auch die Möglichkeit gehabt, ihr den Schwertgriff ins Gesicht zu schmettern und sie bewusstlos zu schlagen? Vielleicht.

Ja, vielleicht hätte er manches anders machen können. Doch er hatte Danicas Leben gegen das von fünfzehntausend Menschen aufgewogen, die das TruthFest besucht hatten. Er hatte keine Zeit gehabt, lange abzuwägen. Nur ein paar Sekunden hätten für diese Menschen den Unterschied zwischen Leben und Tod ausgemacht. Ein gesunder Erwachsener hätte die Mikrowellenstrahlung vielleicht noch eine gewisse Zeit überleben können, aber was war mit den Kindern? Ackerman hatte beobachtet, dass ein beachtlicher Prozentsatz der Besucher kleine Kinder waren, häufig als

Lieblings-Sci-Fi-Figur der Eltern verkleidet. Wenn man das Leben dieser Kinder gegen das einer Frau aufwog, die zugegeben hatte, in aller Welt Menschen getötet zu haben, war die Entscheidung über Leben und Tod dieser Frau im Grunde schon getroffen. Es war ganz simpel.

Trotzdem. Es lag nicht lange zurück, da hätte Ackerman sich schlichtweg geweigert, Danica Lang zu töten. Damals hätte er entweder eine andere Möglichkeit gesucht oder wäre bei dem Versuch gestorben. Heute hatte Ackerman sich für einen raschen, kompromisslosen und blutigen Weg entschieden.

Er war sich nur nicht ganz sicher, ob dieser Weg der richtige gewesen war. Die Rettung Tausender Menschen gab ihm zwar recht, aber er fühlte sich definitiv nicht gut dabei.

Ackerman schlug dreimal gegen die gemauerte Säule, bis er spürte, dass ihm das Blut über die Fingerknöchel lief. Leise, beinahe unhörbar sagte er: »Es tut mir leid.«

Dann schüttelte er entschlossen die Schuldgefühle ab und machte sich auf den Weg zum Polizeitransporter, in dem Dorian Lang und der rätselhafte Mann saßen, der Mr. T genannt wurde. Ackerman hielt ihn für einen Auftragskiller, der vermutlich heil aus der Sache herauskommen würde, weil er schon einmal die Drecksarbeit für die eine oder andere staatliche Behörde erledigt hatte. Entweder das, oder es wurde höheren Ortes entschieden, ihn spurlos verschwinden zu lassen.

Beides ging Ackerman nichts an.

Er winkte den Wächtern, und sie ließen ihn ins Transportfahrzeug steigen, das an einen gepanzerten Lastwagen erinnerte.

Ackerman setzte sich den beiden Festgenommenen gegenüber, die an eine am Boden verschraubte Stahlstange gekettet waren.

Mr. T sah starr nach vorn und gab keinen Mucks von sich. Würde man ihn fragen, bekäme man vermutlich nur seinen Namen und seinen Dienstgrad zu hören.

Bei Dorian Lang sah die Sache anders aus. Das bleiche, fragile, seltsame Wesen schluchzte.

Ackerman betrachtete ihn eine Zeit lang. Schließlich sagte er: »Wir hatten noch keine Gelegenheit, uns bekannt zu machen.«

Dorian hob den Kopf, betrachtete ihn.

»Sie können mich Frank nennen«, sagte Ackerman.

Dorian gab keine Antwort.

»Es ist nicht ganz so gelaufen, wie Sie es sich vorgestellt hatten, was?«

Endlich fand Dorian die Sprache wieder. »Wollen Sie mir die Sache unter die Nase reiben?«

»Nein. Aber Ihre Strahlenwaffe hat geschossen, ohne dass eine fliegende Untertasse aufgetaucht wäre. Zumindest keine, die ich gesehen hätte. Niemand ist gekommen, um Sie zu holen.«

Dorian schwieg betrübt.

»Wie geht es jetzt für Sie weiter?«, wollte Ackerman wissen.

Das Wesen begegnete seinem Blick mit vom Weinen geröteten Augen. »Ich weiß es nicht. Die einzige Familie, die ich hatte, hat mich für Geld missbraucht. Aber was macht das jetzt noch? Ich habe nicht mehr lange zu leben. Wochen, Monate höchstens, ich kann es nicht sagen. Aber bald geht es zu Ende, und meine Mission ist gescheitert. Alles, worauf ich gehofft hatte, hat sich als Lüge erwiesen. Ich weiß jetzt, ich bin nichts Besonderes. Ich bin nicht Teil von irgendetwas, das größer oder wichtiger ist als ich. Ich bin ein Niemand, bloß eine Missgeburt.«

Ackerman schüttelte den Kopf. »Nein.«

Dorian starrte ihn an. »Nein?«

»Soll ich Ihnen was verraten? So ähnlich wie Sie habe ich mich vor vielen Jahren auch gesehen. Soll ich Ihnen die Story erzählen, während ich Sie zum Gefängnis begleite? Was halten Sie davon?«

Dorian hob die gefesselten Hände. »Ich komme hier sowieso nicht weg. Wenigstens wäre es eine Ablenkung.«

Ackerman nickte und überlegte, wie er anfangen sollte. Schließlich sagte er: »Die Story hat mit meinem Werdegang zu tun und mit der gesamten Weltgeschichte. Es ist keine schöne Geschichte. Sie ist voller Dunkelheit, Schmerz und Hoffnungslosigkeit. Trotzdem ist es eine gute Geschichte, denn sie hat ein gutes Ende genommen. Und wie alle guten Geschichten beginnt sie mit einem Paukenschlag.«

77

Mit einem *Ping* öffneten sich die Aufzugtüren, und Nadia trat in den halb fertigen Korridor eines unscheinbaren Gebäudes in Quantico, Virginia. Der schummrige Gang, der sich vor ihr erstreckte, schien aus einem Horrorfilm zu stammen. Mit langsamen Schritten ging sie zu Ackermans Schlupfwinkel, der am Ende dieses Flures lag.

Deputy Director Carter ging neben ihr.

»Wussten Sie eigentlich, Sir, dass er zu seiner Belustigung wahllos herausgegriffene Menschen mit Wanzen versieht?«, fragte Nadia.

Carter lachte still in sich hinein. »Oh ja. Ich glaube nicht, dass er jemals ein so tolles Spielzeug besessen hat. Deshalb übertreibt er es ein wenig. Ich werde die Sache ansprechen. Übrigens – vermutlich hört er auch diesen Korridor ab.«

Wie um seine Annahme zu bestätigen, öffnete sich die Tür zu Ackermans Zimmer und offenbarte die Stille und Dunkelheit im Innern. Nadia und Carter traten ein und sahen nur eine kleine Lampe in der Mitte des Raumes, die so gerade eben Ackermans niedrigen japanischen Chabudai-Tisch und das orthopädische Hundebett beschien. Längs der Wände lag alles im Schatten. Die düstere Wirkung wurde durch die Farbe verstärkt, die Ackerman für sie ausgewählt hatte. Sie waren mitternachtsschwarz, wie alles im Raum, bis auf die Akten.

Ackerman begrüßte sie mit einem Nicken. Theodore flitzte Carter mit freudigem Gebell entgegen und warf sich auf den Rücken, damit er ihm den Bauch kraulte. Carter kauerte sich nieder und zerzauste das Fell des kleinen Hundes, der sich hin und her wälzte. Der Deputy Director blickte zu Nadia. »Bitte schließen Sie die Tür, Agentin Shirazi.«

Nachdem sie seinem Wunsch nachgekommen war, richtete Carter sich zu voller Größe auf. »Sie beide haben in New Mexico ausgezeichnete Arbeit geleistet«, begann er. »Aber jetzt geht es mir um etwas ganz anderes.« Er richtete den Blick auf Nadia. »Es geht um den wahren Grund, weshalb ich Sie als Franks Partnerin ausgesucht hatte, Agentin Shirazi. Es ist Ihre Verbindung zu einem Fall, in dem wir aktiv ermitteln – dem Black Rose Killer.«

Nadia kam sich vor, als stünde sie im Nachthemd im Schnee – verletzlich und kalt. Darauf hatte sie hingearbeitet. Jetzt endlich war der ersehnte Moment gekommen – die Gelegenheit, sich dem Mann zu stellen, der sie vergewaltigt hatte und letztlich der Grund dafür war, dass sie unbedingt in die Behavioral Analysis Unit des FBI hatte eintreten wollen.

»Agentin Shirazi hat nicht nur Ihren Fall studiert, Frank. Nadias vorrangiges Interesse gilt sogar jemand anderem – dem Black Rose Killer. Dieses Interesse haben Sie beide gemeinsam, nicht wahr? Weshalb zeigen Sie Frank nicht Ihre Notizen, Nadia?«

Nadia wandte sich Ackerman zu und bedachte ihn mit einem fragenden Blick.

Er nickte ihr aufmunternd zu. »Wäre mir eine Freude«, sagte er, ging zu seinem japanischen Tisch, griff unter die Tischplatte und legte einen versteckten Schalter um. Eine eigentümliche Beleuchtung flammte auf, als hätte er eine Myriade Schwarzlichtstrahler eingeschaltet. Staunend erkannte Nadia, dass die Wände gar nicht schwarz waren, sondern von einer Art Farbe, die unter normalen Lichtverhältnissen für das bloße Auge unsichtbar war.

Und die Notizen an diesen Wänden befassten sich zum größten Teil mit dem Black Rose Killer.

Ackerman blickte Carter an. »Ich habe die Tätowierung auf ihrem Oberschenkel gesehen, genau wie bei den anderen. Ich habe mich mit allem befasst, was es über Ihren berüchtigten Killer zu wissen gibt. Dennoch habe ich Nadia in keiner dieser Akten erwähnt gefunden.«

Carter nickte. »Genau das ist der Grund, weshalb ich glaube, dass sie für den Fall unverzichtbar ist.«

»Wie meinen Sie das?«, fragte Ackerman.

»Sie wurde nicht ermordet. Er hat sie vergewaltigt, ließ sie aber am Leben.«

Nadia sah und hörte den beiden zu, als stünde sie außerhalb ihres Körpers. Allein die Erwähnung ihrer Tortur brachte all die Ängste und den Schmerz wieder an die Oberfläche. Für einen Augenblick hatte sie das schreckliche Gefühl, an den eigenen Erinnerungen zu ersticken.

Ackerman nickte Carter zu. »Sie glauben, Nadia war die Erste. Vielleicht sogar jemand, den der Vergewaltiger kannte und den er beneidete. Sie ist das fehlende Bindeglied in seiner Entwicklung.«

Nadia wusste nicht, was sie sagen sollte. Tausend Fragen schossen ihr durch den Kopf, aber sie konnte keine von ihnen fassen und bekam keinen klaren Gedanken zustande. In ihrem Innern herrschte heller Aufruhr.

Am Abend zuvor hatte sie sich gesagt, dass dieses Leben nichts für sie sei. Sie hatte aufgeben wollen. Sie hatte beschlossen, beim FBI zu kündigen. Sie war sich nicht einmal sicher, weshalb sie heute überhaupt zum Dienst erschienen war, doch jetzt erkannte sie, dass sie an einem Scheideweg stand.

Sie konnte bleiben, konnte dem dunklen, gefährlichen Pfad folgen und irgendwann vielleicht einen Schlussstrich ziehen unter das, was der Black Rose Killer ihr und seinen anderen Opfern angetan hatte. Möglicherweise konnte sie

Frieden finden, vielleicht sogar Vergeltung üben. Oder sie konnte sich abwenden und, wenn sie Glück hatte, ein halbwegs normales Leben führen. Sie konnte dies alles hier hinter sich lassen. Sie konnte vergessen, was sie gesehen und getan hatte – und was ihr angetan worden war.

Stattdessen blickte sie auf Ackerman. »Wann fangen wir an?«

Er breitete die Arme aus. »Das haben wir schon.«

»Weshalb dann die Heimlichtuerei?«, fragte Nadia verwirrt.

Mit seinem jungenhaften Grinsen beugte Ackerman sich zu ihr vor. »Das ist der Punkt, an dem es interessant wird, Nadia. Die Notwendigkeit zur Heimlichtuerei ergibt sich daraus, dass Samuel glaubt, der Black Rose Killer könnte sich irgendwo hier unter uns verbergen.«

»*Hier?*«, stieß Nadia fassungslos hervor.

Ackerman nickte. »Hier auf den Fluren von Quantico, in den Büros des FBI.«

Nadia starrte ihn entgeistert an.

»Bevor wir nun weitermachen«, sagte Ackerman und wurde plötzlich ernst, »müssen Sie sich entscheiden, ob Sie das wirklich wollen. Denn ich kann Ihnen eines versprechen: Wenn wir in dieses Kaninchenloch hinuntersteigen, werden Sie nichts finden, was Ihre verletzte Seele heilt, im Gegenteil. Finden werden Sie nur Wahnsinn und Tod. Und wenn wir auf der anderen Seite wieder herauskommen, werden wir von unseren Erlebnissen gezeichnet sein für den Rest unserer Tage.« Er lächelte. »Aber vielleicht haben wir dann etwas Gutes getan. Vielleicht haben wir ein paar Menschen geholfen und einigen das Leben gerettet. Aber so ist es nun mal in unserem Job. Nach jedem unserer Fälle, nach jeder Prüfung ist man nicht mehr der gleiche Mensch wie vorher. Aber dieser Fall, der Ihnen persönlich so nahe geht, wird die tiefsten Narben hinterlassen und Sie am meisten verändern.«

Nadia dachte einen Moment über seine Worte nach. »Ich bin dabei«, sagte sie dann entschlossen. »Bis in die Hölle und zurück, wenn es sein muss.«

In Ackermans Stimme lag ein Hauch von Traurigkeit, als er erwiderte: »Also gut. Eröffnen wir die Jagd aufs Neue.«